M. A. Numminen · Tango ist meine Leidenschaft

M. A. NUMMINEN

Tango ist meine Leidenschaft

ROMAN

AUS DEM FINNISCHEN
VON
EIKE FUHRMANN

HAFFMANS TOLKEMITT

Die finnische Originalausgabe
»Tango on intohimoni«
erschien 1998 bei Schildts, Helsinki.

Die deutsche Erstausgabe erschien 2000 im Haffmans Verlag Zürich.
Vom Autor und Übersetzer neu durchgesehene und hier und da
revidierte Neuausgabe.

Titelbild: Foto von Pertti Mannelin,
im Bild M. A. Numminen und Pedro Hietanen.

Umschlaggestaltung: Studio Ingeborg Schindler.
Herstellung & Produktion von Urs Jakob,
Werkstatt im Grünen Winkel, CH-8400 Winterthur.
Satz, Druck & Bindung: Ebner & Spiegel, Ulm.
Printed in Germany.

ISBN 978-3-942989-78-7

Ran-**tán**-tan-tan, rata tan-tan tan-**tán**-tan-tan!

Die ersten Tangotakte meines Lebens. *La Cumparsita* von Matos Rodrígues grub sich in mein Bewußtsein ein, bevor ich noch sprechen gelernt hatte. Stillte die Mutter mich vor dem Radio, um ›Ihre Lieblingsplatten am Samstag‹ zu hören, nukkelte ich an ihrer Brust zum gleichen Rhythmus: RAN-TÁN-TAN-TAN. Für mich wars eine finnische Melodie. Möglich, daß schon der Großvater in den zwanziger Jahren Tango getanzt hatte. Für den Großvater gabs keine Fremdkultur.

Auf die vielgestellte Frage nach dem Sinn des Lebens ist meine Antwort: Tango.

Tango lernte ich als Dreizehnjähriger. Damals passierte einiges in meinem Leben. Ich lernte Lipeäkala, getrockneten und in Lauge eingelegten Dorsch, essen. Und mochte ihn. Meine Altersgenossen mochten ihn nicht. Ich hatte begriffen, daß man sich von Frauen fernhalten muß, und bastelte mir eine eigene Partnerin. Ich faßte einen Besen am Schaft und hob ihn mit dem Quast in Hüfthöhe. Einen zweiten abgebrochenen Schaft steckte ich durch den Quast des ersten Besens: Fertig war die berockte Partnerin. Am oberen Teil des längeren Schaftes befestigte ich mit einem Stück Schnur einen krummen Wacholderzweig als Kopf.

Ran-**tán**-tan-tan! *La Cumparsita* war viel zu schwer. Im Kino hatte ich gesehen, wie die Argentinier Tango tanzen. Schauderhaft schwierig. Ich finde, Toivo Kärki tat im zweiten finnisch-russischen Krieg das Richtige, als er während einer Feuerpause in der Phase des Stellungskrieges die russische Romanze und den deutschen Marsch zum finnischen Tango vereinte. Rhythmisches Gehen auf dem Tanzboden, das wars doch. Gehen!

Ich hasse scheußliche Kunststücke, die mich faszinieren, und möchte ungern in den Hosen eines Latino stecken. Was für ein Streß, was für eine Verantwortung. Offenbar müssen die Haare gefettet und nach hinten gekämmt sein, bevor man sich an den Tango macht. Ich finde fettige Haare ekelhaft, außer wenn sie auf natürliche Weise fettig geworden sind. Ein paar Abende war ich mit ungewaschenen Haaren beim Schwof. Und hab trotzdem Tango getanzt. Ein gutes Gefühl, zu zeigen, daß Tangogehen nicht von sauberen Haaren abhängt.

Ich hatte noch nie was mit einer Frau. Mit fünfzehn stieß ich auf Platon. Er sagt, daß die Frau mit vierundzwanzig reif für den Geschlechtsakt ist, der Mann mit fünfunddreißig. Bald werd ich sechsunddreißig und noch immer unberührt sein. Wenn ich das schaffe, bin ich besser als Platon!

Zum Tango braucht man nicht unbedingt eine Frau, mit einem Mann gehts genausogut.

Dann und wann war ich auch schon mal beim Schwulentanz. Aber Männer machen mich nicht an.

Russische Männer tanzen miteinander Krakowiak, und keiner denkt sich was dabei.

In Argentinien haben zuerst nur Männer Tango getanzt. In Finnland können Frauen miteinander tanzen, Männer nicht – normalerweise. Irgendwas ist falsch. Damit mein ich nicht die sexuellen Beziehungen im allgemeinen, sondern meine Gelüste im besonderen. Ich krieg von einem Mann nicht, was ich von einer Frau kriege. So einfach ist das. Mit einem Mann *künstlerisch* tanzen, kann ich mir vorstellen, sogar Tango. Ich tauge nicht zum Künstler. Manchmal träum ich, ein Künstler zu sein. Das Leben des Künstlers ist spannend. Unsicher und großartig.

Weil ich vom künstlerischen Tanz praktisch keine Ahnung hab, fällt mir dazu auch kein Beispiel ein. Aber ich hab in der Zeitung eine Menge von Pablo Picasso gelesen. Und nach dem, was von ihm berichtet wird, war er ein Ekel. Unterdrückte seine Umwelt, auch seine Frauen, war aber erfolgreich. Alles war ihm recht für den Altar seines Erfolgs. Den Knaben schätze ich nicht, allerdings ein paar seiner Bilder. Da war Luis Buñuel doch ein anderer Typ. Der wurde nicht besoffen davon, wie man ihn bewundert hat, auch als seine Filme schließlich einigermaßen erfolgreich geworden waren. Wenn Sie mir nicht glauben, lesen Sie Buñuels ›Mein letzter Seufzer‹. Erfrischend, auch für den depressiven Geist.

Wär ich Künstler, würd ich einen Tanz für zwei Männer erfinden. Der müßte allerdings woanders stattfinden als im Schwofschuppen oder im Tanzlokal. Aber ich bring das nicht. Meine Bühne ist das Parkett im Lokal oder der gewachste Fußboden im Sommerschwof-Pavillon. Die Konvention verlangt, daß der Mann mit der Frau tanzt. Das findet man schön, und so gehört es sich. Von mir ist ein Bruch mit den gesellschaftlichen Normen nicht zu erwarten. Und jetzt als Erwachsener kann ich ja wohl kaum noch einen Besen als Partnerin nehmen. Nicht alle Frauen beherrschen das Tangogehen; sie versuchen ständig, richtig zu tanzen, mit Zwischenschritten, weil sie den Rhythmus durcheinanderbringen wollen.

Den Gehtanz können alle, Männer wie Frauen, ich aber bin allein für Gehtango zu haben. Das ist die ganz eigene Art zu tanzen. Dazu braucht es Übung. Entweder es klappt, oder es klappt nicht. Wenn man bedenkt, wie viele Ehen mit einem Gehtango anfangen, muß es bei vielen klappen. Andererseits hat der Finne ein so schlechtes Gefühl für Rhythmus, daß er nur tanzen kann, wenn der Takt mit der großen Trommel gedroschen wird.

Außer dem Akkordeon ist also das Schlagzeug das wichtigste Instrument in der Musikkapelle. Andere Instrumente braucht man eigentlich nicht, sie sind weitgehend Verzierung. Eine schrille Ziehharmonika und das wichtige Schlagzeug. Damit haben wir das Grundrezept für den Finn-Tango.

Der Gesang ist am allerwichtigsten. Der Sänger könnte allein auf der Bühne stehen und den Rhythmus mit dem Knie angeben. Vor allem, wenn ein Mikrofon dran angeschlossen ist. Schwof in der Dünnbierkneipe, Schwof im Sommertanzschuppen, was braucht man mehr? Aber nein! Wir sind total degeneriert. Ein Orchester muß es sein. Der Mensch verlangt nach mehr als Neandertalermusik. Klangfülle muß sein. Harmonien müssen her, wenn auch schlechte.

Wie viele Bässe spielen im Orchester die Melodie! Nicht den Schimmer einer Ahnung davon, daß Bässe eindeutig als Gegenstimmen zur eigentlichen Melodie gespielt werden müssen!

Ich leide und schweige. Bassisten sind vielleicht Volksmusiker. Auch in der Volksmusik spielt der Baß die Melodie.

Ich werd nicht zum Bassisten gehen und ihm sagen, daß er falsch spielt. Ich leide und schweige, denn das wichtigste im Leben ist der Tangorhythmus. Hätten die Finnen nicht Mitte der vierziger Jahre angefangen, Tango zu marschieren, wie Toivo Kärki seinerzeit gesagt haben soll, was wäre aus dem kleinen Volk geworden? Nie wäre es zum Geburtenrekord von 1947 gekommen, als uns 108168 neue Finnen beschert wurden. Wären wir Platon gefolgt, die Geburtenrate wäre niedrig geblieben.

Beim Tango kriegt man eine Ahnung, was Geschlecht ist. Auch ich gerate beim Gehtango in Erregung, wenn sich Wange an Wange preßt. Erregung schafft einen mitunter.

Das Glied schwillt an und stört beim Tanzen. Auf dem Land verschwinde ich dann immer gleich nach dem Tanz in den Wald, reiße einen Birkenzweig ab und bestrafe das Glied mit scharfen kleinen Hieben. Die Züchtigung bringt es wieder zur Räson, und ich kann zurück und eine andere Braut auf den Tanzboden holen.

In der Stadt muß ich dazu auf die Toilette, aus der hinteren Hosentasche die spezielle Gliedpeitsche hervorholen und das steife Organ durchhauen. Klar, daß es sich beruhigt. Gewalt ist das einzige Mittel, das Glied schlaff zu kriegen. Obwohl es sich wie zum Trotz in irgendeiner Kurve beim nächsten Gehtango schon wieder aufrichtet. Scheint, als kapiert es nicht, was aus so einem Benehmen folgt. Besonders ärgerlich find ich, daß ich, immer wenn das Glied steif wird, gerade mit einer Frau am Tanzen bin. Zu Hause, wenn ich im Gedenken an meine Jugend mit dem Besen tanze, zeigt das Glied nicht die geringste Irritation. Es ist biologisch auf Frauen fixiert. Ich selbst halte viel von Frauen, geistig, aber ich laß mich deswegen doch nicht vom Sinn meines Lebens abbringen.

Ich hab ein paar Hefte, in die ich Wissenswertes zur Geschichte des Finn-Tango eintrage. Das meiste ist von einem Onkel, der anfing, mir Geschichten zu erzählen, als meine Tango-Leidenschaft erwachte. Einen Teil seiner Erzählungen hat er vom Großvater.

Der Tango kam 1913 nach Finnland mit einem dänischen Tanzpaar, das im Restaurant Börs in Helsinki auftrat. Tango war verrucht, ihn zu tanzen war lasterhaft. Sicher war die Show der beiden Dänen gerade deshalb so beliebt und blieb mehrere Jahre im Programm der Börs.

Der Onkel war Anfang der siebziger Jahre mal zufällig in Gesellschaft der Opernsängerin Annikki Arni, die sich damals schon von der Bühne zurückgezogen hatte, und während des Abends steif und fest behauptete, sie wäre diejenige gewesen, die in Finnland zum ersten Mal Tango gesungen hätte, und zwar im Grande, dem heutigen Fennia. Irgendwann später war der Onkel bei einem Vortrag von Ilpo Hakasalo, dem bekannten Schlager-Experten. Sie kamen ins Gespräch, und der Onkel erwähnte Annikki Arni und was sie gesagt hatte. Nach einigem Nachdenken meinte Hakasalo, daß Annikki Arni 1913 erst fünfzehn gewesen sein konnte. Ob eine Minderjährige damals in einem öffentlichen Lokal auftreten durfte?

Zwar ist von einem Tango-Fieber des Großvaters eigentlich nichts überliefert, aber dem Onkel hat er erzählt, wie schon Anfang der zwanziger Jahre Schüler und Studenten mit einem Kristall-Detektor Radioübertragungen direkt aus dem Pariser Lido empfangen hätten. Schon 1915 hatte ein Witzbold namens Iivari Kainulainen, seines Zeichens Coupletsänger, zur Verhöhnung der Tango-Leidenschaft ein *Stango*-Lied aufgenommen. Ich hab einen anderen Sinn für Humor als die übrigen Menschen. Parodien auf den Tango kann ich gar nicht ab.

In den zwanziger Jahren war Tango Sache der besseren Kreise, weniger des einfachen Volkes. Es war ausländische Musik aus Argentinien, Deutschland, Frankreich, wo die Tangos damals herkamen. Während in den feinen Restaurants Tango getanzt wurde, waren Schottischer, Polka oder Walzer Sache der einfachen Leute. Die erste finnische Tango-Platte war *Tango Carita*, komponiert von François de Godzinsky, der aus Petersburg nach Helsinki gekommen war. *Tango Carita* wurde von Martta Tiger gesungen, einer Schauspielerin. George de Godzinsky, der Sohn von François, war seit den dreißiger Jahren ein bekannter und vielseitiger Dirigent von Unterhaltungsorchestern; ihm verdanken wir eine Reihe von Evergreens.

Es bringt mich zur Verzweiflung, daß ich um keinen Preis eine Aufnahme vom ersten echt finnischen Tango auftreiben kann. Ich weiß noch nicht mal, wie der Komponist mit Vornamen hieß, nur daß er mit E. anfängt. 1930 erschien der Tango *Mä muistan sua/Ich denk an dich* von E. Karjalainen, dessen Text nur aus vier Zeilen besteht und, wie das damals so üblich war, erst nach einem langen Instrumentalteil kommt. Zwei Jahre später kam der erste Tango von Arvo Koskimaa – ist einer meiner Lieblingskomponisten – heraus: *Unelma/Traum-Tango*, Text von Erkki Ranta. Im gleichen Jahr erschienen mehrere andere Tangos, einer davon *Donna Bella*, komponiert vom finnlandschwedischen Georg Malmsten und mit einem finnischen Text von R. R. Ryynänen. Malmstens Plattenkarriere fing 1929 an, in den dreißiger Jahren war er einer der beliebtesten finnischen Schlagersänger, im Volksmund der Moll-Schorsch genannt. Und R. R. Ryynänen, von dem eine Unmasse von Schlagertexten stammt, war Georg Malmstens Hofübersetzer ins Finnische.

Die nächste Rarität, *Tamara tanssii/Tamara tanzt* von 1933, habe ich aber. War damals vermutlich aufregend sündhaft und darum so unglaublich erfolgreich.

Mit blutroten Lippen und heißem Gesicht
geht nachts zum Tanz das wilde Steppenmädchen . . .

Kosakenromantik, so penetrant wie möglich, das ist es, was wir in Finnland schon immer geliebt haben. Der Texter ist Veikko Virmajoki, der später einen Haufen Schlager gedichtet hat; der Komponist war Valto Tynnilä, ein echt begabter Künstler, der als grade mal Sechsunddreißigjähriger im Winterkrieg gefallen ist.

Einer von meinen Lieblingstangos, auch heute noch, *Valkea sisar/Schwester in Weiß*, von 1934, ist von Martti Jäppilä unter dem Künstlernamen M. Maja und wurde durch – na, wen schon – Georg Malmsten zur Legende. Krankenschwestern-Erotik, heimliche Liebe zur Pflegerin wurde im nächsten Jahrzehnt ein wichtiges Motiv, als Finnland Krieg führte. Das war was fürs Publikum, das war vor allem was für die Soldaten.

Der Finn-Tango, wie wir ihn heute kennen, ließ allerdings noch auf sich warten. Der Tango der dreißiger Jahre war mehr oder weniger deutsch. Überhaupt wurden eifrig deutsche Schlager ins Finnische übersetzt oder auch – wenigstens von Schülern und Studenten – im Original gesungen. Ich selbst bin schlecht in fremden Sprachen, aber der Onkel hat mir schon in der Schulzeit den Refrain von *In einer kleinen Konditorei* beigebracht. Trotzdem wurden auch in den Dreißigern erstaunlich viele Tangos bei uns komponiert, einige wurden Evergreens. Bei manchen dauerte das allerdings ziemlich lange, wie zum Beispiel bei *Tappavat suudelmat*, den *Tödlichen*

Küssen. Die komponierte Arvo Koskimaa zu einem Text von Dagmar Parmas, und die Aufnahme mit Eugen Malmsten kam 1935 raus. Aber ein großer Tango wurde das Ganze erst knapp dreißig Jahre später in der Aufnahme mit Reijo Taipale vom 14.4.1964 und mit dem Text, den Sauvo Puhtila entschärft hat. Heute heißt das Stück *Vaaraliset huulet/Gefährliche Lippen.* Die erste Version war sogar im Radio verboten. Kein Wunder, wenn man sich das allgemeine Klima von damals vorstellt. Wieviel unbändiger war der Text der ersten Fassung im Vergleich mit der zweiten:

FASSUNG DER 30ER JAHRE	FASSUNG DER 60ER JAHRE
Doch wenn von den Lippen dein	Nun stürz ich in Gefahr mich,
Gift trink ich,	da ich dich küsse;
dann ist der Tod mein;	gefährlich deine Lippen,
das weiß ich sicherlich.	die mich besiegen.

Nicht alle erfolgreichen Tango-Komponisten in Finnland waren hauptberuflich Musiker, ganz davon zu schweigen, daß sie von ihrer Musik hätten leben können. Wenn man sich dagegen den amerikanischen Komponisten Hoagy Carmichael vor Augen hält, der mit einem einzigen *Stardust* für den Rest seines Lebens ausgesorgt hatte!

Anders in Finnland. Einer meiner Favoriten, Arvo Koskimaa, 1912 geboren und 1972 gestorben, war im Hauptberuf Bürochef bei der Großhandelsgenossenschaft SOK. Er hatte eine Musikgruppe, die vor allem in Helsinki auftrat, wo er dann – bescheiden wie er war – immer ganz hinten am Klavier seinen Platz hatte. Einen kleinen Zusatzverdienst brachte ihm sein spezielles Hobby in einer Zeit, als Lotto und Toto in Finnland noch keine Rolle spielten. Arvo Koskimaa setzte nämlich Geld bei Wetten in England und gewann hin und wieder kleinere Summen.

Zu den großen Tangos von Arvo Koskimaa gehören *Syys-*

pihlajan alla/Unter der Herbstesche von 1942 und *Kesäinen muisto/Sommererinnerung* von 1945, außerdem kann ich die unvergänglichen Stücke *Irja-Tango* und *Tango Anjalle/für Anja* auswendig.

Auch wenn Koskimaa seine bedeutendsten Tangos schon in den dreißiger und vierziger Jahren geschrieben hat, groß rausgekommen sind viele von seinen Nummern erst mit den Sängern und den Plattenaufnahmen der Sechziger.

Eigentlich ist die Finnlandisierung des Tangos überhaupt nicht verwunderlich. Auch in den europäischen Ländern außerhalb von Finnland wurde der Tango vereinnahmt, und das schon früher als bei uns. Aus dem argentinischen wurde der französische, deutsche, englische Tango. Noch heute ist weitgehend unbekannt, daß der Anfang der achtziger Jahre gestorbene bekannte Tango-Komponist und Dirigent A. Molando Holländer war und mit seinem richtigen Namen Ariel Maasland hieß.

Toivo Kärki bewundere ich ganz besonders. 1915 geboren und nach einer unglaublich langen, nämlich über dreißigjährigen Karriere als Erfolgskomponist 1992 gestorben. In jungen Jahren, mit Anfang Zwanzig, war Kärki begeisterter Jazzer und gewann 1939 den Jazz-Komponisten-Wettbewerb, den das englische Magazin ›Melody Maker‹ ausgeschrieben hatte, mit *Things Happen That Way*, einem Stück in Moll, das völlig anders war als die anderen Wettbewerbsbeiträge.

Ich hab ein ganz passables Ohr für Musik, aber von Theorie keine Ahnung. Oft bedaure ich, daß ich nie Musik studiert habe. Also ein ewiger Dilettant. Der Onkel hatte ziemlich viel Ahnung, aber auch er war kein Profi. Von ihm weiß ich den Unterschied zwischen finnischem und ausländischem Tango. Einfach gesagt: Der internationale Tango hat eine aufsteigende Melodie in Dur, der finnische dagegen eine absteigende in Moll. Ausnahmen gibts bei den ausländischen Tangos jede Menge, aber kaum einen finnischen Tango in Dur.

Kärki wollte sich gerade aufmachen, Amerika zu erobern, als der Krieg zwischen der Sowjetunion und Finnland ausbrach und er als Artillerie-Leutnant an die Front geschickt wurde.

Der Onkel kennt jede Menge Menschen, und irgendwann ist er auch dem Dr. phil. Pekka Gronow, Musikwissenschaftler und Chef der Schallplattenabteilung von Yleisradio, dem finnischen Rundfunk, begegnet. Der wiederum kannte den Vater unseres heutigen Tango, Toivo Kärki, und der hat Gronow erzählt, wie er auf den Finn-Tango gekommen ist.

Während des Stellungskriegs, solange er als Batteriechef nicht gebraucht wurde, hatte Kärki Zeit genug, darüber nachdenken, was für eine Musik die Finnen besonders anmachen würde. Da kam ihm eine Idee, und er verrührte slawische Romantik und deutschen Marschtritt zum Finn-Tango. Ein erster Versuch folgte mit *On elon retki näin/So ist der Gang des Lebens*, das er 1941 mit Eero Väre aufnahm. *Elon retki* zündete bei den Finnen nicht, es steckte noch voll von internationalen Elementen und Kärkis eigenen Ambitionen.

Aber der nächste Versuch klappte. In Syväri, in der Gemeinde Chomorowitsch (im heutigen Rußland) komponierte Kärki 1943 *Liljankukka/Lilie*, und als die mit Henry Theel am 5.11. 1945 als Platte rauskam, war der finnische Tango geboren. Ganz nach dem Geschmack des Volkes. Und so beginnt die Geschichte des Finn-Tango. In Chomorowitsch entstanden auch *Siks oon mä suruinen/Drum bin ich traurig* und *Tule hiljaa/Komm leise*, mit Olavi Virta schon vor der *Lilie* aufgenommen. Aber die *Lilie* wurde am berühmtesten, Landmarke aller finnischen Tangos.

»Ich bin einfach nur«, sagt Toivo Kärki in seinen Erinnerungen und meint damit seine Stellung als Komponist populärer Musik. Mit 2000 Kompositionen, davon 1500 auf Platten mußte Kärki erleben, was die jetzigen Popmusiker nicht mal theoretisch nachvollziehen können. Popmusik ist heute Kultur wie jede andere Kultur auch. Sie ist Thema der ›Kultur‹-Seiten der Zeitungen und wird dort besprochen, was vorher keineswegs so war. Schlager und sonstige Unterhaltungsmusik waren Sache des sogenannten einfachen Volkes, hatten mit Kultur nichts zu tun und gehörten auf die ›Vermischtes‹-Seiten der Zeitungen. Unterhaltungskünstler waren Angehörige einer niedrigeren Kaste und keine Vertreter richtiger Kunst; auch Kärki mußte diese bittere Erfahrung machen.

Anfang der Fünfziger wurde er zu einer – wie es in der Einladung hieß – »Unterhaltung über Musik« gebeten, einem live übertragenen Radioprogramm. »Man redet in aller Ruhe über alles, was mit Musik zu tun hat.« Bei seiner Ankunft stellt Kärki fest, daß er der einzige Vertreter der leichten Musik ist. Nachdem die seriösen Musiker ihn vor den Ohren des ganzen Volkes fertiggemacht haben, beschließt Kärkli, nie wieder anders öffentlich aufzutreten als durch seine Songs. Und dabei blieb es bis in die siebziger Jahre.

Da hatte die populäre Musik die Stellung erobert, die ihr als Lieblingsmusik der meisten Leute zukommt, und Toivo Kärki erfuhr als erster der sogenannten alten Musikergeneration Anerkennung für sein Werk.

Vor allen Dingen kriegte man eine Ahnung von seiner gewaltigen Plattenproduktion. Und mit den Konturen, die Kärki allmählich im öffentlichen Bewußtsein annahm, wurde auf einmal auch deutlich, daß es über fünfzig Filme gibt, zu denen er die Musik geschrieben hat. Wie er selber sagt, mußte er auf Verlangen des Regisseurs Toivo Särkkä für einen einzigen Film Dutzende von Songs schreiben und alle für großes Unterhaltungsorchester arrangieren. Auch für eine Unzahl von Kabarettabenden in Punainen Mylly, der Roten Mühle, hat er Lieder produziert. Bei vielen von diesen Projekten war Reino Helismaa Kärkis Hoftexter, mit dem er außerdem an fast zweihundert Tagen im Jahr auf

Tournee war, um die Menschen draußen im Land zu unterhalten.

Als die Produktion in den vierziger Jahren auf Hochtouren lief, komponierte Kärki solche Mengen und produzierte Platten in so großer Zahl, daß Yleisradio sie nicht mehr ausstrahlen wollte. Jedes zweite Stück wäre sonst von Kärki gewesen, der also auf den Trick verfiel, unter Pseudonymen zu komponieren: Finnisch komponierte er unter Kari Aava, spanisch unter Pedro de Punta (Kärki=Punkt=Punta), italienisch unter Antonio Brave, deutsch unter Karl Stein, amerikanisch unter W. Stone und russisch unter C. Kaparow. Beim Rundfunk glaubte man drei Jahre lang, man hätte es echt mit verschiedenen Komponisten zu tun.

Problematisch allerdings war Orvokki Itä, weil das das Pseudonym von Toivo Kärki und auch von Reino Helismaa war. So hieß es auf dem Cover von *Rakkauden arvoitus/Rätsel der Liebe* einfach: Text und Musik: Orvokki Itä. Nur ›Teosto‹, die finnische Gesellschaft für Autorenrechte, muß wohl gewußt haben, daß es sich beim Komponisten um Toivo Kärki, beim Texter um Reino Helismaa gehandelt hat. Übrigens ist Orvokki Itä ein Anagramm für Toivo Kärki.

In den Fünfzigern wurde Kärki Produktionsleiter für Schlagermusik bei der Musikfirma Fazer und mußte als Büromensch arbeiten. Obwohl weiterhin voller musikalischer Ideen verschwand er als Künstler aus dem öffentlichen Bewußtsein und galt fortan als verbeamteter Komponist.

Die neuen Trends in der Musik brachten es mit sich, daß Kärki der Stuhl des Produktionsleiters allmählich unterm Hintern weggezogen wurde. Da reagierte er ein letztes Mal als echter Bohemien und kündigte einen Monat vor seiner Verrentung den Arbeitsvertrag mit der Firma, bei der er fünfundzwanzig Jahre lang beschäftigt war.

Bis in die achtziger Jahre hatte Kärki sich den wechselnden Forderungen der Zeit bestens angepaßt, und so dauerte seine

Komponistenkarriere also auch länger als üblich. Wenn man den Beginn mit der *Lilie* 1945 ansetzt, so ging sie bis weit in die Siebziger. Die *Lilie* ist ein Gleichnis, wo die Geliebte mit einer Lilie eben verglichen wird. Im *Täysikuu/Vollmond* der Fünfziger bittet der Sänger den Mond, der alles sieht, der Geliebten seine Botschaft zu überbringen. *Rakasta, kärsi ja unhoita/Liebe, leide und vergiß* handelt in den Worten von V. Enckell vom tragischen Kreislauf der Liebe: von ihrem Erwachen bis zum Vergessen. In den sechziger Jahren setzte Kärki seinen Erfolg mit *Tango merellä/Tango auf See* und *Anneli, Anneli, Anneli* fort, indem er ein weitverbreitetes Thema aufgriff. Dagegen setzte er mit *Tallinnan laulu/Lied von Tallinn (Reval)* einen neuen Trend, indem er die romantisierten Landschaften einer damals allgemein als fremd empfundenen Sowjetunion und sogar Leningrad zum Motiv machte.

Als mit Beginn der siebziger Jahre die Tango-Welle verebbte, komponierte Kärki getarnte Tangos und erfolgreiche langsame Balladen. Obwohl er immer auch andere Musik geschrieben hat, bleibt er vor allem als Tango-Komponist in Erinnerung.

Meine Geburtsstunde schlug in der Blütezeit des finnischen Tango, und die beginnt mit Unto Mononens *Satumaa/ Märchenland.* Mit Goldbuchstaben hab ich das Datum »13.10.1962« an die Wand geschrieben, eingerahmt und links und rechts davon ein Foto aufgehängt. Das eine zeigt den Komponisten Unto Mononen, das andere den Sänger aller Sänger von *Satumaa*, nämlich Reijo Taipale. Mononen starb schon Ende der sechziger Jahre, genau gesagt am 28. Juni 1968, aber Reijo Taipale lebt, und es geht ihm gut. Auf dem Tanzboden im Helsinki-Pavillon kam ich an sein Autogramm, und da steht: »Für Virtanen mit Grüßen, Reijo Taipale«. Ein anderes Autogramm hab ich von Eino Grön, und da steht: »Für Virtanen, Eino Grön«. Das war im Maestro.

Beide Autogramme hab ich in der Rahmenhandlung Frimodig in Gold fassen lassen und unter die »13.10.1962«-Gedenktafel gehängt. Zwar wurde *Märchenland* schon 1955 mit Henry Theel aufgenommen, aber erst die Platte mit Reijo Taipale sieben Jahre später brachte es bis in die Hit-Listen und blieb fast ein Jahr dort. Ich hab gehört, man hätte das Lied für das neue Kirchengesangbuch vorgeschlagen – wenn das wahr ist, fänd ich es Spitze, wenn es die Nummer 666 würde. Ich käme dann unter Orgelbegleitung zu diesem Tango in die Kirche getanzt und – wer weiß – auch Gott näher.

Am 12.8.1963 nahm Eino Grön Mononens *Kohtalon/ Schicksals-Tango* auf, das Datum steht in Silberbuchstaben an der Wand. Bronze konnte ich nicht vergeben. Wenn, dann hätte sie wahrscheinlich *Syvä kuin meri/Tief wie die See* vom 10.3. 1965 verdient, gesungen von Esko Rahkonen, von dem ich auf der Großtanzfläche von Lahti ein Autogramm bekommen habe: »Für Virtanen in Freundschaft, Esko Rahkonen«.

Wirklich, Gold und Silber gehören einfach an die Brust von Reiska und Emppu – in Hörweite von Reijo und Eino hätte ich mich natürlich nie getraut, solche Kosenamen zu benutzen.

Also die Vergabe von Bronze ist schwer, weil Tamara Lunds *Lapin/Lappland-Tango* ganz entschieden mit der *Tiefen See* konkurriert. Aber ich habe kein Autogramm von Tamara Lund. Erstens ist sie eine Frau, zweitens ist sie schon während meiner Kindheit ins Ausland gegangen. Grundsätzlich hab ich nichts gegen Frauen, praktisch aber ist es so, daß ich nun mal kein Autogramm von Frau Lund habe, und das ist für die Rankingliste von entscheidender Bedeutung.

Ich bin hemmungsloser Mononen-Fan. Geb ich zu. Es gibt eine ganze Menge von guten Tango-Komponisten bei uns, zum Beispiel find ich Toivo Kärkis *Täysikuu/Vollmond* super. Schauer laufen mir auch immer wieder über den Rükken, wenn ich Koskimaas *Vaaralliset huulet/Gefährliche Lippen* höre. Aber mit Mononen ist das einfach so: Er hat zu Lebzeiten nur knapp hundert Lieder veröffentlicht, trotzdem waren darunter mehr Top-Tangos als bei irgendeinem anderen.

Und außerdem kann ich nichts daran ändern, daß Mononen jede Menge Tangos komponiert hat, die mir ganz speziell liegen. Ich denke wie Unto Mononen, wenn Reijo Taipale aus *Tähdet meren yllä/Sterne überm Meer* singt:

Fliegt mein weißes kleines Boot
hin zur fernen Insel dein

oder Esko Rahkonen im *Marja-Tango*:

Wenn du, Marja, mein Hoffen erfüllst, wenn dann alles du gibst, und am schönsten die Welt . . .

Manchmal stell ich mir vor, ich wäre Tenho (gespielt von Pertti Koivula) in Markku Pölönens tangosattem Film *Onnen maa/Land des Glücks*. Dann kommt mir sofort Arvo Koskimaas Tango *Kesäinen muisto/Sommererinnerung* in den Sinn. Endlich fällt Tenho mit Verve (gespielt von Katariina Kaitue), der Frau seiner Träume ins Getreidefeld, während die Kamera über die grünen Wipfel der Birken schwenkt; für mich eine Szene der reinen Naturbeschreibung. *Sommererinnerung* malt den Zauber dieser ländlichen Szene tausendmal besser, als das je in irgendeinem Tango-Video geglückt ist, ob aus Argentinien oder Japan.

Ich versteh recht gut, warum Reijo Taipale für finnische Männer genauso wichtig ist wie für finnische Frauen. Er ist der Inbegriff des Helden aus den Tiefen unserer Nadelwälder, mit ihm verbindet sich die Vorstellung der finnischen Anspruchslosigkeit, er ist der Wir-Held. Ich geh nicht zu seinen übervölkerten Konzerten, weil man in der Finlandia-Halle nicht tanzen darf. Außerdem würd ich es nicht aushalten, neben einer eventuellen Tanzpartnerin zu sitzen. So oder so würde ich auffallen, mit oder ohne Filzdecke auf dem Schoß.

Lieber als ins Konzert zu gehen höre ich mir zu Haus Kassetten an. Da muß ich mir keinen Zwang antun und kann ganz ich selbst sein. Wann ich will, kann ich den Besen aus der Ecke nehmen, ihn an mich drücken und mitsingen: *»Das Schicksalslos ist gnadenlos . . .«* Ich bin keiner, der im Schrank tanzt. Wenn mich jemand fragt, ob ich zu Haus tanze, antworte ich in aller Ruhe, daß ja. Ich mach aus meinem Hobby kein Geheimnis. Weil ich nichts zu verbergen hab, brauch ich nichts zu verstecken.

Virtanen ist ein ungeduldiger Mensch. Zwar hat er jede Menge Ahnung von allem, was mit Tango zu tun hat, aber er kriegt sein Wissen nicht ordentlich auf die Reihe und vergißt Sachen, die an sich klar sind. Trotzdem möchte er gern den Eindruck erwecken, er wäre Experte auf dem Gebiet. Er kommt deswegen regelmäßig ins Café Kalervo und läßt sich vom Alten und Weisen Tips geben, um mehr zu erfahren oder um Längstbekanntes noch mal zu hören.

Spitzensänger zu vergleichen, ist Unsinn. Man stellt ja auch keine Rankingliste für gute Getränke auf, weil jedes auf seine Weise gut ist.

Warum für Virtanen Reijo Taipale (geb. 1940) der Top-Sänger ist, ist ganz klar. Nämlich Virtanen kann mit der Art, wie Eino Grön Tango singt, nichts anfangen. Reijo Taipale ist erdverbunden und singt, wie sich das für den finnischen Tango gehört: aufrecht und geradlinig. Eino Grön dagegen genießt, wie er den Finn-Tango mit den Nuancen des Originals singt. Manchmal schleppt er so stark, daß die Begleitband ganz aus dem Rhythmus kommt und nicht mehr so recht weiß, wo eigentlich der erste Taktschlag ist. Dann wieder zieht er in einem Tempo davon, daß die Musiker erst nach ein paar Takten wieder auf gleicher Höhe mit ihm sind. So was stellt eine Band auf eine harte Probe.

Eino Grön (geb. 1939) weiß das natürlich genau und sonnt sich im Glanz seiner Virtuosität. Und das um so mehr, wenn er mal eine Truppe hat, die problemlos mithalten kann.

Aber wer von den mürrischen breitschädeligen Finnen weiß schon, was es mit solchen Feinheiten auf sich hat. Der Finne hört das Pauken der großen Trommel und stapft los.

Für uns ist der argentinische Tango was zum Hören und zum Gucken, wenn wir uns bloß nicht selber dazu drehen müssen. Uns graust vor allem, was anders ist als ein gleichmäßiger Takt. Und wenn es anders ist, dann ist die Band eben schlecht. Würde in Ostbottnien ein argentinisches Orchester zum Tanz aufspielen, dann würden die Männer wahrscheinlich zu ihren Finnmessern greifen: Spielt gefälligst ordentlich, wenn euch euer Leben lieb ist!

Die armen Ausländer begreifen gar nicht, warum man so eintönig spielen soll, wo doch erst Rhythmus- und Tempowechsel den Tango interessant machen. Unverständlich für sie, daß gerade Variation von Rhythmus und Tempo – ganz wichtig für die erotische Qualität des Tango – in Finnland zu Erstarrung führen, während umgekehrt ein gleichbleibend marschmäßiger Takt den Finnen anmacht, und seine Finnin mit ihm.

Eino Grön ist unser Mittler zum internationalen Tango. Er hat in Argentinien Aufnahmen gemacht und ist dort unter Begeisterungsstürmen aufgetreten. Ein Blonder aus dem Norden, der versteht ordentlich Tango zu singen! Wie kriegt ein Ausländer *La Cumparsita* so latinomäßig hin?

Selbst seine eigenen sonderbaren Finn-Tangos sind gut. Man braucht nur an *Täysikuu/Vollmond* zu denken – ganz wie einer von den unseren! Oder *Syyspihlajan alla/Unter der Herbstesche* – hat das etwa keinen Schwung? Und *Valkovuokot/Anemonen*? Der Rhythmuswechsel, die Melodie – als wäre die Komposition in ihrer kargen Exotik von einem von uns. Eino *ist* wie einer von uns!

Eino Grön war früher Ringkämpfer und gehörte in den fünfziger Jahren zur Meisterklasse. Später, als er schon Künstler geworden war, praktizierte er seinen Sport gemeinsam mit seinen Musikern. Nach der Vorstellung mußte einer gegen ihn antreten, meistens kam zuerst der Bassist dran. Wenn der besiegt war, die anderen. Ein ehemaliger Akkordeonspieler (heute verlangt Grön nicht mehr, daß die Musiker mit ihm ringen), der sich um den Ringkampf drücken wollte, behauptete, daß er zu müde wäre und ins Bett müßte. Am folgenden Morgen fand er sich samt Bett in einer anderen Ecke des Zimmers wieder. So sind sie, die Jungs.

Es ist wirklich kein Wunder, daß Virtanen auf die Tangos der sechziger Jahre fixiert ist, obwohl er selbst im gleichen Jahrzehnt geboren wurde. Auch jüngere Altersgruppen finden immer wieder den Weg zu dieser Musik, und auf allen Festivals und Wettbewerben – vor allem beim Tangomarkt von Seinäjoki – werden immerzu die Sachen aus den fünfziger und sechziger Jahren gesungen, außerdem natürlich die ausländischen Klassiker. Im Vergleich dazu spielen neuere Tangos eigentlich kaum eine Rolle. Nach den Sechzigern war der Tango-Boom in Finnland mehr oder weniger vorbei, und eigentlich hat er nur drei Jahre gedauert: von Anfang 1963 bis Ende 1965.

Aber verschwunden ist der Tango keineswegs. Schon Ende der Sechziger waren die sogenannten getarnten Tangos in, also Melodie und Rhythmus wie Tango, aber damit man sie besser verkaufen konnte, bekamen sie nach dem Geschmack der Zeit von Baß und Schlagzeug einen Beat-Sound verpaßt. Das gleiche in den folgenden Jahrzehnten: In den achtziger Jahren wurden die Hit-Listen von der Gruppe Yö/Nacht aus Pori mit dem Stück *Joutsenlaulu/Schwanengesang* angeführt. Yö war damals die wohl führende Rock-Gruppe. *Joutsenlaulu* dagegen war purer Tango, auf Rock getrimmt.

Sie betrieben alle Augenwischerei, ob Musiker, Plattenfirmen oder Publikum, und machten sich selbst was vor. Sie glaubten, es ginge um zeitgemäße Popmusik. Und doch: Die ganzen Jahrzehnte hindurch hat der Tango quer durch alle Schichten des Volkes seine Stellung bewahrt.

Ich hab gelernt, Frauen auf Distanz zu halten, obwohl sie für den Tango ausgesprochen wichtig sind. Zwar find ich sie unheimlich anziehend, von weitem betrachtet oder als Tanzpartnerinnen. Auf eine engere Beziehung mit einer Frau laß ich mich aber nicht ein. Ich bin erst fünfunddreißig. Würde ich jetzt mit einer Frau ins Bett steigen und tun, was ich im Fernsehen und im Kino gesehen habe, hätte ich gegen Platon verloren. In jedem Fall muß ich also noch mindestens ein Jahr warten, lieber noch länger, damit ich den verehrten Philosophen im edlen Wettstreit der Entsagung besiege. Eigentlich hat Platon ja auch gar nichts darüber berichtet, ob er sich mit fünfunddreißig einer Frau hingegeben hat, oder womöglich schon früher, um erst später dann dieses Prinzip der spirituellen Erziehung zu erfinden.

Da bewundre ich den dänischen Märchenonkel H. C. Andersen eigentlich noch mehr, der sich angeblich seine Jungmännlichkeit bis zum Tod – mit siebzig Jahren! – erhalten hat, und das, obwohl er sich eifrig in weiblicher Gesellschaft getummelt und seinen Zeitgenossen zufolge auch mehrmals verliebt haben soll.

Aus Gründen der Konvention bin ich gezwungen, mich öfter mal wie andre Männer aufzuführen.

Gelegentlich, aber nicht allzu häufig, finde ich mich am Ende einer Tanzerei in Begleitung wieder. Ein äußerst gefährliches Spiel, geradezu psychodramatisch. Eines Abends, eigentlich schon am frühen Morgen, bot ich im Lokal Jortsumestari/Fêtenmeister einer Braut, mit der ich öfter getanzt hatte, meine Begleitung nach Haus an. Seit mehreren Monaten hatte ich sie immer wieder zum Tango aufgefordert, und sie war im Lauf der Zeit immer freundlicher zu mir geworden. Während unserer Bekanntschaft hatte ich ihr hin und wieder beim Warten auf den nächsten Tango an der Bar einen ausgegegeben. Sie hatte mir sogar das Du angeboten. Ihr Vorname war Irja.

Irgendwann hatte ich ihr zum Spaß an der Bar mal die Stelle aus Arvo Koskimaas Tango vorgesummt:

Einst warst du, Irja
für mich das schönste Traumbild . . .

Sie war echt beeindruckt von meiner Darbietung, deren Qualität mit der Superaufnahme von Eino Grön vom 12.8.1963 nur entfernt zu tun hatte – das Stück ist die B-Seite der *Kohtalon/Schicksals-Tango*-Single. Sie behauptete, ich hätte eine schöne Stimme. Mir war klar, daß sie ein bißchen übertrieb, die Vier in meinem Schulzeugnis sprach schließlich für sich. Noch nicht mal eine Drei, was von einem gewissen Grad an Musikalität gezeugt hätte.

Wie auch immer, irgendwann nach einigen Gläsern Koskenkorva-Schnaps mit Vichy-Soda – kurz Kossuvissy –, Irjas Lieblingsgetränk, faßte ich mir ein Herz und fragte, ob ich sie zu ihrer Haustür begleiten dürfte. Sie wohnte ganz in der Nähe, in der Sturestraße, so daß unterwegs die Wirkung des Alkohols nicht verfliegen konnte, obwohl ein frischer Wind wehte. Ich selbst hab eine ziemlich rigorose Einstellung zum Alkohol: Er ist ein Mittel, um gesellig zusammenzukommen, man muß sich aber davor hüten, das Zeug in solchen Mengen zu genießen, daß man zum sentimentalen Softie wird. In meiner Jugend habe ich Alkohol mal von seiner benebelnden Seite erlebt und bin seither vorsichtig im Umgang mit dem Trank der Weisen.

Schon zuvor hatte ich Irja mal auf die gegenüberliegende Straßenseite begleitet und mich dann schleunigst in Richtung eigene Wohnung davongemacht. Heute also wagte ich es bis vor ihre Haustür. Als wir da waren, bot sie mir zu meiner nicht geringen Verwunderung an, auf einen Tee zu ihr raufzukommen. Etwas verlegen und entgeistert – ich schätze Besuche in fremden Wohnungen nicht – stimmte ich zu – immerhin würde der Tee die letzten Spuren des Alkohols aus meinem Kopf verjagen. Wir gingen also rauf und sie ans Teemachen. Und dann servierte sie den Tee zusammen mit feinem Gebäck und füllte zwei Gläschen mit Likör.

Irgendwie erinnerte ich mich, daß Likör ein alkoholisches Getränk ist, doch hatte ich nicht den Mut abzulehnen; vermutlich hatte Irja in Gott weiß was für einem hochherrschaftlichen Haus gelernt, wie man sich benimmt – ich hatte ja überhaupt keine Ahnung von ihr. Wir tranken Tee, nippten am Likör und sprachen über Tango. Irja findet, daß Tango von allen Tänzen am aufregendsten ist. Ich auch. Mein Hirn arbeitet im Tangotakt am besten. Das sagte ich ihr auch. Humppa, die finnische Polka und der zweitbeliebteste Tanz hierzulande, war für uns beide nicht besonders interessant, zu schnell.

Auf einmal zog Irja ihre Bluse aus und fordert auch mich auf, mich auszuziehen. Ich lehnte höflich ab, so heiß war es im Zimmer nicht.

– Liebst du mich denn nicht? Bedeutet dir Liebe nichts? fragte sie.

– Natürlich, viel, war meine Antwort. Liebe ist schließlich ein Wort, das in den meisten Tangos benutzt wird, um die Stimmung zu heben. Liebe ist gewissermaßen eine Einladung zum Tanz.

– Du bist völlig unmöglich! Irja hob ihre Stimme. Versteck dich bloß nicht hinter deinen Theorien. Wir sind ein Mann und eine Frau. Sollen wir dem Befehl nicht folgen, den der Schöpfer uns gibt?

– Denkst du dabei an den Auftrag »Mehret euch und bevölkert die Erde«?

– Genau!

– Ich will mich nicht vermehren. Ich will keinen Klon von mir.

– Stell dich bloß nicht an. Ist doch klar, daß ich für den Fall von Herrenbesuch Verhütungsmittel habe. Schließlich will auch ich keine Kinder!

– Mein Grundsatz verbietet mir, ein Fleisch zu werden, wenn du das meinst.

– Einfach gesagt: Genau das meine ich. Dir muß man wohl alles mit der Brechstange beibringen.

Irja schaute demonstrativ weg. Und dann – nachdem sie uns beiden einen Kossuvissy eingeschenkt und wir davon getrunken hatten – griff sie mir zwischen die Beine.

Im gleichen Augenblick erigierte mein Ding. Vermutlich in der Meinung, es ginge auf zum Tanz. Ich entschuldigte mich und bat, zur Toilette gehen zu dürfen. Irja erlaubte es mit Vergnügen. Im Badezimmer erhielt mein Glied eine heftige Bestrafung. Und erschlaffte.

Zurück im Zimmer schlug ich vor, Tango zu tanzen. Sie willigte ein und wählte den Tango *Tulee hiljaa/Komm leise*. Während des Tanzes dachte ich über subtile Hinweise nach, mit denen ich mich aus der Affäre ziehen konnte. Ob sie wohl *Harhakuva/Trugbild* hätte oder *En sulle kaikkea voinut mä antaa/Nicht alles konnt' ich dir geben*? Ich überlegte, wie ich mich mit Anstand aus einer Situation zurückziehen konnte, die ich so nicht gewollt hatte. Irja ist eine Bomben-Braut. Für einen normalen Mann wär sie die Erfüllung seiner Träume und Wünsche. Ich aber hab meinen Grundsatz.

Doch mir fiel in dieser Lage nichts Gescheites ein. Irja war davon besessen, Geschlechtsverkehr mit mir zu haben. Das war offenkundig. Natürlich wäre es für mich eine ideale Gelegenheit gewesen, den Prozeß ablaufen zu lassen, aber dann hätte ich gegen Platon verloren. Ich war zu keinem klaren Gedanken fähig. Also warf ich mich zu Boden, wand mich in abrupten Zuckungen und brachte es fertig, mich ein bißchen auf Irjas Erbteppich zu übergeben.

– Einen Krankenwagen! brachte ich unter Stöhnen heraus.

Irja bestellte in aller Eile einen Krankenwagen und wuselte um mich rum. Ich schaffte es, Schweiß abzusondern und meine Augen überzeugend weit aufzureißen. Mit der Kraft eines Ertrinkenden umklammerte ich ihren Nacken, während sie um Hilfe plärrte und sich gleich wieder die Hand vor den Mund hielt.

Fünf Minuten später war der Krankenwagen da. Zwei vierschrötige Männer erschienen, lockerten meinen Kragen und legten mich auf die Tragbahre. Mein Mantel landete auf der Filzdecke, und ab ging es in Richtung Poliklinik Meilahti. Einer der beiden Herren versorgte mich unentwegt mit Sauerstoff, an dem ich fast erstickt wäre. Ich versuchte ihn zu hindern, aber er war stark und knurrte, wie doch Patienten im Schockzustand nicht wüßten, was gut für sie ist.

An der Poliklinik angekommen, trugen sie mich unverzüglich auf der Bahre rein. »Nummer dreizehn heute nacht«, stellte einer von ihnen in Richtung der Schwester an der Aufnahme fest, und dann waren sie auch schon wieder weg.

Ich erhob mich und knöpfte meinen Kragen zu. Konsterniert betrachtete mich die Krankenschwester.

– Mir fehlt nichts, beruhigte ich sie.

– Eine Probe sollten wir sicherheitshalber abnehmen, sagte die Schwester mit Nachdruck, und dann warten wir, bis der Arzt kommt und bestimmt, was geschehen soll.

– Mir fehlt nichts, wiederholte ich.

– Bleiben Sie ganz ruhig. Wenn Ihnen nichts fehlt, dann sehen wir das am Ergebnis der Proben, und Sie werden sofort entlassen.

– Proben sind nicht nötig. Ich bin gesund, sagte ich so normal wie möglich.

– Bleibt abzuwarten – die Schwester war deutlich frustriert wegen meiner Widersetzlichkeit.

Eine Herzaufnahme wurde gemacht. Mit einem Schlauch wurde eine Magenprobe entnommen. Die Lunge wurde geröntgt.

– Legen wir ihn hier ins Nebenzimmer. Da können Sie auf das Ergebnis warten.

Ich wurde in das Zimmer gebracht, in dem schon zwei Männer und eine Frau waren, alle auf Holzpritschen. Einer der Männer krümmte sich in der gleichen Art, wie ich das bei Irja gespielt hatte, der andere hielt seinen mit einem blutigen Verband bedeckten Bauch. Die Frau stierte blicklos vor sich hin.

Es wurde Morgen, bis die Ergebnisse da waren. Ich wurde für gesund befunden. Diagnose: Akuter Zustand.

Virtanen wollte über Tangos sprechen, die Frauen gewidmet sind. Zum Beispiel über den *Irja*-Tango von Arvo Koskimaa. Einer von den vielen Tangos, die einen Frauennamen als Titel haben. Davon gibt es Mengen: Tango für *Anja*, *Marja*, Tango für *Sinikka*, *Muistelen sinua/Ich denk an dich*, *Marketta* und *Monika*, *Monika*, *Monika*. Die Liste läßt sich beliebig verlängern. Nimmt man die internationalen Nummern wie *Tango Desirée*, *Lola* und *Annabella* dazu, werden es noch mehr. In den sechziger Jahren war Unto Mononen verschossen in eine Frau namens Ulla. Für die komponierte er den Tango *Oi, muistatko vielä/Ach*, d*enkst du noch dran, Ulla?* Dann kam es zum Krach. Ulla zog aus der Wohnung im Stadtteil Kannelmäki aus. Und Unto sann auf Rache. Als der Tango aufgenommen wurde, da hieß er *Ach, denkst du noch dran, Kaija?*, eine Reminiszenz an Lasse Santakangas. Der war ein Freund von Mononen, spielte in den fünfziger Jahren Akkordeon in seiner Gruppe, und seine Tochter hieß Kaija – so jedenfalls Mononens Version.

Virtanen grinste und stellte fest, daß kein Tango einem Mann gewidmet ist. Es gibt keinen *Pekka*-Tango, kein *Ach denkst du noch dran, Matti?* Noch nicht einmal ausländische Männertangos, so was wie Tango für *Arnold* oder *Michael*-Tango. Man möchte denken, daß es in unseren liberalen Zeiten Homo- oder Lesben-Tangos geben sollte; nichts davon. Zwar gibt es eine Schnulze für einen Knaben mit dem Mädchennamen Päivi, aber das Ding ist kein Tango.

Loblieder an die Natur allerdings gibt es. Einer der erstaunlichsten Erfolgstangos ist Unto Mononens *Lapin/Lappland-Tango*, ohne eine Spur von Liebe, weder Mann noch Frau. Der Text ist gar nicht von Mononen, sondern von Maj-Lis Könönen, und die hatte von Lappland bis dahin überhaupt keinen Schimmer. Als sie Mononen in Rovaniemi begegnete, ließ der sich mit ihr in einem Taxi in der Gegend herumkutschieren, um ihr die nordische Landschaft vorzuführen, weil er wollte, daß sie zu seinem Tango die

Wörter schreiben sollte. Nach der Rundfahrt schrieb Könönen einen Text, in dem es ausschließlich um die lappländische Natur geht. Als Sängerin wollte Unto Mononen die als Schauspielerin und Schlagersängerin gleichermaßen bewährte schöne Tamara Lund. Die machte auch mit, und am 22.6.1964 wurde der Tango aufgenommen, der sofort die Spitzenplätze eroberte. Der *Lappland-Tango* ist unvergänglich. Immer noch wird er bei allen Tango-Tanzereien gespielt.

Unter den finnischen Schlagern gibt es auch andere ohne Liebe, aber der Erfolg von *Lappland-Tango* ist eine Klasse für sich. Vielleicht kann *Valkokovuokot/Anemonen* von Kaarlo Valkama noch am ehesten mithalten.

Typisch, daß der normale Finne, der von Musik nichts weiter versteht, als daß er sie eben hört, den Stil von Unto Mononen erkennt. Der ist so individuell und gleichzeitig so von Grund auf vertraut, direkt wie Volkslieder oder alte Kirchenlieder.

In den fünfziger Jahren spielte Mononen mit seiner Gruppe bei Tanzveranstaltungen in Somero und Umgebung. Er war Gitarrist, schätzte aber Tango und Walzer mehr als Rockmusik. Dann und wann wollte er allerdings zeigen, daß er auch die drauf hatte, und brachte auf der Gitarre einen Boogie.

Als 1962 sein *Satumaa/Märchenland* von Rejo Taipale aufgenommen wurde, war er auf einen Schlag berühmt. Die tanzende und tangoliebende Nation schloß ihn in ihr Herz. In der heißesten Tango-Phase zwischen 1962 und 1965 wurden mehr Mononen-Platten aufgenommen als von irgendeinem anderen Tangokomponisten. Selbst die Intellektuellen entdeckten Mononen, er sah sich auf einmal in den Kreis der echten Künstler aufgenommen, fing an, sich in Helsinki rumzutreiben und verbrachte seine Zeit in den Künstlerkneipen der Hauptstadt. Er wagte es jedoch nicht, sich dem damals bekanntesten Lyriker Pentti Saarikoski vorzustellen, obwohl der, nach allem was man weiß, ziemlich begeistert gewesen wäre.

Ab 1966 fing Mononen an, Texte von richtigen Dichtern zu vertonen, dabei entstanden zehn Kompositionen. Er war kreativer als je zuvor in seinem Leben, vertonte Saarikoski, vertonte Aila Meriluoto, komponierte eine eigene Erwiderung auf die berühmte *Läkkiseppä Lindblad/Schmied Lindblad*-Suite von P. Mustapää. Er nahm – zu einiger Verwunderung der Traditionalisten – auch Lieder auf, denen Texte von radikalen Jugendlichen zugrunde lagen.

Und just kurz vor Vollendung seines bisherigen Lebenswerkes, zwei literarischen Schallplatten und einem Musical zu einem Libretto von Marja-Leena Mikkola nämlich, erschoß er sich, total besoffen, am 28. Juni 1968, vermutlich in einem Anfall von Trotz und aus Versehen.

Danach wurde Unto Mononen zur Legende. Aus seinen nachgelassenen Noten wurde 1971 die LP *Unto Mononen muistolle/Unto Mononen zum Gedächtnis* herausgebracht, von der einige Stücke Evergreens geworden sind. Der Schriftsteller Jukka Pakkanen schrieb ein Hörspiel über Mononen *Tunti kerralaan/Jeweils eine Stunde*, das später zu einem Fernsehspiel und schließlich zu einem Theaterstück umgearbeitet wurde.

Das Heimatdorf von Mononen, die heutige Stadt Somero, wo er die längste Zeit seines Lebens verbracht hat, hat sich ihm mit Haut und Haaren verschrieben. Seit Ende der Achtziger gibt es dort fast jährlich Mononen-Gedächtnis-Konzerte. Fans in Helsinki gründeten Anfang der Neunziger den Unto-Mononen-Verein, der Leben und Werk des Komponisten bekanntmacht. Ein Mitglied des Vereins, der Schriftsteller Heikki Metsämäki, veröffentlichte 1997 eine Biographie auf der Grundlage von Materialien und Interviews, die der Vereinsvorsitzende Petteri Pelkki gesammelt hatte.

Nimmt man die Zahl populärer Tangos zum Maßstab, dann müßte Toivo Kärki ebenso populär sein. Kärki war aber kein so wilder Künstlertyp, sondern mehr ein pünktlicher und genauer Produktionsleiter. Die Toivo-Kärki-Biographie ›Siks oon mä suruinen‹ von Maarit Niiniluoto gehört zu den Perlen der finnischen Literatur zur populären Musik, vielleicht ist es sogar das beste Buch auf diesem Sektor. Es macht deutlich, wie Toivo Kärki die finnische volkstümliche Kultur auf vielerlei Art reicher gemacht hat, nicht nur als Tangokomponist. Trotzdem erkennen sich die Finnen nicht in der Weise in ihm wieder wie in Unto Mononen. Dessen tragisches und mit einem frühen Tod endendes Künstlerleben bleibt mit vielen Anekdoten im Gedächtnis der Menschen.

Schritt nach hier, Schritt nach da,
ist das wichtigste ja, ja.
Schritt nach da, Schritt nach hier,
so ists richtig, sag ich dir.
Ich tanz Tango, Tango, Tango,
einen geh ich nach dem andern.
Und vor Frau'n ist mir nicht bang, o
nein, nur Tango will ich wandern.

Super! Ich dichte! Eben, wie ich nach langer Zeit wieder mal im Maestro zum Tanzen war, fiel mir das ein – ganz allein!

Seit ich Irja per Krankenwagen verlassen hatte, hatte ich einen weiten Bogen um den Fêtenmeister gemacht. Irjas Stammlokal. Sie sagt, sie hat keine Lust, weiter weg zu gehen, weil man dort immer Glück haben kann – so drückt sie das aus. Ich fand, Irja war zu weit gegangen, und versteh einfach nicht, warum Frauen nicht einfach nur gute Freundinnen sein können. Freundschaft ist was Elegantes. Intimität macht viele gute Beziehungen kaputt.

Im Maestro fühlte ich mich frei. Vom Sehen kannte ich ein paar Leute, die bei meinem letzten Besuch dort gewesen waren. Ich konnte sie bloß nicht richtig einordnen. Von den Männern konnte ich schon gar nichts sagen, weil ich mich nun wirklich nicht danach drängle, in Männergesellschaft an der Bar zu hocken und drauf zu warten, daß vielleicht eine Braut vorbeikommt, die man aufreißen könnte. Wirklich nicht. Mir ist eine so recht wie die andere – egal wie sie aussehen. Wenn sich rausstellt, daß sie gut ist im Tangogehen, dann fordre ich sie auch wieder auf. Wenn sie kein gutes Gefühl für Rhythmus hat, dann bedanke ich mich nach dem ersten Tanz mit einem höflichen Diener, aber ich hol sie nicht noch mal auf die Tanzfläche.

Manchmal ist Damenwahl. Wenn dann eine schlechte Tänzerin mich holen kommt, verschwind ich und bleib weg, bis die Damenwahl vorbei ist. Und zum sogenannten Damenball – wo also die Frauen immerzu auffordern dürfen – geh ich schon gar nicht. Den Fehler hab ich nur einmal gemacht. Da verfolgte mich eine von diesen schlechten Tänzerinnen so lange, bis ich gezwungen war, das Lokal zu wechseln.

Ich war wieder ganz der alte. Und es traf sich, daß ich auch die Band kannte. Wir waren schon gemeinsam in verschiedenen Lokalen gewesen. Der Bandleader am Synthesizer, so alt wie ich, wechselte bei meinem Anblick sofort aufs Akkordeonregister und spielte *Musta ruusu/Schwarze Rose*, das Meisterwerk von Veikko Tuomi, das am 20.3.1962 zum ersten Mal aufgenommen wurde. Ein Tango:

Verborgen im Park des alten Schlosses
eine schwarze Rose steht . . .

Während die Band spielte, brummelte ich die Worte mit.

Ich forderte eine Blonde auf, die ich schon früher mal im Maestro getroffen hatte. Nach den Erfahrungen mit Irja empfand ich sie als ausgesprochene Befreiung. Sie versuchte in keinster Weise, mir auf den Geist zu gehen, und machte auch keine Bemerkung darüber, daß wir uns schon mal begegnet waren. Im Verlauf des Abends – obwohl ich auch mit anderen Damen tanzte – holte ich sie immer wieder zum Tango. Ich fand, sie ging vollkommen richtig. Ich redete über die große Bedeutung, die der Tango für uns Finnen hat, sie schien der gleichen Meinung zu sein und gab dem finnischen Tango Bestnoten.

Ich erfuhr, daß sie auch argentinischen Tango konnte. Den würde sie aber nicht so gern tanzen, weil er zu akrobatisch wäre. Zwar hätte sie sich schon mal dazu hinreißen lassen, vor allem mit einem Ausländer, und das sogar zum finnischen Tangotakt. Der *Kuutamotango/Mondscheintango* von Toivo Kärki wärs gewesen, meinte sie sich zu erinnern. Na ja, ist ja auch einer der wenigen finnischen Dur-Tangos.

Und gemeinsam kriegten wir einen Lachanfall: Stell dir bloß vor, *Satu ruskeista silmistä/Das Märchen von den braunen Augen,* und dazu argentinische Schritte!

Plötzlich war Damenwahl. Ich bat meine Freundin an die Bar, aber sie hatte beschlossen, mich aufzufordern. Zwar wurde kein richtiger Tango gespielt, aber wenigstens war es ein getarnter, *Perhonen/Schmetterling,* wenn mich mein Gedächtnis nicht täuscht. Danach hatten sie irgendeinen echten langsamen Beat im Programm. Mit männlicher Entschiedenheit führte ich meine Partnerin an die Bar. Ich und Beat – niemals!

Wir fühlten uns ausgesprochen wohl miteinander. Wie sich herausstellte, hieß sie Anja, und ich konnte nicht widerstehen und sang ihr leise ein Stück aus Arvo Koskimaas supergutem *Tango für Anja* ins Ohr:

Dich, nur dich, du liebe Anja,
dich allein mein Herz begehrt . . .

Anja fand das süß und meinte, ich hätte eine weiche Stimme.

– Du meinst doch nicht etwa schön?

– Nein, hab ich nicht gesagt, ich meinte weich.

Und dazu lachte sie verlegen.

– Schließlich weiß ich, daß ich im Singen in der Schule nur eine Vier hatte.

– Immerhin besser als eine Fünf, und dann setzte sie hinzu: Auch ich hatte nicht mehr als eine Zwei.

– Dann bist du ja eine Sängerin! schrie ich und hielt mir sofort den Mund zu.

– Zum Glück bin ich so begabt nun auch wieder nicht, antwortete sie freundlich.

Und dann kam wieder ein Tango, *Kotiseutuni/Meine Heimat*, ein Stück von Lauri Jauhiainen vom Anfang der Fünfziger. Wir eilten auf die Tanzfläche. Aus dem Abend wurde Nacht, aus der Nacht Morgen, uns ging der Gesprächsstoff nicht aus, und worüber auch immer wir redeten, wir kamen wieder und wieder auf die allmächtige Zauberkraft des Tangos zurück.

Ich fragte, ob ich sie nach Haus begleiten dürfte. Das durfte ich gern. Wir hatten ein ganzes Stück zurückzulegen. Anjas Wohnung war im Stadtteil Ullanlinna. An der Haustür gab ich ihr die Hand und wünschte eine gute Nacht. Sie erwiderte mit einem freundlichen Gegendruck.

Glücklich ging ich nach Haus. Endlich hatte ich eine gefunden, die verstand, worum es ging und was der Sinn des Lebens ist: Tango und Tango tanzen. Anja schien klar zu sein, daß Erotik keine körperliche, sondern eine geistige Ekstase ist. Ich hatte ja zu meiner Enttäuschung schon oft erlebt, wie Frauen Erotik für ein fleischliches Verlangen halten – bis hin zum Geschlechtsverkehr! Anja hatte scheints voll verstanden, daß Erotik zum Tango gehört und über ihn geistig sublimiert wird. Erotik ist so was wie ein *primus motor* – hatte ich irgendwo gehört oder gelesen.

Enthaltsamkeit ist eine große Sache. Fleischlichen Gelüsten nachzugeben ist zerstörerisch. Andererseits bleibt das Fortbestehen der Menschheit garantiert. Aber es geben so viele Menschen ihren Trieben nach, ohne dabei an Höheres zu denken, auch wenn sie geistig noch so hoch stehen.

Franz Schubert – auf einige seiner Lieder, vor allem die *Serenade,* halte ich große Stücke – konnte, nach allem was man weiß, den Verlockungen des Fleisches nicht widerstehen, und so starb er im besten Alter an Syphilis.

Anders Søren Kierkegaard, von dem ich allerdings auch nur beschränkte Kenntnisse habe, der seine Verlobung mit der geliebten Frau auflöste, um sich auf das Wesentliche konzentrieren zu können.

Tango war das allerdings nicht. Tango gabs erst später. Für Kierkegaard wars was anderes. Irgendwo, vielleicht in der Zeitung, hab ich gelesen, daß Kierkegaards Thema die Sünde war. Was Sünde ist, bestimmt die Gesellschaft, ebenso wie Verbrechen. Verbrechen wird in verschiedenen Subkulturen verschieden definiert, Sünde soll dagegen was eher Allgemeingültiges sein.

Ich jedenfalls verehre Platon. Noch mehr verehre ich den Märchenonkel Andersen, der sein ganzes Leben enthaltsam war. So was von Anspannung und Kraft! Wer hätte ein Märchen vom Mädchen, das aufs Brot trat, schreiben können, wenn er gleichzeitig sexuelle Gymnastik betrieben hätte.

Mit solchen Gedanken verbrachte ich den Weg nach Haus, während ringsum Helsinki erwachte.

Weil es mir keine Ruhe ließ, beschloß ich, zu Haus angekommen, den Dingen auf den Grund zu gehen. Ich erinnerte mich an einen alten Zeitungsausschnitt, den ich vor Jahren in einer Schublade aufgehoben hatte. Aus dem Jahr 1995. Der Pastor – inzwischen ist er Doktor der Theologie – Terho Pursiainen war in der Abendzeitung zu seinem Hobby, nämlich Tanzen, interviewt worden. Der Artikel ist überschrieben mit ›Tanz veränderte mein Leben‹, und Pursiainen berichtet darin, wie er erst beim dritten Versuch tanzen gelernt hatte, als er beschloß, zusammen mit seiner Frau Unterricht zu nehmen.

Nach Ansicht von Pastor Terho Pursiainen »sind mit dem Tanz zentrale Bereiche verbunden: Es gibt eine Beziehung zum Physischen, eine zur Erotik und eine zur Schwere oder Leichtigkeit des Seins.«

»Beim Tanz machen Mann und Frau einander mit ihren Absichten vertraut. Zunächst ist alles offen. Dann aber hält derjenige von den beiden, dessen Wünsche nicht so weit gehen, dort inne, wo es nach seiner oder ihrer Meinung noch Vergnügen macht.«

(Das könnte ja direkt auf mich gemünzt sein!)

»Oder das Spiel geht weiter, und man läßt sich auf weitergehende Beziehungen ein. Aber jeder Partner kann jederzeit einhalten und sich, ohne den anderen zu verletzen, zurückziehen.«

»Auch der an sich sprachlich weniger gewandte Finne kann mit Hilfe des Tanzes das ganze Spektrum seiner Gefühle zum Ausdruck bringen.«

Ich holte tief Luft und ließ mir diese Gedanken auf der Zunge zergehen. Nie zuvor ist so was je in Finnland formuliert worden!

Der Artikel geht weiter, indem die Redakteurin Tarja Laaksonen schreibt: »Obgleich Terho (ich halte es für fragwürdig, einen Pastor nur beim Vornamen zu nennen) vor einigen Jahren zusätzlichen neuen und lebendigen Glauben gewann, steht sein Hobby, der Tanz, nicht im geringsten Widerspruch zu seinem Amt als Geistlicher oder zu seinem Christentum, ganz im Gegenteil.«

Und dann zitiert die Journalistin Dr. Pursiainen mit der folgenden Feststellung: »Vor zwei Wochen habe ich in Hämeenlinna zum Thema ›Tanz mit Gott‹ gepredigt.« Und weiter: »Ich bin bereit, jedwedem religiösem Druck standzuhalten, der wegen meiner Tanzphilosophie auf mich ausgeübt werden sollte. Ich glaube, daß die Gemeinden ihren Jugendlichen einen großen Dienst erwiesen, wenn sie sie mit der Tanzkultur vertraut machen würden.«

Auch wenn mich theologische Fragen interessieren, so bin ich doch kein gläubiger Christ. Aber mich stimuliert, was ein so tapferer Geistlicher über unsere gemeinsame Passion, den

Tanz, sagt. Ich finde, er hat so recht, wie ein denkender Mensch nur recht haben kann.

Ich legte den Zeitungsausschnitt zurück in die Schublade und ging frohgemut zu Bett.

Eindeutig gibt es unter den finnischen Schlagersängern nur eine Jahrhundertstimme, und möglich, daß es auch bis weit in dieses Jahrhundert dabei bleibt. Die Rede ist von Olavi Virta, einer Legende, 1915 in Sysmä geboren und 1972 in Tampere gestorben. An ihm müssen alle anderen sich messen lassen. Seine Aufnahmen, vor allem Tangos, haben andere Sänger von einem Jahrzehnt aufs andere neu interpretiert, vermutlich als Huldigung an das große Vorbild, nicht weil irgend jemand glaubte, jemals Olavi Virtas Stimme zu übertreffen. Sie hat magischen Klang. Olavi Virtas Register ist von einem nie zuvor gehörten Umfang. Nicht ohne Grund hat man ihn mit Operntenören verglichen. Seine Interpretationsgabe und der ihm zur Verfügung stehende musikalische Reichtum waren so groß, daß niemand in seine Fußstapfen treten kann.

Virtas Plattenkarriere, die schließlich an die sechshundert Stücke erreichte, begann 1938. Aber richtig groß raus kam er erst Anfang der Fünfziger, und im Verlauf des Jahrzehnts spielte er praktisch alle ausländischen Spitzenschlager ein. Dazu kam eine Wahnsinnsmenge an einheimischen Sachen, von denen einige erste Plätze unter den Top-Ten eroberten. Auch in den Sechzigern, zu deren Beginn die Sensationsblätter von einem »totalen« Zusammenbruch (wegen Alkoholismus) schrieben, führte Olavi Virta die Hitlisten mit internationalen und finnischen Titeln an.

Zahlreiche ausländische Titel – vor allem Tangos – wurden in Finnland nur deshalb zu Klassikern, weil sie von Olavi Virta gesungen wurden. Anders gesagt, ohne ihn wäre hierzulande so manches aus der internationalen Produktion unbeachtet geblieben, und es ist weitgehend sein Verdienst, wenn auch solche Tangos von den Finnen akzeptiert wurden, die ihrem Geschmack eigentlich nicht entsprachen, weil sie zu exotisch waren. Zu den legendären Nummern von Olavi Virta gehören unter anderem die Josef-Rixner-Tangos *Nächtliche Gitarren* und *Blauer Himmel*, Matos Rodrígues' *La Cumparsita*, José Belmontes *Ecstasy*, *Hernando's Hideaway* von Adler und Rossi, Jacob Gades *Tango Jalousie* oder *Tango Desirée* von Niessen–Cassen.

Die internationale Bekanntheit von Olavi Virta sieht man unter anderem daran, daß es schon in den Siebzigern zu einem kleinen Olavi-Virta-Boom in Schweden kam. Schwedische Jugendliche – ohne jede Ahnung vom Finnischen – fingen an, ihn zu sammeln. Wenn sie auch kein Wort von den Texten verstanden – er war »einfach eine Superstimme«.

Olavi Virta war – und ist – für viele der einzig wahre Tangosänger. Zwar hat er jede Menge anderer Aufnahmen gemacht, aber in der nostalgischen Erinnerung der Nation ist er zuerst und vor allem der Tangosänger. Trotzdem wird auch dem ansonsten vielseitigen Künstler hoher Respekt gezollt. Es geht ihm ein bißchen wie den Getränken, die nur zum Fisch serviert werden – unter bestimmten Voraussetzungen können allerdings auch Fleisch und Gemüse als Fisch gelten.

Virta war ebenfalls ein talentierter Filmschauspieler; im allgemeinen hat er in seinen Filmen dann auch gesungen. Hier verwirklichte er den Traum vom freien Leben in der Natur, den viele Männer und Frauen in Finnland träumen, voller Flößer-, Seenschiffer- und Wandervogelromantik.

Olavi Virtas Beliebtheit in seinen besten Zeiten läßt sich vielleicht mit der von Carlos Gardeli in Argentinien oder Frank Sinatra in den USA vergleichen. Fangemeinde ohne Altersbegrenzung.

Ungeachtet seines Geschäftssinns war Olavi Virta ein Bohemien und verschwendete sich in einem zerstörerischen Leben. Außerdem war er verspielt und voller Kreativität. Nachdem er 1962 wegen Trunkenheit zu einem Entzugsaufenthalt im Arbeitslager verurteilt worden war, machte er absichtlich seine Brille kaputt und durfte nach Helsinki, um sie reparieren zu lassen. Unterwegs machte er mal eben zwanzig Minuten lang, angetan mit seinem Suomi-Trainingsanzug, Plattenaufnahmen, darunter *Kun ilta ehtii/Wenn der Abend kommt* – Musik Robert von Essen, Text Virta selbst. Der Titel wurde ein Erfolg und ist heute ein Klassiker.

Olavi Virtas Leben erlosch nach siebenundfünfzig Jahren. Da war er bereits lange zuckerkrank und lebte in erbärmlicher Armut mit der zwanzig Jahre älteren Hulda Simula zusammen in deren Häuschen in Tampere. Einen Monat vor seinem Tod wurde ihm eine staatliche Künstlerrente zugesprochen. Die finnische Jugend von heute vergöttert Olavi Virta als einen der großen Stars; seine Gesamtproduktion wurde als CD-Serie veröffentlicht.

Unvermittelt fuhr ich nach nur ein paar Stunden Schlaf aus einem Albtraum auf. Ich hatte geträumt, daß ich nicht Tango tanzen kann. Irgendwo in einem unbekannten Lokal, es war gerade Damenwahl, hatte eine Brünette mich aufgefordert, obwohl ich in der Bar beim Kaffee saß. Sie sprach eine Mischung aus Finnisch und etwas wie Spanisch oder Italienisch. Ich kriegte nicht raus, was es war. Deutlich erinnere ich mich, daß ich unter irgendeinem Vorwand versucht hatte, mich zu drücken, trotzdem hatte sie mich schon auf die Tanzfläche geführt. Der Solist sang in einer fremden Sprache, möglich, daß es *Tango d'amore* war. Auf einmal stellte sich raus, es war Rocco Granata, der Komponist des Titels und als sein Interpret seinerzeit in ganz Europa bekannt. Dann verwandelten sich seine Züge in die von Umberto Marcato, und plötzlich klangs Finnisch, und der Solist war Olavi Virta, der das Stück irgendwie englisch radebrechend vortrug. Dann wurde er zum steinernen Bild von Georg Malmsten, und die Skulptur fing an zu singen.

Gleichzeitig sollte ich mit dem Tanz beginnen. Ich war Malmstens Denkmal, war ein flaches Relief und konnte meine Füße nicht in Bewegung setzen. Die Brünette war Tabe Slioor, die schöne Skandalnudel aus den fünfziger und sechziger Jahren, andererseits die Miss Universum von 1952, Armi Kuusela. Tabe zerrte an mir wie eine Feuerwehrlenzpumpe, während Armi sich gegen meine Zudringlichkeit zur Wehr setzte. Und aus einem Mund fragten beide, ob ich denn nicht tanzen könne. Zwar strengte ich meine Stimme fürchterlich an, brachte aber nur ein zischendes »Tango ist meine Leidenschaft« hervor. Darauf Tabe: »Meine auch«, und Armi:

»Ich will keine Publicity.« Ich stammelte, ich wolle gar nicht berühmt werden. Tabe: »Mach dir nichts draus, Junge, es reicht ja, daß ich es bin, und das ist dein Glück.« Armi: »Ich wollte überhaupt nicht hierher.« Ich zu Armi, sie wäre aber doch Miss Universum. Tabe zu mir: »Was glaubst du denn, wer du bist. Jedenfalls nicht der erste Mann in meinem Leben.« Ich zu Tabe, daß ich das ja auch gar nicht gedacht hätte, wo sie doch die berühmte Schönheit wäre, aber sie wäre einfach zuviel für mich!

Ich spürte, wie Tabe mich in den Schenkel kniff und Armi mich voller Abscheu von sich stieß. Alle starrten uns an!

Vollkommen durchgeschwitzt wachte ich auf.

Alles war grade einen Augenblick her und in einem Tanzlokal passiert, vielleicht im Klippan, in dem ich nie gewesen bin. Blamiert vor aller Welt, vor allen Augen und Ohren.

Ich greife kaum mal zur Flasche. Tat ich auch jetzt nicht.

Mir war klar, von so was erholt man sich nicht, indem man Tee trinkt oder stramm durch den Park joggt. Ich brauchte eine Begegnung mit der Realität, wenn die Spannung sich lösen und die Dinge in geordnete Bahnen zurückkehren sollten. Also beschloß ich, zum Nachmittagstanz in den Fêtenmeister zu gehen, was ich auch deshalb wagen konnte, weil Irja immerzu betont hatte, daß sie sich nichts aus den Nachmittagstanzereien macht. Sie meint, daß nachmittags die Männer zu sehr nach Schweiß riechen. Ich wusch mich mehr oder weniger instinktiv oder, klar, weil ich von meinem Albtraum durchgeschwitzt war.

Es war ein Uhr mittags und ich der erste Gast. Die Band spielte vor leerem Haus. Meine Beklemmung war also nicht per Tango aus der Welt zu schaffen. Die Musiker schienen eh nur zum eigenen Zeitvertreib zu spielen. Von Jazz hab ich keine Ahnung, außer, daß dabei improvisiert wird. Was der Saxophonist aber nicht konnte. Wenn das Thema durch war, wiederholte er es einmal im oberen, dann im unteren Register. Der Drummer war der einzige, der mit seinen Synkopen einen Rhythmus gegen die Melodie schlug. Das war dann wohl Jazz.

Zwei Bräute betraten das Lokal, setzten sich an einen Tisch und bestellten was zu trinken. Wenn der Albtraum mich auch noch so bedrückte, hatte ich doch nicht den Mumm, eine der beiden auf die Tanzfläche zu führen – nein – mochte die Band auch Reino Markkulas *Sä kuulut päivään jokaiseen/Du bist ein Teil von jedem Tag* so verführerisch spielen wie sie wollte. Nein, ich ging einfach nicht. Beide beäugten mich mit kritischen Augen, was bei mir ein komisches Gefühl verursachte: Wenn doch bloß ein anderer Mann kommen würde.

Er kam und war augenscheinlich in der gleichen traurigen Verfassung wie ich, möglicherweise aus anderen Gründen. Jedenfalls stürmte er an die Bar und bestellte hintereinander drei Whisky nur mit Eis. Die Blicke, die die Bräute ihm zuwarfen, waren voller Mitgefühl.

Eine peinvoll lange Zeit verging – wahrscheinlich wars nur eine knappe halbe Stunde –, bis mehr Leute kamen. Das schuf bessere Außenbedingungen, aber im Inneren bliebs trostlos. So an die zwanzig waren wohl inzwischen da, als die Kapelle einen neuen Verführungsversuch startete. Mit *Sabina*, dem Tango von Olavi Karu, den Veikko Tuomi seinerzeit bekannt gemacht hat. Der Gitarrist war weit entfernt von jedem Tango-Feeling, aber in der augenblicklichen Notlage war alles recht. Die Herren, ich eingeschlossen, setzten sich in Marsch, um eine Dame aufzufordern. Überraschung, Überraschung: Es ging paarmäßig auf. Gleiche Zahl Männer wie Frauen.

Der Name *Sabina* ist ausländisch. Ich bin ganz sicher, daß das Nachsprechen gerade dieses Textes meine Seele von der Qual des Albtraums befreite:

Sabina, du schönste Perle der meinen,
stolz wie eine Fürstin bist du.
Ich seh geschmeidig und biegsam deinen
Körper – Tanzherrin der Anmut – dir zu.

Meine Partnerin hieß nicht Sabina. Aber zum Ausgleich mangelnder Fürstlichkeit verströmte sie eine Art rechtschaffener Landwärme, die ihren urbanen Feinschliff in den Arbeitervierteln von Helsinki erhalten hatte. Das bißchen, was wir miteinander redeten, legte ihre Herkunft aus der Provinz Savo bloß, auch wenn sie sich im Helsinki-Slang äußerte. Typisch. Die Leute aus Savo machen sich am schnellsten die Gossensprache von Helsinki zu eigen und entwickeln sie sogar seit einiger Zeit kräftig weiter. Eigentlich ist es so, daß die Savomenschen den Helsinki-Jargon am aktivsten pflegen. Das sensible Ohr registriert so was. Ulkig: Wenn Bekannte aus Savo sich treffen, wie sie dann vergessen, daß sie doch *aus der Stadt* sind und »Savvoo rauswüagn«, bis ein Dritter dazukommt. Sofort ist jeder wieder *Hesalainen*, ganz Großstädter.

Ich hab keine Lust, beim Tanzen Konversation zu machen. Wie ich höre, nehmen Argentinier den Tango ernst. Das find ich sehr sympathisch. Auf den Versuch einer Frau, mit den Worten »Juan, ich rede mit dir!« eine Konversation anzuzetteln, soll Juan mit den Worten reagiert haben: »Und ich tanze.«

Es fällt mir extrem schwer, ein Gesprächsthema zu finden. Und wenn ich laute Musik auch sonst eigentlich nicht mag, dann find ichs beim Tanzen mit einer Unbekannten ganz beruhigend, wenn die Band so aufdreht, daß kein Gespräch möglich ist. Kein Wunder, daß die Jugendlichen begeistert Rock zu Heavy-Musik tanzen. Wenns richtig dröhnt, gibts nichts zu quatschen, und dann kann man den Partner chekken, du kannst sehen, ob er mit seiner Körpersprache Sympathie oder Antipathie ausdrückt, ob er dich attraktiv oder ekelhaft findet.

Ich fand die Fürstin aus Savo ganz okay. Zwar nicht sonderlich interessant, aber auch nicht unangenehm. Ich brachte sie an ihren Tisch, und weil der nächste Tanz eine Humppa war, zogs mich im Gegensatz zu den anderen Männern nicht auf die Tanzfläche. Warum Humppa beliebt ist, kapier ich nicht. Zu schnell, man kann sich auf nichts anderes konzentrieren als auf die richtigen Schritte. Wenn eine Frau Humppa tanzt, wie sichs gehört, dann tret ich ihr auf die Zehen, weil ich den Wechselschritt nicht kann. Wechselschritt ist der ekelhafte Versuch, einen Tanz anspruchsvoll zu machen!

Während ich mit einem Soda an der Bar saß, konnte ich mich auf mich selbst konzentrieren. Nach dem Tanz hatte ich mich von meiner nächtlichen Erscheinung erholt und konnte nun darüber nachdenken, was es bedeuten mochte, daß mir solche Berühmtheiten – noch dazu aus der Vergangenheit – im Traum erschienen. Im Grunde find ich Berühmtheiten ätzend, abgesehen davon, daß ich einige wegen ihrer Leistungen respektiere; vor allem stehen die berühmten Tangosänger von früher bei mir hoch im Kurs. Und wenn ich das sage, dann mein ich auch die Stars aus den sechziger Jahren, die heute noch Einfluß haben. Sie machen keine Skandalgeschichten in der Boulevardpresse, und auch die jetzt schon tot sind, haben, soweit ich weiß, nie Skandale gemacht, sie waren einfach nur beliebt und wurden bewundert; na ja, sicher auch beneidet. Manchmal träum ich, tief im Inneren wie Reijo Taipale zu sein. Was nicht heißt, daß ich ein Sänger sein wollte, und schon gar nicht berühmt wie er. Er ist nur nach meiner Meinung ein Finne von echtem Schrot und Korn. Ich kenn ihn nicht und kann ihn auch gar nicht kennen, aber er macht einen durch und durch rechtschaffenen Eindruck. Einer von uns eben, anspruchslos bei seinen Auftritten und doch total echt. Wenn ich bloß auf der Tanzfläche so unbefangen sein könnte!

Die Musiker machten Pause. Fünfzehn Minuten lang sorgten Platten für Tanzmusik, zuerst sang Lea Lavén den *Kriminaltango*. Ich mag ihre Stimme. Sie ist eine der wenigen Nach-Sechzigerinnen, die ich mag. Ihre tiefe, gradezu Zarah-Leander-mäßige Stimme macht mich an. Hat zwar auch sonst viel aufgenommen, aber für mich ist sie Tangosängerin. Und was hat sie nicht alles gesungen: *En kiellä mitään/(Ich leugne nichts) For the Love of Him* und *En ole mitään/(Ich bin nichts) Uno dei dandi* oder *Soley, Soley*.

Außer zu Haus tanz ich nicht gern zu Schallplatten. Aber Lea Lavén schaffte es. Ich hab sie oft auch als Solistin live erlebt, war aber nie mutig genug, sie um ein Autogramm zu bitten. Schließlich ist sie eine Frau. Jetzt aber ging ich auf die erstbeste Lady zu, die am Tisch saß. Ein anderer Typ drängte sich vor. Weg war sie. Ein bißchen verlegen wandte ich mich der nächsten zu. Die verstand ganz offensichtlich meine peinliche Lage und befreite mich fairerweise daraus.

– Und so tanzen wir also den *Kriminaltango*, begann sie.

– Den ich mag, führte ich ihren Satz fort, einer meiner ausländischen Favoriten, wenn ich auch sonst eher für die finnischen Tangos bin.

– Genau wie ich. Kennen Sie den deutschen Tango *Tanssin sun kanssasi aamuun/Tanze mit mir in den Morgen*?

– Na klar. Ich finde, er hat einen angenehm gleichmäßigen Tritt.

– Können Sie den in der Originalsprache singen?

– Kann ich nicht. Ich kann keine Fremdsprachen, obwohl ich sie bewundere.

– *Tanze mit mir in den Morgen. Tanze mit mir in das Glück*, sang sie.

– Sie haben eine gute Stimme, bemerkte ich freundlich, obwohl ich nicht fand, daß ihr Gesang besonders gut zum *Kriminaltango* paßte. Können Sie den *Kriminaltango*?

– Nee, allerdings im Prinzip müßte ich ihn können, dabei

lächelte sie bedeutungsvoll, mein Mann sitzt nämlich neuerdings.

– Also eine Gitterwitwe, sagte ich, bemüht, einen Scherz zu machen.

– Hübscher Einfall. Grüne Witwe, Gitterwitwe. Zum Glück aber doch keine Witwe.

– Na fein. Sicher besuchen Sie Ihren Mann recht oft?

– Na und ob, außerdem muß ich. Jetzt wurde sie ernst. Mein Mann ist ganz schön eifersüchtig. Darum sitzt er ja. Er hat hier gleich um die Ecke einen um die Ecke gebracht, und das nur, weil der mich ein paarmal zu oft zum Tanzen aufgefordert hat. Virtanen, mein Mann also, tanzt selbst gar nicht, hat aber ständig seine Augen auf mich wie ein Luchs. Tanzen darf ich, aber keiner soll mir zu nahe kommen.

– Keine Angst, ich hatte ein komisches Gefühl im Magen. Sagen Sie Ihrem Virtanen, daß zumindest *ich* nicht zu eng mit Ihnen getanzt habe.

– Was soll ich? Wie heißen Sie eigentlich?

– Virtanen.

Eine seltsame Stille hatte sich über uns gelegt. Obwohl Lea Lavén auf der Platte einen zweiten Tango sang, hörten wir nichts davon. Wir tanzten in Trance, im Totschlag vereint. Sobald der zweite Tango vorbei war, führte ich sie an ihren Tisch. Die Realität hatte den Traum eingeholt, auch ohne Berühmtheiten. Um nicht beunruhigt zu scheinen, holte ich sie noch mal zum Tango. Wir tanzten wortlos, und dann brachte ich sie zurück.

Ich verschwand aufs Klo und, von dort zurück, unauffällig aus dem Saal. Ich sah, wie die Frau, bzw. »Frau« Virtanen, unbeschwert mit einem anderen tanzte; mein Name hatte also eine Schubwirkung ausgelöst. Ich bereute meine Offenheit. Seinen Namen preisgeben, bringt einen in Schwierigkeiten.

Rocco Granata und sein *Tango d'amore*, von denen Virtanen geträumt hatte, brachte es 1963 auch nach Verkaufszahlen in die Hitlisten. Zuerst in Deutschland, dann im übrigen Europa und natürlich in Finnland. Rocco Granata war italienischer Gastarbeiter in einem belgischen Kohlebergwerk. Nachdem er 1959 – auf italienisch, in Deutschland – angefangen hatte, Platten aufzunehmen, brauchte er nie wieder ins Bergwerk. Seine Auftritte wurden ziemlich erfolgreich. Italienisch kriegte in Deutschland und auch sonst in Europa einmal mehr die Note des Exotischen. *Tango d'amore* eroberte sich einen festen Platz vor allem in den Tango-Ländern von der finnischen Art. Ein Dauerbrenner, der immer noch gespielt, gesungen und getanzt wird.

Natürlich wurde *Tango d'amore* ins Finnische übersetzt – und dann von Eino Grön aufgenommen. Normalerweise mag man in Finnland die auf Finnisch gesungenen Tangos mehr, aber Granatas Titel hörte man ebensogern im Original. Das geht auch darauf zurück, daß in den Sechzigern eine ganze Reihe von italienischen Combos auftrat; die gutaussehenden Südländer begeisterten die Nordländerinnen und brauchten unter Eifersuchtsausbrüchen der Finnen nicht nennenswert zu leiden. Auch die Männer mochten die ausländische Exotik und amüsierten sich im besten Fall über die einheimischen Frauen, die in den Armen der Italiener dahinschmolzen – es durften nur nicht die eigenen sein.

Überhaupt stehen italienische Schlager seit den fünfziger Jahren in Finnland hoch im Kurs. Das Mambo-Fieber und *Mambo italiano* kamen über Finnland, als Olavi Virta diesen Titel sang. Eben Virta war es auch, der den italienischen Schlager *Poika varjoiselta kujalta/(Der Junge von der Schattengasse) Guaglione* zu einem Riesenerfolg machte. Obwohl die Finnen eher für Moll-Klänge sind, hatten unzählige italienische Schlager bei uns Erfolg, Moll hin, Dur her.

Wie Virtanen lieben die Finnen fremde Sprachen, wenn sie sie auch schlecht sprechen. Klar kann auch Virtanen ein paar Wörter, schließlich sind Englisch und Schwedisch schon in der Grundschule Pflichtfächer. Schwedisch ist sogar die zweite Landessprache, obwohl man es abgesehen von den Küstengebieten nur mäßig spricht. Englisch dominiert, wenn es auch eben mal ausreichend beherrscht wird. Was ein klares und deutliches Englisch angeht, sind die Schweden ihren östlichen Nachbarn um Längen voraus.

In den vergangenen Jahrzehnten, als es in Finnland noch mehr Schwedischsprachige gab, vor allem in den Küstenstädten, wurden auch für die Tangos schwedische Texte geschrieben. Der landesweit populäre Georg Malmsten (1902–1981), der Moll-Schorsch, dessen Karriere in den Dreißigern begann, nahm auch in den Vierzigern noch viele seiner Titel finnisch und schwedisch auf. Zwischen 1930 und 1950 sprach noch ein Viertel der Einwohner von Helsinki Schwedisch als Muttersprache, und gerade diese Leute hatten das Geld, um Platten zu kaufen. Es war also schon aus kommerziellen Gründen sinnvoll, ein und denselben Schlager finnisch und schwedisch aufzunehmen.

Die Finnlandschweden sind von ihrer Mentalität her ein bißchen anders als die finnischen Finnen, trotzdem wurden viele Finn-Tangos auch auf schwedisch aufgenommen. Ein Beispiel ist etwa *Punaiset lehdet/Rote Blätter*, das auf schwedisch *Höstlöven glöda/Herbstlaub glüht* heißt. Noch in den Fünfzigern, ja sogar in den Sechzigern wurden in Schweden aufgenommene Titel nach Finnland importiert. So mancher schwedische Evergreen ist in Finnland ebenfalls ein Dauerbrenner, wie beispielsweise *Kielon jäähyväiset/Abschied des Maiglöckchens*, schwedisch *Konvaljens avsked.*

Deutsch ist nach dem Krieg in den Hintergrund getreten. Trotzdem wurden einige deutsche Schlager in Finnland zu Erfolgen. Kontinentale Spitzenfavoriten wie der *Kriminaltango* oder *Die Gitarre und das Meer* waren auch in Finnland sehr beliebt, sogar auf Deutsch. Ursprünglich englische Titel wie *Romany Violin* oder *Golden Earrings* gehören bei finnischen Tango-Veranstaltungen noch heute zum Standard-Repertoire. Gleichfalls konnte der französische Tango in Finnland Fuß fassen, jedenfalls vorübergehend. *Avant de Mourir* ist einer davon, obschon ursprünglich ein Habanero-Tango vom Typ Chanson.

Natürlich schrecken die Finnen auch nicht vor authentischen argentinischen Tangos zurück. *La Cumparsita* von 1916 gehört seit den Fünfzigern zum Programm jeder Tango-Truppe im Land. Wenn es auf den Sommer-Tanzböden kein Mittel mehr gibt, die Männer aufs Parkett zu kriegen, dann greift die Band zu *La Cumparsita*. Und schon machen sich die Jungs über die Mädels her. *La Cumparsita* ist einer von den seltenen Tangos, die ohne Text gespielt werden können. Normalerweise verlangt die Tango tanzende Nation, daß ein Tango gesungen wird. Zum Tango *Guapita* von A. Molando gibt es nur in Finnland einen Text, überall sonst ist das Ding ohne Worte. Und *El Choclo*, diesem Tango aus dem Jahr 1905, hat der Zahn der Zeit nichts anhaben können:

Tulisuudelmassas' onni mua kohtaa	*Bei deinem Feuerkuß das Glück mich rührt,*
se joskin johtaa	*auch wenn er führt*
mun turmioon	*mich ins Verderben*

Viele ausländische Tangos, die noch heute häufig gespielt werden, sind von Olavi Virta erstmals in den vierziger, fünfziger und sechziger Jahren aufgenommen worden. Er ist es, der sie zu Evergreens gemacht hat. Beispielsweise waren die erwähnten *La Cumparsita*, *El Choclo* und *Avant de Mourir* unter ihren finnischen Titeln *Tulisuudelma/Feuerkuß* und *Ennen kuolemaa* große Erfolge von ihm.

Finnen mögen, wie gesagt, am liebsten Moll-Tangos, *La Cumparsita* ist durchgehend in Moll, *Tulisuudelma* ist, abgesehen von den elf mittleren Takten, ebenfalls in Moll. *Ennen kuolemaa* beginnt in Moll, endet in Dur, ebenso wie *Öiset kitarat/Nächtliche Gitarren*. Durchgehend in Dur sind zum Beispiel *Tanssin sun kanssasi aamuun/Tanze mit mir in den Morgen*, *La Paloma* und *Sininen Tango/Blue Tango*. Deren Durheit macht sie jedoch in Finnland nicht weniger beliebt.

Auch daß einige Tangos eine ungerade Anzahl von Takten haben, stört keinen. *Tulisuudelma* hat fünfunddreißig Takte und *Ennen kuolemaa* dreiundvierzig. Normal ist ein Tango mit zweiunddreißig, und finnische Komponisten trachten immer danach, eine gerade Anzahl von Takten zu produzieren.

Ich saß im Café. Ich wollte bei einem Tee meine Gedanken ordnen, und allmählich verdunsteten auch noch die letzten Reste des Albtraums. In einem meiner Psychologie-Schulbücher hatte ich gelesen, wie man mit so einem Albtraum umgehen muß, nämlich ihm ein weiteres Mal begegnen, nur anders.

Ich machte mich auf zur Ecke Fredrik- und Arkadia-Straße. Da ist ein kleiner Park, ein Minipark, eigentlich kann man ihn nicht einmal so nennen. Ein paar Büsche, ein bißchen Rasen. Hier steht das sogenannte Denkmal von Georg Malmsten, einem der bemerkenswertesten finnischen Sänger auf dem Gebiet der Unterhaltungsmusik. Tatsächlich die Karikatur eines Denkmals, eine Art vergrößerte Münze, in die ein Reliefbild des Künstlers eingelassen ist.

Das fixierte ich nun aus etwa einem Meter Entfernung. So also ehrt die Stadt Helsinki den Liebling breiter Volksschichten mit Hunderten von Aufnahmen, selbst ein *Stadin kundi*, ein Typ aus der Stadt – einer seiner Titel heißt sogar so.

Die Wallfahrt zu einem Olavi-Virta-Denkmal fortsetzen konnte ich nicht, einfach deshalb, weils in Helsinki keins gibt. Immerhin stand ich nun also Georg Malmsten Auge in Auge gegenüber. Die letzten Knitter des Albtraums in meiner Seele waren weggebügelt, ich war zu neuen Tango-Taten bereit. Ich ging zurück, und zwar ins Maestro. Unterwegs versuchte ich mir die Worte aus Malmstens Tango *Erinran/Erinnerung* – sein finnischer Titel ist *Muistelo* – aus der Plattensammlung des Onkels zu vergegenwärtigen, es klappte aber überhaupt nicht. Nur der Schluß:

Sieh die Blätter fallen
wie Tränen, die aus meinen Augen rinnen . . .

Der Türsteher begrüßte mich freundlich. Ich fragte mich verwundert, ob er mich kannte. Immerhin war ich schon lange nicht mehr hier gewesen, außer dem einen Mal, als ich Anja begegnet war. Gutes Gedächtnis, diese Türsteher, dachte ich, während ich meinen Mantel an der Garderobe abgab, damit man ihn dort im Auge behielt.

Es war noch nicht spät. Die Leute waren geblieben, um den Nachmittagstanz in einem vergnügten Abend fortzusetzen. Ich fühlte mich locker. Niemand beachtete mich, man würde sich auf Tango konzentrieren können. *Kotkan ruusu/ Rose von Kotka* wurde gespielt, ich und die anderen Tänzer eilten samt Bräuten aufs Parkett, und ohne ein Wort zu sagen, schob ich los. Auch meine Partnerin schwieg. Beschwingt trug der Sänger die Helvi-Mäki-Komposition zum Text von Leo Anttila vor:

Heute nacht
begünstigt das Glück den, der wagt . . .

Dabei dachte ich darüber nach, wie wenige Frauen es unter den Tango-Komponisten gibt. Mir fiel kein anderer Tango ein als Rauni Autios *Tango Humiko*, einer meiner Lieblingstitel:

Humiko-san, Humiko-san,
o Mädchen, das endlos ich lieben kann.

Der Text ist von einem Mann, Sauvo »Sauki« Puhtila.

Auch der Mutigste entgeht nicht dem Schicksalsstern.
Mein Schicksal bist du, Jüngling, aus dem Lande so fern . . .

tönte der Solist mit Hingabe. Es gibt populäre Schlager, da denkt der Hörer nicht daran, was der Solist eigentlich singt. Männer singen von der Sehnsucht nach Männern, Frauen von der Liebe zu Frauen, und niemand verdächtigt das Lied homosexueller Absichten.

Der Tango war zu Ende, der nächste folgte:

Luftbild, geschaffen vom Sonnenflimmer,
die Liebste seh ich – Fata Morgana nur immer . . .

Einer der größten Mononen-Tangos, ich hab ihn auf Kassette. Von musiktechnischen Finessen hab ich ja nicht viel Ahnung, aber ich glaube, es ist das Arrangement von Jaakko Salo, mit dem die mystische Stimmung zustande kommt. Ich fühl mich wie in der Sahara – von den Natursendungen im Fernsehen her weiß ich, wie Sanddünen aussehen: . . . *Luftbild, vom trügerischen Sand gespiegelt* . . .

Auch der Tango war zu Ende. Ich brachte meine schweigsame Partnerin an ihren Tisch zurück. Komische Frau. Normalerweise versucht eigentlich jede, irgendwas zu sagen, wo ich am Anfang immer schweige. Die nicht. Auf ihre Art wunderbar: Sagt nichts, tanzt nur, und das ist mir in der Tat das wichtigste.

Es wurde gerockt. Ich hielt mich an die Bar. Nach einiger Zeit kam Rauli Badding Somerjokis *Valot/Lichter*, eine langsame Rock-Ballade. Meine Partnerin von vorhin wurde aufgefordert, und ihr Tänzer versuchte, ein Gespräch mit ihr anzufangen. Sie schien nicht zu antworten, blickte nur irgendwohin ins Weite. Dem Mann war das offenbar so peinlich, daß er sie gleich nach dem Ende von *Valot* wieder an ihren Tisch zurückbrachte.

Zum nächsten Tango forderte ich sie erneut auf. Sie mußte bemerkt haben, daß sie schon mal mit mir getanzt hatte, sagte aber trotzdem nichts. Ich sah sie verstohlen an. Ihr Blick ging ins Weite. Ich drehte ihr mein Gesicht zu. Keine Reaktion. Ich starrte ihr in die Augen. Keine Reaktion, sie war blind.

Im allgemeinen kümmer ich mich nicht um andrer Leute Angelegenheiten, jetzt aber machte ich einen Versuch. Ich trat ihr mit voller Absicht auf die Zehen und bat um Entschuldigung. Keine Antwort. Und als ich sie geradezu fragte, ob ich ihr nicht weh getan hätte, da schüttelte sie nur den Kopf. Ich wiederholte meine Frage, sie schüttelte den Kopf etwas heftiger. Stumm war sie auch.

In der Geschichte des finnischen Tangos gibt es eindeutig *drei* Blütezeiten. Die einheimischen Aufnahmen der Kriegsjahre 1940–45 waren zum größten Teil noch Walzer, ein Erfolgstitel war *Elämää juoksuhaudoissa / Leben im Schützengraben*, eine alte russische Melodie mit einem Text von Usko Hurmerinta. Aber nach den beiden Kriegen nahm die Zahl der Walzer ab und die der Tangos zu. Ungefähr 1948 hatte der Finn-Tango seine heutige Form – vor allem das Verdienst des besonders produktiven Toivo Kärki. Kärki hatte schon in den Dreißigern angefangen, Arrangements zu schreiben, aber erst die Kriegszeit brachte den kreativen Komponisten zum Vorschein. In diesen Jahren schrieb Toivo Kärki Dutzende und Dutzende von Titeln und Hunderte von Arrangements. In den Fünfzigern arrangierte er die Musik für etwa zweihundert Gruppen, in welcher Besetzung auch immer.

1946 wurde Kärkis *Harmaat silmät/ Graue Augen* aufgenommen, 1947 *Anna-Liisa* und *Naisten tango / Frauentango*, alle mit Henry Theel als Interpreten. Sie fanden neben den bereits existierenden Titeln großen Anklang. Ebenso erfreuten sich andere Tango-Komponisten, wie der emsige Arvo Koskimaa (z. B. *Syyspihlajan alla/ Unter der Eberesche*) und der kraftvolle Pentti Viherluoto *(Kaukainen ystäväni / Mein-e ferne-r Freund-in)* ziemlicher Beliebtheit. Koskimaa und Viherluoto hatten schon vor Kärki angefangen, Tangos zu schreiben, aber ihre Arrangements wirkten wohl zu exotisch, deshalb eroberten ihre Titel vorläufig noch keine breiteren Schichten.

In der zweiten Hälfte der Fünfziger erhob der Tango sein Haupt aufs neue. Da war auch Unto Mononen schon dabei, der spätere ungekrönte König des Finn-Tango. Henry Theel nahm Mononens *Satumaa / Märchenland* bereits 1955 auf, was aber noch zu keiner Mononen-Welle führte. Aus Kärkis Komponistenfeder kamen 1953 die Supertangos *Täysikuu / Vollmond* für Olavi Virta und 1955 *Rakasta, kärsi ja unhoita / Liebe, leide und vergiß* für die Gruppe Metro-Tytöt/Metro-Mädels.

1962–65 wütete das Tango-Fieber in Finnland dann so hitzig wie nie zuvor und nie wieder danach. Mononen hatte seine kreativste Phase, Kärki schrieb immer noch und immer mehr Tangos, auch die älteren Titel von Koskimaa wurden finnlandisiert, Reino Markkula erlebte sein goldenes Zeitalter, Olavi Karu, Lauri Jauhiainen . . .

Auch Finn-Tangos aus der Vergangenheit, die eigentlich mehr unter ferner liefen gelaufen waren, wurden im Stil der Zeit neu arrangiert, *Vaaraliset huulet/Gefährliche Lippen* war einer von vielen. Etwa die Hälfte der damals in Finnland verkauften Schallplatten waren Tangos.

Pekka Gronow, der Musikwissenschaftler, hat eine interessante Theorie darüber aufgestellt, warum es zu diesem Tango-Boom kam. Er geht davon aus, daß die schweigende Mehrheit der Finnen auf die allzu große Medienpräsenz der vom Ausland beeinflußten Musik damit reagiert hätte, daß sie sich hinter den heimischen Tango stellte. So wäre also die Vierziger-Welle eine Antwort auf die allzulange deutsche Vorherrschaft, die Fünfziger-Welle eine Reaktion auf den Versuch, aus den Finnen eine Jazz-Nation zu machen, und die Sechziger-Welle ein Protest gegen die englisch gesungene Rockmusik gewesen.

Ungefähr ab 1965 erlosch das Tango-Fieber, und die Rockmusik eroberte den Plattenmarkt. Und doch erlebte in den siebziger Punk-Jahren, vor allem in Gestalt getarnter Tangos, die populäre Musik erneut eine Auferstehung. Erkki Junkkarinen, der in den Fünfzigern groß rausgekommen war, war 1975 wieder da. Und Mitte der Achtziger wurde der Finn-Tango sogar amtlich, als in der Stadt Seinäjoki Tangomarkkinat, der Tangomarkt, gegründet wurde, in dessen Verlauf seither jedes Jahr ein neuer Tangokönig und eine Tangokönigin gewählt werden.

Der Tangomarkt von Seinäjoki, immer am zweiten Juli-Wochenende, ist eins der größten Sommerfestivals in Finnland. Neuerdings erreicht er Publikumszahlen von über hunderttausend. An der Vorausscheidung zum eigentlichen Königswettbewerb, die schon im Frühsommer stattfindet, nehmen Jahr für Jahr ungefähr tausendfünfhundert Kandidaten teil. Davon qualifizieren sich zehn für den Endkampf.

Außer dem Königswettbewerb gibt es in Seinäjoki noch den Wettbewerb für neue Tangos. Dabei wird ein Königstango des Jahres gekürt. So bietet das Festival also nicht nur Sängern, sondern auch Bandleadern, bzw. Dirigenten und Arrangeuren eine ausgezeichnete Gelegenheit zu zeigen, was sie können. Das Niveau beider Festivalteile ist von Beginn an sprunghaft gestiegen. Die Dirigenten bereiten sich auf ihre Arbeit genauso intensiv vor wie bei einem Wettbewerb für ernste Musik. Und auch die Arrangeure entwickeln immer mutigere Ideen.

Virtanen erschien im Café. Immer, wenn er ein Problem hat, kommt er ins Café Kalervo und fragt um Rat. Klar, er ist ein passionierter Tangomensch und kann viele Titel auswendig, kennt Sachen und Geschichten – seit der Schulzeit hört er sie hier. Aber immer wenn er ein mehr theoretisches Problem hat, taucht er im Kalervo auf. Nie hat Virtanen sich Zeit genommen, sich gründlich mit Musik zu befassen, noch nicht einmal mit Tango. Man muß also den Alten und Weisen befragen.

Neuerdings beschäftigt ihn ein zentrales Thema, nämlich das Arrangement. Eine Lady hat sich bei ihm erkundigt, was Arrangement eigentlich bedeutet, worauf Virtanen sich ziemlich vage ausgedrückt hat, womit sie wiederum nicht zufrieden war. In dieser Notlage hatte Virtanen sich als Erklärung für Arrangement ausgedacht, das wäre so was wie Melodien zusammenbringen. Damit war die Frau dann zwar zufrieden, aber Virtanen fürchtete, bei nächster Gelegenheit wieder mit seiner Unwissenheit dazustehen. Und er fand es unerträglich, über Tango nicht alles zu wissen.

Na denn. Eine Lehrstunde für Virtanen war also angesagt.

Das Arrangement spielt beim Tango eine besonders wichtige Rolle – in der übrigen Musik natürlich auch. Arrangement ist das gleiche wie Orchestrierung. Wenn der Komponist nur die Melodie zu Papier gebracht hat, heißt das für das ganze Stück noch so gut wie gar nichts. Die Melodie kann man nämlich ziemlich unterschiedlich auffassen. Wenn der Komponist die sogenannten Klaviernoten, bzw. die Akkorde und die Baßstimme geschrieben hat, weiß der Arrangeur schon besser, was mit der Melodie gemeint ist.

Natürlich ist der Arrangeur eigentlich auch Komponist. Er variiert die ursprüngliche Komposition und schreibt die Stimmen, die die einzelnen Instrumente spielen sollen, und das alles zusammen ergibt am Ende das Arrangement, also den musikalischen Hintergrund für das Lied.

Natürlich gibt beim Tango, wie bei jedem Lied, erst der Solist dem Ganzen den endgültigen Glanz. Aber ein schlechtes Arrangement kann für den Erfolg ziemlich hinderlich sein, während ein gutes Arrangement ihn fördert. Wenn die Melodie gut ist und von einem tollen Sänger vorgetragen wird, kann auch ein schlechtes Arrangement den Erfolg des Titels nicht aufhalten. Trotzdem spielt das Arrangement eine ganz wichtige Rolle.

Manche Arrangeure halten sich bei der Orchestrierung soweit wie möglich an die Melodie. Andere geben dem Orchester einen eigenen Part, was im besten Fall den Genuß des Hörers steigert. Beim ersten Hören, möglicherweise im Konzert, kann man das komplette Stück unmittelbar auf sich wirken lassen. Wenn man es dann, beispielsweise auf Platte, erneut hört, kann man sich die Delikatessen des Arrangements an dieser und jener Stelle rauspicken und sie gesondert genießen.

Wenn der Komponist selbst arrangiert, tendiert er dazu, die Wirkung der Melodie zu steigern. Wenn es sich beim Arrangeur und Komponisten um unterschiedliche Personen handelt, dann zeigt sich die Melodie – je nach Qualität des Arrangeurs – von immer neuen Seiten. Von den beliebtesten Tango-Komponisten Finnlands arrangierte Toivo Kärki seine Stücke selbst, während Unto Mononen und Arvo Koskimaa das anderen überließen.

Bei Kärkis Tangos ist der Stil, der sogenannte Kärki-Sound eindeutig. Bei Unto Mononens Tangos ist das nicht so, sie hören sich ziemlich unterschiedlich an, je nachdem, wer sie arrangiert hat: Jaakko Salo, Matti Viljanen, Nacke Johansson, Pentti Lasanen etc. Jeder von ihnen hat seine eigene Mononen-Auffassung. Und trotzdem ist das Ganze so Mononengeprägt, daß auch die einfachen Leute seine Tangos an der Komposition erkennen.

Einmal mehr dachte ich über Schritte nach. Ein ewiges Mysterium. Ich werds nie schaffen, anders zu tanzen, als wie ichs bisher gelernt habe. Also im Tangotakt zu gehen. Und die anderen Tänze sind mir sowieso viel zu schwer. Wenn sie sonst schon keinen Fehler haben, dann sind sie jedenfalls entweder zu schnell oder zu langsam. Das Tempo beim Tango kann man nicht übertreiben. Auch wenn ich zu schnell gespielte Tangos nicht ab kann, schaff ichs trotzdem, mit größter Anstrengung, einen Tango in fast argentinischem Geschwindschritt zu gehen.

Ich hab gedruckte Tanzführer studiert. In die Tanzstunde zu gehen ist mir nie in den Sinn gekommen, nicht mal vorstellungsweise – da würde ich mich vermutlich ganz schön blamieren. Meine Erkenntnisse zum Tango hab ich aus Tanzbüchern, und da kommt mir zum Beispiel der Wechsel zwischen schnellen und langsamen Schritten unbegreiflich schwer vor. Der Tanzführer empfiehlt dem Mann, er sollte folgendes tun: 1. linkes Bein zurück und linkes Knie beugen; 2. rechtes Bein langsam nach vorn; 3. linkes Bein schnell nach vorn; 4. rechtes Bein schnell ans linke. Ist doch aberwitzig!

Nur ungern tanz ich auf einer kleinen Tanzfläche. Ich brauch Platz, um gemütlich nach rechts oder links in die Kurve zu gehen, ohne daß meine Partnerin es bemerkt. Eine schnurgerade Linie den Tanzboden rauf und runter geh ich nicht. Da müßte man ja an jedem Ende eine abrupte Drehung machen! Nee, ich bewege mich im weiten Bogen, indem ich an den Außenrändern der Tanzfläche entlangschnüre.

Im Fêtenmeister, im Maestro und im Alten Keller gibts Platz genug.

Nicht daß ich Tanzunterricht verachten würde. Im Gegenteil, gern würde ich lernen, wenigstens schnell und langsam zu tanzen. Wenn man schnell tanzt, gibts keine Möglichkeit für Konversation, aber langsam, da müßte man eventuell ein paar Worte verlieren. Beim Tango bin ich normalerweise so nah dran an der Dame wie möglich, und da entsteht kein Gespräch. Trotzdem, direkt gegen Unterhaltung bin ich nicht, aber selbst anfangen ist nicht mein Ding – von Ausnahmen abgesehen, und da bin ich meistens sicher, daß ich die Kunst der Konversation beherrsche. Ich hab mir zu Übungszwekken ein Skelett aus Kunststoff besorgt. Man kann mit dem Besen tanzen, aber natürlicher ist das Training mit dem Knochengerüst. Damit man lernt, seine Bewegungen zu kontrollieren, muß man Rücksicht auf die Beinfrau nehmen und sich ihr anpassen.

Tanzendes Gerippe, ein uraltes Motiv, außer als Symbol für den Tod auch für den Wunsch des Menschen, den Körper zu verstehen. Wenn zum Beispiel der Mann, der den Stromzähler abliest, bei mir erscheinen und das Skelett sehen würde – das ich tatsächlich normalerweise im Schrank verstecke –, könnte ich ihm die Bedeutung menschlicher Bewegung vorführen. Vielleicht würde auch er – ich müßte dann nur noch einen ordentlich heißen Tango auflegen – sich dafür begeistern, mit der Knochendame zu tanzen. Welchen Titel würde ich nehmen? Vielleicht Arvo Koskimaas *Tango keitiössä/In der Küche* . . .

Ich riß mich von meinen Überlegungen los und machte mich auf den Weg in die Bibliothek, um die Zeitungen durchzublättern. Da könnte ich sehen, was es in welchem Lokal gab. Ich war wohl schon so mit den kommenden Ereignissen beschäftigt, daß ich gar nicht wahrnahm, wie mir Irja auf der anderen Straßenseite entgegenkam. Als ich es bemerkte, drehte ich mich blitzschnell einem Schaufenster zu, in dessen Spiegel ich sehen konnte, wie Irja ihren Weg fortsetzte, als hätte sie nichts Außergewöhnliches bemerkt. Vermutlich hatte sie mich gesehen.

Auf keinen Fall wollte ich Irja so schnell schon wieder begegnen. Also der Fêtenmeister würde es heute abend nicht sein.

In der Bibliothek nahm ich in Augenschein, was die Zeitungen an Unterhaltungsangeboten annoncierten. Im Tulisuudelma/Feuerkuß-Restaurant des Hotels Vantaa war Damenball, dahin wollte ich auf keinen Fall. Im Red Onion in Myyrmäki trat einer von meinen derzeitigen großen Favoriten, Topi Sorsakoski, auf. Aber nee, aufs Land fahren wollte ich nicht, auch wenn man sowohl nach Tikkurila wie nach Myyrmäki – beide liegen an der Stadtgrenze zwischen Helsinki und Vantaa – bequem mit der S-Bahn fahren kann.

Im Sillankorva/Brückentor sollten Tuula Heikkilä und Markku Hajunpää mit ihrer Gruppe auftreten; verlockend die fettgedruckte Ankündigung: **Vergnügungsfahrt zum Garderobenpreis**. Aber dann das Budapest: Die Skylarks und Eintritt frei! Das wars! Ich hatte die Skylarks noch nie gehört. War doch möglich, daß sie ein paar tangomäßige Nummern im Programm hatten.

Beim Eintreten begrüßte der Türsteher mich freundlich, zeigte aber keine Spur von Wiedererkennen. Kein Wunder, denn bis in die Iso Roobert/Große Robert-Straße komm ich nur selten. Im Robert's bin ich paarmal gewesen; es hat einen sagenhaft verruchten Ruf, aber seine sogenannten besten Tage sind vorbei, und damals war ich noch ein Kind.

»Eintritt frei« war nicht ganz richtig, ich mußte für die Garderobe bezahlen, was ich im Brückentor auch gemußt hätte.

Es war erst gegen neun, so ging ich an die Bar, sondierte das Terrain und wartete auf einen Tango. Himmel, was das dauerte! Nichts als Popmusik am laufenden Band. Ich hatte meinen Hocker schon zurückgeschoben, um mich doch noch auf den Weg ins Brückentor zu machen, als ich sah, wie Anja auf unsicheren Beinen reinstakste. Auch sie hatte mich gesehen und näherte sich. Das scheue Reh hatte einen kleinen sitzen und das war der Grund für ihren Mut. Ihre unaufdringliche Freundlichkeit entzückte mich, und ich blieb gern sitzen, um mich mit ihr zu unterhalten. Sie kam direkt vom Alten Keller. Dorthin war sie schon am früheren Abend gegangen, also vor sieben, wenn man noch umsonst reinkommt. Lustig wärs gewesen, und irgend so eine Gruppe von Geschäftsleuten hätte sie eifrig betanzt und ihr Champagner angeboten. »Ey, Champagner!« rief sie.

Der Barmann reagierte sofort, und ich signalisierte: Zweimal Champagner! zeigte aber mit dem Finger auf die Flasche mit dem Elysée-Beerensekt. Für echten Champagner reichte es nicht. Finnischer Schaumwein erfüllte in diesem Fall den gleichen Zweck: Ich war ein Gentleman.

– Das habe ich nicht gemeint, sagte Anja, mir ist bloß die Zunge rausgerutscht.

– Wir können aber gern ein Gläschen Elysée trinken, fand ich, vergnügten Abend noch!

Schon spielten sie einen getarnten Tango, und zwar den seinerzeit bekannten *Joutsenlaulu/Schwanengesang* der Gruppe Yö/Nacht. Wir begaben uns aufs Parkett. Zum Glück drosch die große Trommel solide genug, so daß keine Gefahr bestand, mit den Schritten durcheinanderzukommen. Ich lachte, Anja lachte – vermutlich aus einem anderen Grund.

– Du bist in letzter Zeit kaum zu sehen, sagte sie.

– In dieser Gegend war ich schon lange nicht mehr, außer damals, als ich dich nach Haus gebracht hab. Für mich ist das zu weit weg vom Zentrum.

– Vom Zentrum? Aber das *ist* das Zentrum! Anja lachte schallend. Gehst du zum Tanzen in den Hauptbahnhof?

– Ins Maestro, wie du dich erinnerst, stellte ich ein bißchen leiser fest, manchmal in den Fêtenmeister und ins Brükkentor.

– Bist wohl ein Vororttänzer, Anja zog mich ein bißchen weiter auf.

– Das Zentrum ist eben ziemlich ausgedehnt, flüsterte ich, allerdings relativ laut, Hakaniemi und Alppila gehören garantiert zu Helsinki.

– Na, dann kannst du aber von der Großen Robert überhaupt nichts sagen. Das Budapest ist nun wirklich im Zentrum!

Wir waren gut drauf. Zwar wurde viel zu wenig Tangomäßiges gespielt, aber mit uns gings wie geschmiert. Anja war ein prima Typ. Vor allem wußte sie, was der Finn-Tango bedeutet. Und weil der Sekt sie mutig gemacht hatte, drückte sie sich beim Tanzen immer wieder mal an mich. Gelegentlich berührten unsere Hälse einander. Da wurde mein Glied steif.

Sofort nach dem Ende des Tanzes entschuldigte ich mich und eilte zur Toilette. Dort kriegte der Penis die Peitsche, und befreit kehrte ich in den Tanzsaal zurück, wo ich für uns beide eine neue Runde Sekt bestellte. Anja goß ihr Glas zu meiner Überraschung in einem Zug runter und schaute mich fragend an. Ich nickte dem Barmann zu und bestellte ihr ein neues.

– So habe ich das nicht gemeint. Du auch! befahl sie mit sanftem Nachdruck.

Ich hob den Kelch an den Mund, lächelte sie mit Wärme an und trank auf ihre Gesundheit.

– Auf die gute Tanzpartnerin, sagte ich tapfer.

– Nur Tanzpartnerin? Nichts sonst? Anja blickte mir in die Augen.

– Doch natürlich, beeilte ich mich zu sagen, auch eine hervorragende Tango-Kennerin.

Anja war mit meiner Antwort nicht zufrieden, gab dem Gespräch aber eine andere Richtung. Ob ich die Musiker kennen würde? Ehrlicherweise gab ich zu, daß ich außer den bekannten Solisten und einigen Mitgliedern der Band – und die auch nur vom Sehen – niemanden kannte. Wenn mir einer von ihnen draußen über den Weg laufen würde, dann würde ich ihn nicht wiedererkennen. Aber aus der Parkettperspektive kommen manche aus der Gruppe mir so vertraut vor, daß ich beim näheren Herantanzen schon mal ein Zeichen geben kann: Auch als nächstes einen Tango! Und im großen und ganzen kommt dann ein Tango, vielleicht auch erst wenn dazwischen ein Walzer oder eine Humppa gespielt worden ist.

– Ich hab dich noch nie Humppa tanzen sehen. Wollen wir? fragte Anja.

– Ich kann nicht Humppa, gab ich zu, etwas verlegen, aber mit halbwegs erhobenem Kopf.

– Du kannst nicht Humppa? Liebst den finnischen Tango und kannst nicht Humppa! Wieder wurde Anja laut.

Ich warf einen raschen Blick auf den Barmann: Ob er es wohl gehört hatte? Er hatte, und so mußte ich Anjas Ausruf in die Bestellung einer dritten Runde Schaumwein ummünzen.

– Ich kann nicht Humppa, ist mir zu schnell, sagte ich deutlich und mit Nachdruck, zu schnell. Wenn man zu schnell tanzt, kommt keine Stimmung auf.

– Schnell tanzen ist Abwechslung. Humppa ist lustig! Wenn du Tango tanzen kannst, wie dus tust – entschuldige, so im Gehschritt –, dann kannst du mit dem gleichen Schritt auch Humppa tanzen.

– Keine Wechselschritte?

– Keine Wechselschritte. Es gibt zwei Sorten von Humppa, Nummer eins: Gehhumppa, Nummer zwei: Wechselschritthumppa, klärte Anja mich auf.

– Ich hab die Leute beim Humppatanzen immer nur Wechselschritte machen sehen.

– Also Virtanen, hör zu, die meisten Männer hierzulande marschieren die Humppa eins, zwei, drei, vier und rum; eins, zwei, drei, vier und rum.

– Und rum? in meiner Frage steckte ein gewisser Zweifel.

– Ja, rum, rum! Das gehört nun mal zum Tanzen. Anja war über meine Unwissenheit etwas verwundert.

– Ich mach keine Drehung, sagte ich mit Nachruck.

– Bisher habe ich gedacht, daß du umdrehen kannst, sagte sie, wie könnten wir denn sonst überhaupt tanzen? Noch hast du mich jedenfalls nicht im Tangotakt ins Foyer manövriert.

Sie lachte. Mir war nicht zum Lachen, und so wurde auch sie ernst.

– Du bist doch hoffentlich nicht sauer?

– Natürlich nicht. Wie könnte ich auf eine Supertänzerin sauer sein? Ich dachte nur . . . Meinst du, ich würde es lernen?

– Aber klar doch! sprach Anja mit Sektsicherheit. Ich brings dir bei.

Aber auf keinen Fall hier! schrie ich erschrocken.

Ich brachte Anja an die Haustür. Es war spät. Sie wollte wissen, ob wir sofort mit dem Humppa-Unterricht anfangen sollten. Ich schüttelte heftig den Kopf. Jetzt nicht. Dafür war ich noch nicht reif. Mit aller Wärme schüttelte ich ihr die Hand. Sie schüttelte auch und küßte mich unvermittelt auf den Hals. Das Glied rumorte in der Hose. Weiter ihre Hand haltend, auf daß sie nichts Unnormales bemerkte, trat ich einen kleinen Schritt zurück.

Nachdem ich mich verabschiedet hatte, ging ich beschwingten Schrittes nach Haus.

Die Humppa, vor der es Virtanen so graust, ist tatsächlich der zweite Nationaltanz der Finnen und ähnlich beliebt wie Tango. Die Entstehungsgeschichte ist ungewöhnlich. Ende der Fünfziger gab es im Finnischen Rundfunk eine Serie von Schwänken namens ›Kankkulan kaivolla/Am Brunnen von Kankkula‹, die sich auf vielerlei Weise über die Finnen lustig machte.

Es war eine Parodie auf die ländliche Gesellschaft, und in den Hauptrollen traten authentische Vertreter einfacher ländlicher Berufe auf. Man machte sich über die Oberschicht lustig, aber auch über die Schnapsseligkeit der Finnen. Zur beliebtesten Figur wurde »der alte Hofherr von Tippavaara«, der von nichts als von Schnaps und von der Schnapsbrennerei redete.

Für das Programm brauchte man Musik, vor allem für die Unterbrechungen, aber ebenso als eigene Instrumental-Nummern. Die Produzenten beschlossen, zu diesem Zweck den finnischen Foxtrott der dreißiger Jahre zu parodieren. Bei der Reproduktion der Klänge aus vergangenen Zeiten kam man drauf, sie etwas steifer und kantiger vorzutragen, als sie ursprünglich gespielt worden waren. Außerdem würzte man die im Vergleich zum Original ein bißchen beschleunigten Foxtrotts mit besonderen Schlagzeugeffekten und ersetzte den Baß durch die Tuba.

Der Begriff Humppa stammt wahrscheinlich vom Ton, den die Tuba – Mitglied im Club der Blechblasinstrumente – erzeugt, wenn sie beim Walzer eingesetzt wird. Es klingt dann wie »um-pap-paa«. Da die Humppa einen geraden Takt hat, bläst die Tuba dazu also nur »ump-pa – ump-pa, ump-pa – ump-pa«.

Die Nation verstand den Humor des Ganzen sehr wohl. Trotzdem war die Musik so sympathisch, daß die Leute sie zuletzt wirklich gut fanden. Alte Titel, bis zurück in die Zwanziger, kamen zu neuer Büte. Es wurden Texte dazu geschrieben und gesungen. Wie beim Tango ging es um alle möglichen Dinge des Lebens. Allmählich geriet das parodistische Element in Vergessenheit, und aus der Humppa wurde ein Tanz für alle, ähnlich wie der Tango, nur etwas lebhafter. *Tammerkoski* und *Tulipunaruusut/Feuerrote Rosen*, beides alte Foxtrotts, gehören heute zu den beliebtesten Humppas. Arvo Koskimaa, Komponist so mancher richtiger Tangos, hatte seinerzeit den Foxtrott *Irja* komponiert, der später zu einer heute ganz beliebten Humppa arrangiert wurde.

Die neuen Humppas wurden im gleichen Takt geschrieben wie die Tangos. Paavo Melanders *Jätkä/Kerl*-Humppa aus den siebziger Jahren gehört noch immer zum Standard-Repertoire finnischer Tanzorchester.

Trotzdem ist die Humppa nie so zum nationalen Inbegriff geworden wie der Finn-Tango, obwohl sie es verdient hätte. Vielleicht ist sie eben doch zu leichtfüßig, und wenn sie von noch so tragischen Sachen handelt. Das schnelle rhythmische Pochen erinnert an die Polka.

Neben dem Tango hat die Humppa ihren festen Platz in der älteren populären Musik. Auch ein Humppa-Festival wurde gegründet, in Lappeenranta. Es konnte sich aber nicht durchsetzen wie der Tangomarkt in Seinäjoki.

Der Humppa-Schritt ist was so Ur-Finnisches, daß nur die wenigsten ausländischen Musiker ihn je hinkriegen. Zum Beispiel Schweden, ein Land, in dem ungefähr 300 000 Finnen leben, da gibts natürlich finnische Tanzmusiker, die sowohl den Finn-Tango wie auch die Humppa draufhaben. Wenn in der Gruppe aber ein schwedischer Drummer spielt, dann hört sich die Humppa keineswegs finnisch an; Tango dagegen klappt auch dann immer noch zufriedenstellend.

Erstaunlich, daß auch die Humppa swingt, wenn ein ordentlicher Drummer dabei ist – und ein Gitarrist. Der Humppa-Rhythmus ist zwar wie ein Marsch mit der Tempoangabe *alla breve*, und doch kriegt man ihn zum Swingen. Es versteht sich, daß eine Band swingt, wenn sie einen Jazz-Drummer hat. Aber wunderbarerweise bringen auch Drummer, die nicht vom Jazz kommen, den in der Humppa steckenden Swing. Und dann zieht es einen leicht und beschwingt mit sich fort, und das Publikum fängt an, sich in der Musik zu wiegen.

Swing ist etwas, das lernt man oder man lernt es nicht. Aus natürlicher Begabung oder durch Üben. Wenn man nicht fühlt, was Swing ist, lernt mans nicht, da hilft dann auch kein Üben.

Anja beschäftigte mich. Anpassungsfähig und von freundlichem Wesen wie sie war, warum konnte ich sie nicht einfach mal speziell zu einer Tango-Veranstaltung einladen? Ich weiß gut genug und habs von vielen Männern gehört, daß Frauen unberechenbar sind. Sie können sich sogar in einen Mann verlieben, der überhaupt nichts Böses ahnt. Und da fangen die Probleme an. Liebe bleibt ja nicht bei Anbetung aus der Ferne stehen, sondern – so hab ich mir sagen lassen – sie fängt an, an beiden rumzunagen, auch an dem, der nicht verliebt ist. Aus dem Geliebten wird ein Klotz am Bein.

Ich beschloß, es dem Zufall zu überlassen. Jedenfalls würde ich Anja nicht zu Haus abholen; ich weiß ja auch gar nicht, wies bei ihr überhaupt aussieht. Ich würde nicht dumm in ihrer Straße rumstehen, um ihr dann zufällig zu begegnen, wenn sie mir entgegenkäme. Ich würde nicht in den bekannten Lokalen im Zentrum rumhängen, um sie zu finden. Nie. Nie und nimmer!

Im Verlauf der beiden folgenden Monate steuerte ich nur einmal das Robert's und einmal das Maestro an. Beide Male ohne ihr zu begegnen. Recht so. Ich lernte – nicht so besonders gut – eine gewisse Aila kennen, also ein Unterschied von wenigen Buchstaben. Nachdem ich sie ungefähr zum vierten Mal aufgefordert hatte, setzte ich mein altbewährtes Mittel ein und sang ihr leise ins Ohr:

Nach dir sehn ich mich, meine goldene Aila.
Das Flüstern deiner Lippen, das Feuer deiner Augen –
Erinnerung wie an einen Traum.

Obwohl ich von Grund auf falsch singe – kaum zwei oder drei Töne, die ich richtig treffe –: Auch Aila lobte meine Stimme, weil sie so weich wäre.

Zwischen den Tangos saßen wir an der Bar, tranken Tee und ein Tröpfchen Rotwein, letzteres wegen Ailas Haarfarbe, und als die Gläser kamen, schlug ich vor, auf ihren roten Schopf zu trinken.

Ich will wirklich nichts weiter als Freundschaft. Echte Freunde hab ich keine. So ist aus der einen oder anderen Tanzbekanntschaft mehr geworden als flüchtige Begegnung. Es freut mich, wenn ich manchmal jemand in der Stadt grüßen kann, auch wenns sonst keiner sieht. Es ist mir nicht wichtig, aus meiner Bekanntschaft mit netten Bräuten eine große Sache zu machen, von der alle wissen sollen. Ich weiß es, und das genügt – und beim Wiedersehen hab ich eine kleine Freude. Nie bleib ich stehen, um ein Gespräch zu führen. Grüßen ist genau die richtige Dosis von Bekanntschaft.

Eines Abends lernte ich Marketta kennen. Gute Tänzerin und von freundlichem Wesen. Ohne sich was aus meiner Schweigsamkeit zu machen, sprudelte sie nur so vor amüsanten Geschichten – aus ihrem Leben, von dem, was sie in der Stadt beobachtet hatte, von Filmen, die sie gesehen hatte, von Sternbildern am Himmel, vom Eisgang auf dem Vantaafluß, von den Büschen im Park der Alten Kirche, davon, wie billig die Reisen nach Tallinn und wie praktisch Handys sind, vom Sommerfest des Reitervereins von Tuomarinkylä, von der Eleganz der Modelle in einem nahegelegenen Schuhgeschäft, daß es an der Würstchenbude am Hauptbahnhof keine Bratwürste mehr gibt, von den Tratschgeschichten aus dem Abendblatt vom letzten Wochenende, wie die Schulkinder sich in den Bussen aufführen, von der Verbreitung des Rauchens unter Frauen trotz allgemein sinkender Zahlen von Paffern, von der Hochzeit einer

Cousine einer Bekannten, die beim Metzger arbeitet, davon, wie empfehlenswert vegetarische Ernährung für die Männer in Nordkarelien wäre, wie lustig es wäre, den Leuten von Tampere zuzuhören, wie unanständig viele Banken zur Selbstbedienung übergegangen wären, von den Verkehrsproblemen im Zentrum, von der Verbreitung von Flachs in letzter Zeit.

– Kiffen Sie? Am Ende des letzten Tanzes konnte ich diese Frage plazieren.

Die Musik pausierte, ich wollte meine Dame zum Tisch führen, als sie mitteilte, sie käme mit an die Bar.

– Aber nicht doch! Hasch paßt sich nicht für unsereinen. Ich zieh mir keine andere Droge rein als gute Gesellschaft – kannst ruhig du zu mir sagen, ich bin Marketta! – und den Spaß am Tanzen. Und was die sogenannten harten Sachen angeht, ich find es ganz schlecht, daß die sich so verbreiten. Die Jugend hat keine Ahnung, was der Unterschied zwischen einem Als-ob-Leben und einem richtigen Erlebnis ist. Am erstbesten *Vibe*, oder wie man dazu heute so sagt, klammern sie sich fest. Als Teenager hab ich mal ein Bier probiert. Entschuldige die Direktheit: Pferdepisse! Pferdepisse sowohl in Farbe wie Geschmack! Hab zwar noch nie Pferdepisse probiert, aber ich kann mir vorstellen, daß sie genauso schmeckt wie Bier. Trinken Sie – Entschuldigung, du, wie war doch gleich der Name? Ah, Virtanen, also trinkst du Bier, Virtanen?

Ich schüttelte den Kopf.

– Recht so, das nenn ich mir einen ordentlichen Mann. Für dich würd es auch nach Pferde . . . na, du weißt schon, also nach dieser Flüssigkeit von Pferden riechen, wenn du Bier trinken würdest. Scheinst ein sauberer Typ zu sein. Oder? Sicher bist du einer! Ich kann Männer nicht besonders ausstehen, die Alkohol brauchen, um sich tanzen zu trauen. Wenn einer ohne Schnaps nicht tanzen kann, soll ers bleiben lassen. Natürlich findet sich auch für solche Herren Damengesellschaft. Magst du . . . Virtanen, war doch so . . .?

– Und ist immer noch, schoß ich blitzschnell dazwischen.

– Eben! Warst du und bist du. Findest du Tango gut, Virtanen?

– Ich tanz nichts anderes als Tango, sagte ich erneut so hurtig, daß Marketta keine Chance hatte reinzureden.

– Genau das ist es. Tango ist überhaupt der einzige ordentliche Tanz. Fakt ist, ich tanz eigentlich alles, was kommt. Kannst mich holen, wenn sie einen Samba spielen.

– Ich kann nicht Samba, konnte ich einwerfen.

– Na so was, kannst keinen Samba! Das kann doch nicht wahr sein! Zähl einfach eins UUND zwei UUND drei UUND vier. Das kannst du doch, oder?

– Ich kanns nicht. Ich war kaum noch ich selbst. Sollte das heute abend mein Schicksal sein? Opfer einer überkochenden Plaudertasche?

Gottseidank kamen die Musiker aus der Pause zurück und spielten als erstes einen Tango. Weil ich sie ja doch nie im Leben losgeworden wäre, forderte ich Marketta auf. Ich kannte den – ursprünglich italienischen – Titel sehr gut: *Jos lähdet/Wenn du gehst.* Hab ich auf Band. Von Erkki Pohjanheimo 1964 eingespielt. Etwas zu tief, aber echt gut in der Interpretation. Außerdem – wenn ich überhaupt was von Musik verstehe – mit einem fabelhaften Arrangement von Matti Viljanen. *Jos lähdet* ist, als obs ein Finn-Tango wäre. Und was könnte man Schmeichelhafteres über einen ausländischen Tango sagen? Eine Frau hat mir beigebracht, den italienischen Titel des Liedes auszusprechen; der geht so: *Nona pju luutsche il mondo.* Damit hab ich oft Eindruck gemacht, wenn ich das sozusagen absichtslos, ganz nebenbei dahingesagt habe.

Auch diesmal nannte ich den Titel, nur so im Vorbeigehen.

– Was, du kannst Italienisch! schrie Marketta.

– Ich kann überhaupt keine Fremdsprache, sagte ich still.

– Macht nichts. Also, das faßt man ja nicht. Bestimmt warst du schon auf Reisen im Süden. Echt, die Leute dort reden vielleicht viel. Da kommst du kaum zu Wort. Und was würde ich denen auch groß erzählen können. Für uns Finnen ist es nur gut, daß es in Palma Maunus Restaurant gibt, wo man Buletten kriegt, ist es nicht so? Hast du die auch gegessen?

– Ich war noch nie im Süden, konnte ich in aller Eile loswerden.

– Na, macht auch nichts. Interessieren mich auch nicht so besonders, ich meine die Buletten von Maunu, aber es ist doch so, daß man einfach mal dahin fahren mußte, um sich das Wunder anzusehen. Die spanischen Musiker spielen finnische Tangos und sicher auch ein bißchen Humppa. Und, hör zu, es ist nicht so, daß Maunus Restaurant nur für Finnen reserviert wäre. Die ganze Zeit waren die Spanier um mich rum. Und tanzen können die, da kannste nicht meckern. Aber vielleicht waren die auch nur da, um finnische Bräute abzuschleppen. Ach ja, wir Frauen sind auch zu anfällig für Exotik. Aber nicht ich! Als Gesellschaft für außerfinnische Wesen tauge ich nicht. Du kennst wahrscheinlich einen Haufen Ausländer, wenn du an diesen Tanzveranstaltungen hier teilnimmst. Kommen die nicht hierher, um zu gucken, wie abartig die Finnen sind?

– Ich kenn keine Ausländer, es paßte gerade zwischen zwei ihrer Atemzüge.

Markettas Sturzbach war das wildeste, was mir im ganzen Leben passiert ist. Und doch war sie nicht unangenehm, hatte nichts Einschüchterndes. Zum ersten Mal begegnete ich einer Frau, die vollkommen sie selbst war, ungestört durch meine Gegenwart. Dabei war es keineswegs so, daß ich für sie nicht vorhanden gewesen wäre, sie blieb interessiert und höflich – man sah es an ihrem Gesicht und an ihren

Gesten –, und obwohl ihre Rede pausenlos dahinplätscherte, behielt sie mich im Auge und sorgte mit ihrer Körpersprache dafür, daß ich mich nicht langweilte. Die Worte stürzten aus ihr heraus wie das Wasser aus dem Imatra-Fall, wenn man seine Schleusen öffnet – und doch war sie nicht egomanisch. Irgendwas Zauberhaftes, irgendwas Magisches hatte sie an sich.

Ich atmete durch und lauschte wie angenagelt, obwohl wir doch eigentlich tanzten. Marketta machte es nichts aus, daß ich nur Gehschritte machte, und mir wurde klar, daß sie alles tanzen konnte, was es nur gab: Rock, Jive, Chachacha, Rumba, Conga, Charleston, Pas de quatre und Sachen wie Mignon oder Split, von denen ich noch nie gehört hatte.

– Willst du wissen, wie Charleston getanzt wird? fragte sie.

– Nein, das kann ich nicht, ich schrie fast.

– Also jetzt, Virtanen, werde ich dir zeigen, wie man Charleston tanzt. Erst mal sucht man sich mit Adleraugen einen Mann, der aussieht, als ob ers könnte.

Marketta blickte sich im Saal um, schüttelte den Kopf. Dann schaute sie zur Bar.

– Da, schrie sie und sah auf einen Mann, der für sich allein bei einem Whisky saß. Jetzt geh ich erst mal zur Band und frag, ob die was können, was wenigstens in die Richtung geht.

Eilig machte sie sich auf und sagte was zum Solisten. Der nickte und deutete an, daß Markettas Wunsch als nächstes an die Reihe kommen sollte.

– Und nun, Virtanen, wirst du bemerken, daß der folgende Tanz eine Damenwahl ist, und wenn die Musik anfängt, geh ich los und hol mir den Whiskyknaben dort.

Die Musiker kannten gar keinen Charleston-Titel. Sie spielten die Humppa *Puuseppä aina tarvitaan/Man braucht immer einen Zimmermann*, was Marketta überhaupt nicht störte. Zielstrebig begab sie sich zu dem Whiskymenschen an der Bar und nahm ihn bei der Hand – so vorsichtig, daß es ganz und gar nicht rücksichtslos wirkte. Vermutlich war er der Ansicht, *er* würde die Dame aufs Parkett führen. Und dann gings los!

Eine perfekte Charleston-Vorstellung, wie ich sie in alten amerikanischen Filmen gesehen hatte. Beide ließen gleichzeitig ihre Beine von innen nach außen fliegen, vor, zurück, Drehung zueinander, vor, zurück . . .

Ich hielt die Luft an und war nicht der einzige, der das tat. Alle anderen hörten auf, Humppa zu tanzen, jeder sah Marketta und dem Whiskyknaben zu. Sie waren die Stars des Abends. Bei jedem folgenden Stück, was auch immer es sein mochte, möglicherweise wieder eine Humppa, wurden die beiden nur immer besser.

Danach kam sie geradewegs wieder auf mich zugeschossen:

– Das war also Charleston.

– Hab ich gesehen! Wie in alten Filmen, ich war echt von den Socken.

– Hab ich im Ausland gelernt, Sir, sagte Marketta nachlässig.

Ich war völlig durcheinander. Konnte mich kaum kontrollieren. Der Penis stand aufrecht in der Hose. Marketta warf ihm einen Seitenblick zu, ich schämte mich und schlug vor – die Stimme zitterte ein bißchen –, daß sie tanzen sollte, ich müßte auf die Tualé (so spricht mans auf Französisch aus). Es war ihr recht.

– Geh mir unterwegs nicht verloren, rief sie fast zärtlich.

Also keine Fluchtmöglichkeit. Marketta kannte die Männer und ahnte, daß einer von meinem Schlag sich unter einem solchen Vorwand davonmachen wollte. Eine so leichte Lösung war ihrerseits nicht vorgesehen.

Auf dem WC nahm ich die Peitsche aus der Gesäßtasche und haute das Glied ordentlich durch. Mit festgezogener Krawatte und auch sonst beruhigt kehrte ich in den Saal zurück, wo Marketta zu irgendeinem Diskostück tanzte, bei denen man eins nicht vom andern unterscheiden kann. Unmittelbar nach dem Ende des letzten Tanzes ließ sie ihren etwas verdatterten Partner auf der Tanzfläche stehen und kam zu mir.

– *I don't want to speak too loudly about love*, trällerte sie.

Ich stand da wie ein Klotz. Nicht einmal einen so einfachen Satz verstand ich, obwohl auf der Grundschule sicher jedes einzelne Wort gepaukt worden war. Jetzt kamen die aber einfach zu schnell hintereinander. Marketta bemerkte meine sprachliche Ahnungslosigkeit und tat, als wäre nichts.

Der Tangokomponist Unto Mononen war ein Freund lateinamerikanischer Tänze. Sein berühmtester Titel, *Satumaa/Märchenland*, war in der ersten Fassung ein Calypso und hieß *Fairyland*. Diese Fassung hielt sich viele Jahre, bis Mononen 1953 einen Tango daraus machte.

Schon fast ein Jahrhundert lang sind lateinamerikanische Tänze in Finnland populär, seit den Tagen, als die Tangos, Rumbas und Sambas in unseren Polarwinkel vorgedrungen waren. Zunächst waren sie alle, Tango inklusive, eine Sache der Elite, aber in den vierziger Jahren schloß die Nation in ihrer Gesamtheit sie in ihr Herz. Sambas gehörten zum Programm jeder Dorfmusikkapelle. Mononens Lieblingssamba war *Tico-tico*; häufig trainierte er das Stück auf der Rückbank seines Autos, wenn er zu einem Auftritt unterwegs war. Spielte er es dann auf dem Tanzplatz, war das Publikum hingerissen. Unto konnte als Gitarrenvirtuose Eindruck machen und war zufrieden.

Nur die wenigsten verstanden Samba zu tanzen, auch wenn die Grundschritte die gleichen sind wie beim Walzer. Man mußte sie aber dem schnellen geraden Takt anpassen. Doch da der Rhythmus an sich eine klare Sache war, brachte der Finne es fertig, im Sambatakt zumindest zu marschieren.

Für den Schlagzeuger ist Samba keine so einfache Sache. Die Schlagfolge muß folgendermaßen sein: Taf-taf – tu-tu, tafta-taf – tu-tu-tuf; taf-taf – tu-tu, tafta-taf – tu-tu-tuf, und das macht es unseren Trampeltieren nicht so leicht, die Marschpauke zu vergessen. Wenn der Mann an der Batterie es – nach vielen guten Ratschlägen und hartem Training – endlich gelernt hat, dann ist der Bandleader mehr oder weniger verpflichtet, ihm während des Stückes ein Trommelsolo zu erlauben. Taf-taf – tu-tu, taf-taf – tu-tu-tuf. Eine Riesensache.

Wenn die meisten lateinamerikanischen Rhythmen für das letzte Dorf taugten – die Beguine war der absolute Oberhammer. Der Originalrhythmus der Beguine, übrigens ganz nach dem Geschmack auch der dickschädeligen finnischen Schlagzeuger, geht im großen und ganzen so: Tap-pada – pappa, tut-tut – tat-tat; tap-pada – pappa, tut-tut – tat-tat. Dabei müssen die Schläge auf der kleinen Trommel gewirbelt werden – bis auf die tut-tut-Schläge, die gehören auf die tiefe große Trommel.

Man sollte annehmen, daß der Beguine-Rhythmus die finnischen Ohren verwirrt, aber tatsächlich ist das ganz und gar nicht so. Wenn *Besame mucho* oder *Los ultimos cinco minutos* gespielt wird, dann düsen die Herren Finnen auf die Tanzfläche, als wäre Tango angesagt. Und man geht in der Tat Beguine mit ähnlicher Inbrunst, wie man Tango geht. Keine Panik also. Zwar haben finnische Tangomacher einige ihrer Werke im Beguine-Rhythmus geschrieben, aber die werden durch die Bank als Tango getanzt. Oft nennt sich ein Titel Tango-Beguine, was soviel heißt wie: das erste Motiv, die A-Melodie, geht als Tango, beim zweiten, also der B-Melodie, wechselt der Rhythmus zur Beguine; dann kehrt die A-Melodie zurück und mit ihr der Tango.

Eine Beguine, die Unto Mononen sehr mochte, war *Idän ja lännen tiet/ Wege im Osten, Wege im Westen* von Lionel Bart. Die Nummer wurde unentwegt gespielt. Mononen selbst hatte dazu ein Arrangement entworfen und trug mit wachsender Begeisterung Abend für Abend ein Gitarrensolo vor, das er speziell für diesen Titel geschrieben hatte.

Eine typische Tango-Beguine ist Mononens eigene Komposition *Jos nähdä voisin/Könnte ich sehen* oder *Mun aika mennä on/Zeit für mich zu gehen* von Mika Toivonen. Bei beiden wird der B-Teil im Beguine-Rhythmus gespielt, was für die Tangogänger absolut kein Problem ist. Und für den Schlagzeuger ist es auch keine Zumutung, die Baßtrommel auf lateinamerikanisch zu rühren. Gelegentlich zaubert er ein bißchen mit seinen Stockwirbeln auf der kleinen und den Tom-toms auf der großen Trommel, wovon die Tänzer indessen keine Notiz nehmen.

Es gibt nun aber Beguine-Nummern, denen die finnische Herrenwelt im allgemeinen nicht gewachsen ist. Cole Porters *Begin the Beguine*, die der amerikanische Jazz-Klarinettist und Dirigent Artie Shawn in den fünfziger Jahren zu einem Welterfolg gemacht hat, ist so eine. Dabei handelt es sich um einen Jazz-Schlager, den man wie einen Fox tanzen kann. Der Finne, falls er sich zu *Begin the Beguine* auf die Tanzfläche wagt, löst das Problem auf einfache Weise: Er geht dazu wie zu allen anderen Tänzen, abgesehen vom Walzer. Das Walzergehen erfordert nämlich eine Art von Präzision, der sich ein Mann vom Schlage des Virtanen lieber nicht unterzieht. Er bleibt dem Tanzboden fern, bis man zu Ende gewalzt hat.

Walzer ist, was Virtanen betrifft, eine Angelegenheit für Salonlöwen. Salonlöwen müssen vorführen, was für fabelhafte Tänzer sie sind. Damit machen sie Eindruck auf die Bräute. Ein guter Tänzer ist ein guter Mann. Wer weiß, vielleicht ist er auch gut bei der Bettenpolka. Das wiederum ist eine Beschreibung für sexuelle Akrobatik und bedeutet im großen und ganzen soviel wie: leicht nach rechts, links auf die Seite, Beine zusammen, das linke Bein zur Seite und dabei gleichzeitig eine heftige Drehung nach rechts, rechts auf die Seite und augenblicklich zurück zwischen die Beine, Sprung nach links, auf die rechte Seite, Beine zusammen und zwischen die Beine der Dame, so daß deren linkes Bein zur Seite rutscht.

Ein echter Finne vom Schlage des Virtanen – d.h. also nicht Virtanen selbst, der ist ja enthaltsam – begibt sich am liebsten auf den Marsch in die Bettücher. Der hat einen einfachen, aber abwechslungsreichen Rhythmus: links, links, links zwodreivier; links, links, links zwodreivier!, was auch immer »links« dabei heißen mag.

Tagelang blieb ich zu Haus, hart zu mir selbst. Marketta hatte gar nichts zu melden. Von ihrer Charleston-Vorstellung war das ganze Lokal hingerissen. Der Whiskytyp hatte sich am Riemen gerissen und Marketta immer wieder aufgefordert. Zu meiner Erleichterung. Sie versuchte zwar, mich im Auge zu behalten, am Ende siegte aber doch ihre Tanzsucht, und sie kriegte nicht mit, wie ich zwischen zwei Humppas verschwand.

Ich dachte an Anja, das war doch mal eine Frau – erste Sahne! Mit einem kleinen Schwips wird sie zur Quasselstrippe, ansonsten hält sie ihre Zunge im Zaum, wie sichs gehört. Ich will ja nicht behaupten, daß ich anders gewickelten Frauen aus dem Weg gehe, aber Anja fand ich in ihrer charakteristisch unaggressiven Art einfach hinreißend. Ich kam ins Schwärmen; Anja war, wie ich es sah, jemand, der Tango liebte, sich aber nicht verliebte, jedenfalls nicht in mich … Das beste, was man von einer Frau sagen kann.

Ich malte mir aus, Anja wäre meine Schwester, eine Frau, die man liebhaben kann, vorbehaltlos, aber ohne weitere Leidenschaft. Die Leidenschaft, die uns verband, war unser gemeinsames Hobby, ansonsten war jeder frei und konnte er selbst bleiben.

Diesen wahrhaft schönen Traum wollte ich Wirklichkeit werden lassen. So ging ich doch wieder und immer öfter in die Tanzlokale, die Anja bevorzugt aufsuchte. Sie war nirgends zu sehen. Ich fing an, in ihrer Straße rumzuhängen. Bis zu acht Stunden pro Tag lag ich auf der Lauer, nur erschien sie nicht. Mein Mut reichte nicht, daß ich hingegangen wäre und an ihrer Tür geklingelt hätte. Sie könnte ja verheiratet sein, und ihr eifersüchtiger Mann würde mit dem Messer auf mich losgehen, wenn ich nicht grade im Elektrikerkittel und am hellichten Tag an ihrer Tür aufkreuzen würde. Wo krieg ich bloß die Monteurklamotten her?

Ich wußte praktisch nichts von ihr. War sie Hausfrau, Single, ging sie zur Arbeit? Man konnte darüber nur spekulieren.

Ich gab die Belagerung auf und überließ erneut alles dem Zufall. Die Welt ist voll von guten Tango-Tänzerinnen, warum sollte man an einer bestimmten hängenbleiben? Außerdem könnte es ja ziemlich gefährlich werden, wenn das Verhältnis zu so was ausarten würde, wie ich es mir aus der Lektüre von Büchern und aus Filmen vorstellen konnte.

Am Ende würde es drauf hinauslaufen, daß man geschlechtliche Ansprüche an mich stellt.

Ich und Geschlechtsverhältnisse! Vor meinem sechsunddreißigsten Geburtstag! Ich geb einen feuchten Staub auf körperliche Gelüste. Und es ist einfach zum Ausderhautfahren, daß mein Penis seinen so offenkundig eigenen, von mir unabhängigen Willen hat. Eine dreiste Beeinträchtigung *meines* freien Willens.

Auch meine Stimmungen kann ich nicht selbst bestimmen. Himmelhoch jauchzend, zu Tode betrübt, ohne daß ich immer weiß warum. Ich hätte gern Geist und Körper fest im Griff. Meinerseits hab ich alles Menschenmögliche versucht. Ich trinke nicht, weil ich mich dann daneben benehmen würde. Das überlaß ich anderen. Ich versuch so gesund zu essen, wie ichs mir leisten kann. Ich beweg mich lieber zu Fuß als mit öffentlichen Verkehrsmitteln. Außer daß ich tanze, mach ich zu Haus Konditionstraining.

Trotzdem bin ich ein Opfer meiner Stimmungen. Da bin ich mal grundlos glücklich und dann wieder zerfließe ich in Selbstmitleid und Trübsal, ohne daß ich dafür eine halbwegs vernünftige Ursache angeben könnte. Nur wenn ich Tango tanze, bin ich ganz ich selbst, ausgeglichen und zufrieden. Ist es so, daß innere Zufriedenheit durch rhythmische Bewegung kommt? Hat die Nähe zu einer Frau auf mich eine positivere Wirkung, als es normal ist? Bin ich trotz meiner Unmusikalität orchesterhörig?

Warum interessiert mich Anja mehr als Irja? Irja sieht schließlich besser aus. Warum hält Marketta dem Vergleich mit Anja nicht stand? Marketta ist ein ausgesprochenes Gesellschaftswesen. Was fasziniert mich an einer Frau, die eigentlich ziemlich durchschnittlich ist? Anja gehört zu dem Typ von Bräuten, wie er in Finnland am verbreitetsten ist. Sie redet nicht viel und setzt sich nicht in Szene. Sie ist eine gute Tänzerin, und obwohl sie alle möglichen Tänze beherrscht, begnügt sie sich damit, mit mir Tango zu tanzen, auch wenns genug andere Tänzer gibt, die sie gern aufgefordert hätten. Sie ist nicht exaltiert. Ein einziges Mal, daß sie ein bißchen an mir gebaggert hat, aber da hatte sie einen kleinen Schwips.

Ich beobachtete ein inständiges Verlangen nach Anja an mir. Was mit Sex nichts zu tun hatte, sondern mit dem Wunsch nach einem Kumpel. Ganz klar: Ich brauchte einen Freund.

Seit eh und je war die populäre Musik in Finnland bunt und im Lauf der Zeit wurde sie immer vielfältiger. Tango steht Herz und Sinn des Durchschnittsfinnen am nächsten, egal ob er vom Land oder aus der Stadt kommt. Gegenwärtig sieht es – oberflächlich – so aus, als hätte die Rockmusik eine dominierende Position im Musikbewußtsein. Aber eben nur oberflächlich. Klar, die Rundfunksender bringen hauptsächlich Rockmusik – was aber ist des Finnen Lieblingslied? Tango.

Trotz all der Pop-, Rock- und Technomusik, mit der wir zugedröhnt werden – die Anhänglichkeit der finnischen Mehrheit kulminiert im Tango. Kaum erscheint eine neue durchschlagende Moll-Weise, hinter der sich ein Tango versteckt, schon klettert sie, vorbei an allen Pop-Nummern, an die Spitzen der Hitlisten. Ungerührt von sämtlichen Rockangeboten kauft man immer wieder, was wehmütig klingt und nach Tango riecht, auch wenn es sich eine Pop-Kappe aufgesetzt hat. Das läßt sich – ungeachtet aller Stil- und Moderichtungen – *gehen*.

Als *Rock Around the Clock* in den Fünfzigern der Top-Hit bei allen Gymnasiasten war, tanzten Arbeiter und Bauern des Landes den Tango *Rakasta, kärsi ja unhoita/Liebe, leide und vergiß*. Als *All My Loving* von den Beatles in den Sechzigern die Hitlisten in Finnland anführte, wurden von Unto Mononens Tango *Tähdet meren yllä/Sterne überm Meer* genauso viele Platten verkauft.

Warum tanzt auch die Rock-Jugend auf den Sommertanzböden Tango? In den achtziger Jahren wurde mal untersucht, wie die Einstellung der Jugendlichen zu den Sommertanzböden aussah. Es stellte sich raus, daß auch die Kids, die außerhalb der Tanzplätze in ihren Autos hockten, um aus Radio oder Kassettenrekorder Rockmusik plärren zu lassen, das lieber dort taten, wo die Live-Bands Tango spielten, und manchmal gingen sie selbst zu einem Tango auf den Tanzboden.

Besonders beliebt sind heute noch die Musikgruppen, die auf den Sommerplätzen alte Tanzmusik spielen. Show-Stars kommen und gehen. Mit Blick auf den finnischen Nationalgeschmack und das Verhältnis des Volkes zur populären Musik scheint es verwunderlich, daß die wenigsten Rundfunksender spielen, was am meisten gefällt. Zwar werden jedes Jahr auf dem Tangomarkt in Seinäjoki ein neuer Tangokönig und eine -königin gekrönt – bei den Plattenaufnahmen der beiden spielt Tango jedoch keine nennenswerte Rolle.

Und trotzdem ist der Kampf um die Tangokönigswürde der beliebteste Wettbewerb, den Finnland auf dem Gebiet der populären Musik hat. Vorher gab es – und gibt es immer noch – im ersten kommerziellen Fernsehprogramm mtv 3 den alljährlichen Syksyn Sävel/Herbstmelodie-Wettbewerb, der Sieger steht jedoch in der Gunst des Volkes nicht entfernt an gleicher Stelle. Es war wie ein nationaler Protest, als 1997 der Tango-Veteran Eino Grön als Sänger, der Veteran Reino Markkula als Komponist und der zur gleichen alten Generation zählende Kari Tuomisaari als Texter mit dem Tango *Vähemmän kiirettä, enemmän aikaa/Weniger Hast, mehr Zeit* als Sieger aus der Herbstmelodie hervorgingen.

Auch wenn der Backsound zur rockigen Beguine aufgepeppt ist, geht die Melodie doch im Tangorhythmus. Nach dem Instrumentalsolo im traditionellen Tangotakt, und nachdem Eino Grön Kun *tangon tunnelmaan mä pääsen/Wenn ich in Tangostimmung komm* gesungen hat, spielt die Band noch zwei Takte Tango, bevor es dann als Tangorockbeguine weitergeht. Kein Wunder, daß der Titel Sieger wurde. Angesagt ist schließlich eine Volksabstimmung, und seit Jahren war kein Tango mehr im Finale. Und weil die Nation im Grund konservativ ist, bevorzugt sie eben auch altmodische Musik. Die übrigen Wettbewerbstitel waren zeitgemäße Pop-Nummern. Finnland kriegte keine neuen Stars, keine neuen Kultfiguren, aber es konnte seine Meinung in Sachen Musik sagen.

Ein ähnliches Beispiel stammt aus den sechziger Jahren. Damals gab es im Finnischen Rundfunk Yleisradio die Favoriten der Woche. Das Publikum konnte über seine Lieblingslieder abstimmen. Fast zwei Jahre lang war Martti Jäppiläs Walzer *Iltatuulen viesti/Botschaft des Abendwindes* die Nummer eins. Eine Einspielung des Männerchores Aikamiehet/Erwachsene Männer. Der Grund dafür war der gleiche wie 1997. Pekka Gronow stellte schon in den Sechzigern fest, daß sich unter den Kandidaten eben kein anderer Vertreter alter Tanzmusik befunden hätte.

Vor einiger Zeit kapierte auch die Plattenindustrie, was Sache ist, und brachte eine ganze Reihe Revivals auf den Markt.

Was singen die heutigen hoffnungsvollen Talente beim Finale auf dem Tangomarkt? Die gleichen alten Tangos wie ihre Vorgänger und Sieger der Vorjahre. Seit Beginn des Tangomarktes, also seit 1985, wird beim Tangomarkt auch der jährliche Tango-Komponistenwettbewerb durchgeführt. Ein paar Titel haben sich über die Siegesfeier hinaus gehalten und wurden zu Dauerbrennern in der finnischen populären Musik. Zu echten Hits konnten sie aber nicht werden, vermutlich dank der Programmpolitik der Rundfunksender, jedenfalls zum Teil. Wenn die Funkanstalten den Tangos ein bißchen Platz einräumen würden, würde man zur Begeisterung der gesamten Nation immer neue Tangos komponieren. So wie es ist, spielen die gekrönten Tangohäupter alsbald ihre Rolle im allgemeinen Unterhaltungsprogramm und singen zeitgemäße Popmusik.

Dafür gibt es eine ganz natürliche Erklärung. Zwar schlägt das Herz der nationalen Mehrheit für alte populäre Musik, was unter anderem daran zu sehen ist, daß der Sender Radio Suomi die meisten Hörer hat, diese Mehrheit aber kauft keine Platten. Platten kaufen die Fünfzehn- bis Dreißigjährigen, und die hören am liebsten Rock- oder moderne Popmusik. Also müssen die finnischen Sachen mit der Pop-Kappe getarnt werden.

Finnland ist in vieler Hinsicht anders als Westeuropa. Bei uns hat die populäre Musik in der eigenen Sprache eine starke Stellung. Fast überall sonst dominiert die englisch gesungene Pop- und Rockmusik. Nicht in Finnland. Gründe dafür, daß die Finnen so dickköpfig darauf bestehen, ihre Kultur in der eigenen Sprache am Leben zu erhalten, gibt es sicher mehrere.

Im Zweiten Weltkrieg, der sich in Finnland dreimal abspielte (Winterkrieg, Fortsetzungskrieg gegen die Russen und Krieg in Lappland gegen die Deutschen), war die populäre Musik in der eigenen Sprache ganz wichtig, auch als Propagandamittel und zur Aufrechterhaltung der Kampfmoral sowohl an der Kriegs- wie an der Heimatfront. Man kann vermuten, daß diese Tradition noch tief im kollektiven Bewußtsein der Nation steckt.

Außerdem haben es die Finnen nicht so sehr mit fremden Sprachen. In der zweiten Hälfte der achtziger Jahre gab die Schulverwaltung eine Untersuchung in Auftrag, vielleicht war es auch nur ein Fragebogen, zu den Englischkenntnissen der Finnen. Englisch ist die am weitesten verbreitete Fremdsprache, auch was den Schulunterricht angeht. Das Befragungsergebnis war, daß siebenundachtzig Prozent der Finnen nicht sagen konnten, was der Coca-Cola-Slogan »It's a real thing« bedeutet. Man kann also verstehen, daß die Finnen Musik hören wollen, die finnisch gesungen wird.

Für Literatur und Film gilt das gleiche wie für Musik: Sie dienen in erster Linie dem Endverbrauch im eigenen Land.

Im Lesesaal der Bibliothek sah ich wieder die Zeitungsanzeigen von Tanzveranstaltungen durch. Es war Freitag, also einiges zu erwarten. In der Tat wurde ich nicht enttäuscht. Im Fêtenmeister sollte Marion mit ihrer Gruppe Riskit Herrat/ Hurtige Herren auftreten, im Maestro Ari Klem, der 1987 Tangokronprinz in Seinäjoki geworden war und es ein Jahr später immerhin noch zum zweiten Prinzen gebracht hatte. Ich mag beide. Marion stellt man sich zwar eigentlich nicht gerade als Tangosängerin vor – vor zwanzig Jahren war sie ja erfolgreich in Deutschland aufgetreten –, aber ich tanz gern, wenn sie Tango singt. Auch Ari Klem ist gut, aber er macht doch beunruhigend viel Popmusik, der ehemalige Herr Tangoprinz.

Im Alten Keller war, wie ich sah, Nachmittagstanz zum Nulltarif angesagt. Dort sollte Benjamin's Group auftreten. Es muß zu Beginn der achtziger Jahre gewesen sein, daß ich Benjamin Hörman zum ersten Mal erlebt habe. Damals spielte er in der Combo von Anita Hirvonen Akkordeon und elektrisches Klavier. Später hab ich immer wieder mal nach seinem Takt getanzt, da gehörte er zum Trio von Ami Jaara. Inzwischen hat Herr Hörman seit Jahren seine eigene Gruppe.

Ich beschloß, in den Alten Keller zu gehen. Die Musiker spielten gerade wasweißichfüreinen Schlager, Meister Benjamin in Person am Synthesiser. Warum auch immer bemerkte er mich, und kaum war die erste Nummer beendet, griff er sich das Akkordeon und fing an, Tango zu spielen. Sicher wußte er, daß ich ein Tango-Freak bin. Möglich sogar, daß ihm aufgefallen war, daß ich überhaupt nichts anderes tanze.

Ich verbeugte mich vor der Nächstbesten und zog sie, beflügelt von B. L. Andreschewskis Tango *Unhoita menneet/ Vergiß, was vergangen*, aufs Parkett. Ein paar russische Sachen hören sich genau so an, als wären sie von einem Finnen. Passen einfach zu unserer Mentalität.

Benjamin Hörman war in Tango-Bestform. Sein Instrument atmete Sehnsucht und Verlangen, ohne daß er jedoch vom Grundrhythmus abkam. Man konnte leicht dazu gehen. Zusammen mit meiner Dame schob ich mich näher an die Band und nickte Zustimmung in Richtung Musiker. Der nächste Tango begann, *Pettäjän tie/ Weg des Verräters*, eine alte Zigeunermelodie, aus der Taisto Ahlgren als Sänger 1970 eine Erfolgsnummer gemacht hat. Hörman wurde noch besser, seine Quetschkommode schluchzte förmlich. Wir Finnen sind ja um so glücklicher, je unglücklicher die Melodie ist. Einer unserer Dirigenten, Jani Uhlenius, hat mal gesagt, daß die Finnen die einzige Nation auf der Welt sind, die in Moll fröhlich ist. Jedenfalls kann Uhlenius selbst in Moll ausgesprochen fröhlich sein und mit Genuß Tangos in dieser Tonart spielen.

Die Musiker wechselten zu Rock. Meister Hörman – ich war ganz platt – sang höchstpersönlich. Das hatte ich bisher noch nicht erlebt, daß er selbst sang, und schon gar nicht hätte ich mir jemals vorstellen können, daß er Rockmusik singen würde: Baa-bab-ba luu-ba! Ich verfolgte die Veranstaltung von der Theke aus und trank dabei Tee.

Während ich meine Blicke schweifen ließ, bemerkte ich eine Lady in blauem Samt. Als der nächste Tango anfing, holte ich sie zum Tanz. Es stellte sich heraus, daß sie verheiratet war: zwei glänzende Goldringe am Ringfinger ihrer Linken. Sie war auf Erholung. Die Kinder bei ihrer Mutter auf dem Land, der Mann würde morgen von einer Reise zurückkommen. Sie hatte vor, die Nacht durchzumachen, wie sie es ausdrückte, sie hätte sich einen vergnügten Abend verdient.

Ich brachte sie an ihren Tisch. Es sah so aus, als wäre ich nicht der einzige, der mit ihr tanzen wollte. Schon schwang sie ihre Taille zum Twist. Stand ihr gut, das war nicht zu leugnen. Trotzdem: Ich hatte nicht das Verlangen, twisten zu können. Aber in Erwartung des nächsten Tangos pirschte ich mich schon mal näher an ihren Tisch. Und alsbald stimmte Hörman *Iltarusko/Abendrot* von Kullervo Linna an, worauf *Olé Guapa* folgte. Die zweite Nummer spielte er ohne ausländischen Schnickschnack, als hätte er gewußt, daß ich mir den aufrechten finnischen Stampfschritt wünsche. War ja auch so. Schon bei den ersten *Iltarusko*-Takten war ich zusammen mit der Samtenen auf dem Keller-Parkett.

Nach meiner Gewohnheit tanzte ich wortlos, und wie in den früheren Fällen eröffnete auch diesmal die Frau das Gespräch. Ich fand sie wirklich ganz attraktiv, und ihre Stimme paßte zum Kleid.

– Ich komm ziemlich selten raus, äußerte sie friedlich.

– Sie haben viel zu tun?

– Eigentlich nicht. Ich bin Hausfrau, und mein Mann ist auf ganz besondere Art eifersüchtig. Selbst tanzt er zwar überhaupt nicht, aber er will auch nicht, daß ich zum Tanzen gehe, obwohl wir uns seinerzeit in einem Tanzlokal begegnet sind; und er hat damals behauptet, daß er schon beim ersten Blick voller Bewunderung gewesen wäre, wie ich tanze.

– Das wundert mich nicht, überhaupt nicht, bestätigte ich.

– Sicher nicht. Ich weiß selbst, daß ich gut tanze, und gern würde ich sogar in Gesellschaft meines Mannes tanzen gehen. Will er aber nicht. Andere Männer würden mich auf eine Art angucken, wie ers nicht ausstehen kann.

– Auch das wundert mich nicht, erwiderte ich, Sie sind nun mal eine attraktive Frau und eine gute Tänzerin.

– Und Sie, tanzen Sie nichts anderes als Tango?

– Nö.

– Und warum nicht? Es ist doch eine hübsche Abwechslung, von Zeit zu Zeit mal was anderes zu tanzen, sie war verwundert.

– Ich wollte nie was anderes als Tango lernen, das paßt am besten zu mir.

– Wenigstens Slowfox, den tanzen Sie doch?

– Tanze ich nicht.

– Aber die Schritte sind ja genau die gleichen, wenn mans nur will, sprach die samtene Stimme. Also ich würde sofort mit Ihnen Slowfox tanzen.

– Tut mir leid, aber das möchte ich nicht. Nichts außer Tango, ich versuchte so höflich wie möglich zu sein.

Olé Guapa näherte sich dem Ende. Sie drückte mich heftig an sich. Ich fühlte die Wärme, die sie ausstrahlte, und mein Glied richtete sich augenblicklich auf. Den Weg zu ihrem Tisch konnte ich nur in komisch gekrümmter Haltung machen, damit der eigenartige Bergrücken, den meine Hose bildete, unbemerkt blieb.

Auf der Herrentoilette machte ich der Disziplinlosigkeit des Organs ein Ende. Bei meiner Rückkehr sah ich, wie sie sich im Tanze drehte. Ihr Partner führte die Lady echt gut, während Benjamin Hörman mit Hingabe *Buena Sera* sang. Mir kam die Sängerin Muska in den Sinn und ihre *Jambalaya*, deren Tanz sämtliche Männer im Hafen verrückt gemacht hatte.

Ich ging an die Theke. Über kurz oder lang wäre garantiert wieder ein Tango dran. Nach der Rock-Nummer ließ sich die Samtene an ihren Tisch zurückführen, setzte ihren Weg jedoch ohne Aufenthalt an die Bar und zu mir fort.

– Tanzen Sie nicht mehr? wunderte ich mich.

– Man muß ja dazwischen auch mal Atem holen. Ich hab gedacht, ich leiste Ihnen auf ein Glas Gesellschaft. Sie sind anders zu mir als die anderen Männer, finde ich.

– Ich erinnere mich sehr gut, daß Sie mit einem eifersüchtigen Mann verheiratet sind, bemerkte ich, um irgendwas zu sagen.

– Das scheint aber sonst keinen zu stören, lachte sie.

– Moral ist heutzutage ziemlich dehnbar, könnte man sagen, meinte ich schmallippig; ich hatte nicht die Absicht, amüsant zu sein.

– Genau. Moral ist dehnbar, freute sie sich. Sie sind lustig. Eigentlich könnte ich so elastisch sein, Ihnen das Du anzubieten. Ich heiße Sinikka.

Ich konnte der Versuchung nicht widerstehen, weil mir natürlich sofort *Tango Sinikalle/für Sinikka* von Toivo Kärki und Saukki einfiel. Also sang ich leise in ihr Ohr:

Als ich in meinem schönsten Traum hab Sinikka gesehn,
da wars ein Wunschtraum nur.
Und Tag für Tag blieb ich dem Traumbild auf der Spur.

– Ich muß kein Traumbild sein, ich bin doch hier, in Fleisch und Blut.

Und wie! Fleisch und Blut, und das in so ausgewogenem Verhältnis, wie ichs bisher außer im Kino noch nie gesehen hatte.

– Du hast eine schöne Stimme, fuhr sie fort.

– Schön wohl kaum. Weder schön noch sauber, im Singen hatte ich in der Schule bloß eine Vier.

– Gut, dann wenigstens weich, sagte sie.

– Vielleicht bin ich von Natur aus ein weicher Typ, warf ich ein, damit wir aufhörten, von mir zu reden.

– Das will ich doch hoffen, sagte Sinikka zu meiner Überraschung.

– Wie zeigt sich denn die Eifersucht Ihres, Pardon, deines Mannes? fragte ich.

– Ach du meine Güte, auf echt bescheuerte Art, lachte sie. Eigentlich ist es überhaupt nicht komisch; aber wenn mans so erzählt, dann ist es eben doch wieder putzig.

– Dann erzähl doch mal, zum Beispiel wie. Ich ermunterte

sie, obwohl ich in Wirklichkeit gar nichts wissen wollte von der Eifersucht ihres Mannes.

– Die Eifersucht von meinem Mann kommt immer in überraschenden Anfällen. Manchmal bleibt er ganz lange Zeit ruhig, und dann an irgendeinem Morgen fängt er an, mich zu examinieren:

»Was treibst du eigentlich den lieben langen Tag, wenn ich weg bin?«

»Saubermachen, Geschirr spülen, mich um die Kinder kümmern, dein Essen machen – weißt du doch alles ganz genau.«

»Und zwischendurch kommt vielleicht einer zu Besuch?«

»Du lieber Himmel, du bestimmst doch überall, wos langgeht. Hier darf noch nicht mal der Hausmeister erscheinen, solange du weg bist!«

»Sicher hast du einen heimlichen Freund.«

»Also du kannst mir glauben, dem ist nicht so!«

Und so weiter. So geht das praktisch, seit wir verheiratet sind. Zwei, drei Monate war er normal, dann gings los mit den Befragungen und Verhören.

– Was denkt er denn, wo du jetzt gerade bist? wollte ich wissen.

– Ich hab mit meiner Mutter abgemacht, daß wenn er anruft – was er aber ungern tut, weil meine Mutter ihm ihre Meinung über seine Eifersucht schon klargemacht hat –, dann sagt sie, daß ich grade nach Haus unterwegs bin. Ich hab mir angewöhnt, immer mit dem letzten Zug von meiner Mutter zurückzufahren, und fast immer wartet mein Mann am Bahnhof auf mich.

– Raucht er? fragte ich.

– Ob er raucht, wieso das denn? Sinikka war erstaunt.

– Ich dachte nur, wenn er nicht raucht, dann muß er doch den Qualm bemerken, der in deinen Kleidern hängt, und daraus schließen, daß du im Lokal warst. Ich war ganz Detektiv.

– Keine Angst, Mama raucht wie ein Schornstein, Sinikka freute sich wie ein Schneekönig. Mit dem Qualmgeruch kriegt er mich nicht.

Tango Illusion. Von Benjamin's Group wunderschön finnlandisiert. Ich hakte mich bei Sinikka unter, und ab gings aufs Parkett. Sprachlos war ich auch nicht mehr, sondern unterhielt mich angeregt mit ihr über die faszinierendsten Belanglosigkeiten dieser Welt. Dabei kam ich darauf zu sprechen, wie gut ich den finnischen Tango fände, insbesondere die großen Titel, die in den sechziger Jahren die Hitlisten erobert und auch heute noch einen prominenten Platz in der populären Musik unseres Landes hätten. Sinikka war keine Spezialistin für Tango, auch wenn sie ihn hervorragend tanzen konnte. Ihr Mann würde sich für klassische Musik interessieren, erzählte sie, und vor allem die würde zu Haus gehört. Ihr Mann würde sie oft in die Oper führen oder ins Sinfoniekonzert, und häufig wäre dann noch ein anderes Paar dabei, und man würde den späteren Abend beispielsweise im Lyon oder im Carelia verbringen. Ab und zu wäre ihr Mann besonders großzügig und würde die ganze Gesellschaft auf seine Kosten ins Savoy einladen. Und wie ich wohl das Lyon oder das Carelia oder das Savoy fände? Ehrlich wie ich bin, antwortete ich, daß ich noch in keinem dieser Restaurants gewesen bin, und Sinikka wechselte unauffällig zuvorkommend das Thema.

Nach dem Tanz begleitete sie mich wieder an die Bar. Sie machte eine Handbewegung in Richtung Saal und mich darauf aufmerksam, daß ihr Tisch inzwischen von anderen besetzt war.

Sie wollte auf die Eifersucht ihres Mannes zurückkommen. Die machte ihr offenbar ganz schön zu schaffen, während mir die bloße Erwähnung gereicht hätte; die erste Antwort auf meine aus Höflichkeit gestellte Frage war genug, mehr wollte ich ganz und gar nicht wissen.

– Mein Mann hat eine komische Art, meine Treue zu testen. Manchmal kommt er früher als gewöhnlich nach Haus, aber erst am Nachmittag, und klingelt an der Tür. Weil er mich dazu vergattert hat, keinen reinzulassen, mach ich natürlich die Tür nicht auf. Mit verstellter Stimme ruft er dann von draußen: »Ich weiß, daß dein Mann nicht da ist, kannst mich ruhig reinlassen.« Aber ich mach die Tür nicht auf, weil er mir nicht glauben würde, daß ich seine verstellte Stimme erkenne.

– Irgendwie kommt mir die Geschichte bekannt vor, meldete ich meine Bedenken an.

– Ist sie ja auch! schrie Sinikka, nahm sich aber gleich wieder zusammen. Er hat das in den Memoiren von Luis Buñuel gelesen, kennst du die?

– Sicher. Also daher. Buñuel hatte in Mexiko einen Kapitän als Nachbarn, und der hat sich genauso verhalten wie dein Mann.

– Genau. Er weiß nicht, daß ich das Buch auch gelesen hab, und glaubt, Kino würde mich so wenig interessieren wie Fernsehen. Auch was anderes hat er von Buñuel. Hast du den Film *El* gesehen?

– Hab ich. Du willst doch nicht etwa sagen, daß dein Mann diesen Trick mit der Stricknadel praktiziert?

– Wie bist du darauf gekommen? Sinikka lachte. Genau so blöd ist er. Schon ein paarmal hat er ganz abrupt eine Stricknadel durchs Schlüsselloch gestoßen, weil er dachte, mein Liebhaber würde da durchgucken, um nachzusehen, ob er kommt.

– Und du warst ihm noch nie untreu? Die Frage rutschte mir raus, obwohl ich sie gar nicht stellen wollte.

– Eigentlich nicht. Das kam ein bißchen zögerlich.

Dabei wollte ich es bewenden lassen. Es war mir wirklich gleichgültig, was »eigentlich nicht« bedeuten mochte. Ich bestellte trockenen Weißwein und schaffte es, das Gespräch von Sinikkas Mann wegzuführen. Sie versuchte recht verführerisch auszusehen, was ihr auch gelang.

Schweißperlen traten mir auf die Stirn, weil ich ziemlich in Streß kam. Der Kamerad in der Hose hatte wieder mal beschlossen, gegen den Stachel zu löcken, und stand aufrecht und hart wie eine Eins. Glücklicherweise saßen wir auf Barhockern, und Sinikka plauderte und gestikulierte nichtsahnend und verführerisch weiter. Der Hosenbruder war wie ein Gewehr im Anschlag.

Benjamin's Group begann Tango zu spielen. Sinikka schaute mich fragend an. Ich nahm alle meine Kraft zusammen und kriegte mit halbwegs gelassener Stimme raus, daß ichs schöner fände, mit ihr an der Bar zu sitzen, statt zu tanzen. Was nicht stimmte. Benjamin's Group spielte nämlich einen meiner Lieblingstangos, die Komposition *Yön hiljaisuudessa/In der Stille der Nacht* von Unto Mononen, was ich nur zu gern getanzt hätte und ganz besonders mit Sinikka, aber die Starrköpfigkeit des Penis verbot mir, aufs Parkett zu gehen.

Es mußte was geschehen. Mit dem klassischen Spruch »Ich geh mal nach den Pferden gucken« verkündete ich, daß ich für einen Moment verschwinden müßte. Sinikka brach in Gelächter aus. Ich bückte mich nach irgendeinem Kassenzettel auf dem Boden und verschwand, indem ich ihn aufhob, gekrümmt aufs Klo.

Das Glied kriegte die Abreibung seines Lebens, ich war rasend vor Zorn! Die Schläge schmerzten, und das Organ erschlaffte.

Just als ich wieder an die Bar und in Sinikkas Gesellschaft zurückkehrte, sah ich Anja reinkommen. Ein ganz eigenartiges Gefühl überkam mich, und ich hatte alle Mühe, mich zu beherrschen. Ich begrüßte sie, wie man einen alten Freund nach langen Jahren begrüßt, und Anja erwiderte meinen Gruß so freundlich, wie sies immer tat.

Virtanen ist wirklich ein seltsamer Vogel. Er glaubt, daß ihn praktisch keiner kennt, doch damit liegt er schön daneben. Man kennt ihn in jedem Lokal, wo alte Tanzmusik gespielt wird. Und natürlich erkennen ihn die Türsteher, auch wenn er monatelang nicht erschienen ist. Genauso wie die Musiker den Menschen kennen, der nichts als Tango tanzt.

Virtanen bildet sich außerdem ein, er wäre ganz unscheinbar in den Augen der Frauen und daß nur wenige sich an ihn erinnern. Sie erinnern sich aber sehr gut an ihn. Jede Frau, die in diese Tanzlokale geht, kennt den Mann, der nur Tango tanzt. Weil das nämlich was Besonderes und Aufsehenerregendes ist. Es ist allgemein bekannt, daß Virtanen nicht mal Tango tanzt, wenn er zu ausländisch gespielt wird. Doch, so was merkt man sich!

Virtanen meint, er könnte sich an der Bar verstecken, solange kein Tango erklingt. Gerade das wird bemerkt. Auch die Menschen hinter den Theken kennen den Mann sehr gut, der hauptsächlich Tee bestellt und nur in Damengesellschaft was Alkoholisches, am liebsten was Leichtes. Ein Mann, der keinen Alkohol trinkt, ist ja nicht gerade alltäglich! Beispielsweise könnte der Barkeeper im Fêtenmeister garantiert den Tag benennen, an dem Virtanen Kossuvissy getrunken hat, so selten wie das passiert.

Viele Frauen haben außerdem seine weitschweifigen Vorträge über seine Lieblingssänger in Erinnerung, weil er jedesmal, wenn er feststellt, daß jemand Interesse zeigt, regelrechte Vorlesungen zum Thema hält. Besonders über die Sänger der sechziger Jahre. Aber er hat auch unter den älteren viele Favoriten. Da sind Georg Malmsten, Olavi Virta, Henry Theel, Reijo Kallio, und alle findet er gut. Und auch Frauen wie Eila Pellinen, Eila Pienimäki, Vieno Kekkonen, Anneli Sari. Und immer so weiter, quer durch die Jahre; er ist Fan vieler, vieler Künstler.

Und von ihnen kennt er Anekdoten und Geschichten, Histörchen, wie man sie sich von vielen Sängern erzählt, oft übertrieben und durch wiederholtes Erzählen von den Leuten verändert.

Aus irgendeinem Grund galt Georg Malmsten als brav. Das hängt vielleicht damit zusammen, daß er viele Kinderlieder gemacht hat und Dirigent im Polizeimusikkorps war. Man nannte ihn den Moll-Schorsch, obwohl ein beachtlicher Teil seiner Songs in Dur ist. Einer davon, der *Leila-valssi/Leila-Walzer*, war zunächst ein schwedischsprachiger, der Stadt Hanko gewidmeter *Hangö-valsen*. Ebenso sind seine Mickymaus-Lieder, bei denen es sich eher um kleine Opern von wenigen Minuten handelt als um gewöhnliche Lieder, Dur-Kompositionen.

Zu seinen besten Zeiten war der Moll-Schorsch überall beliebt. Noch als Rentner trat er im Fernsehen auf, um das Publikum mit eigenen Liedern zu unterhalten und zum Mitsingen zu animieren. Und doch blieb er als Finnlandschwede immer ein bißchen außen vor. Georg Malmsten war, typisch für die schwedischsprachigen Finnen, feingewebt. Auch wenn die ganze Nation ihn liebte, war er doch nicht einer von uns.

Wenn Virtanen mal jemanden amüsieren will, dann erzählt er vielleicht Geschichten von Olavi Virta. Virta liebte Autos über alles – na ja, vielleicht nicht ganz so wie Frauen. Einmal brettert er in Begleitung und ein bißchen angetrunken durch die Mannerheim-Straße. Der Filmregisseur Aarne Tarkas, einer der üblichen Saufkumpane, weist Virta darauf hin, daß er zwanzig Kilometer zu schnell fährt, worauf der antwortet: »Keine Panik, mein Tacho zeigt Meilen an!« was heißt, man war mit über hundert Sachen unterwegs. Ähnlich komische Geschichten machen über die heutigen Künstler die Runde, manchmal sogar die gleichen wie über die Künstler von damals.

Virtanen liebt Olavi Virtas Tangos inbrünstig, wie zum Beispiel den selbstkomponierten Titel *Punatukkaiselle tytölleni/Meinem rothaarigen Mädchen*. Virtas *Tulisuudelma* liebt er mehr als die zur gleichen Zeit in Finnland vielverkaufte und im Radio vielgespielte *Choclo*-Version von Louis Armstrong, nämlich The *Kiss of Fire*. Virtanen lehnt Armstrongs Blues-Trompetensolo ab, weil es einen guten Tango mit Jazz kaputtmacht. Auch sonst macht er sich nichts aus fremdsprachigen Tangos, obwohl er zugeben muß, daß viele eine gute Melodie haben. Bei denen handelt es sich dann um Moll-Kompositionen.

Mit Männern spricht Virtanen in den Lokalen so gut wie nie. Erstens sind die seiner Meinung nach nur unterwegs, um Frauen anzubaggern, zweitens gibt es kaum Männer, die sich für die Feinheiten des Tangos interessieren und darüber reden wollen. Auch Frauen sind vermutlich nicht so brennend an dem Thema interessiert, aber wenigstens hören sie Virtanen zu.

Es kam mal vor, daß ein Mann mithörte, wie Virtanen an der Theke auf eine Frau eindozierte, und dieser Mann sich ins Gespräch mischte. Virtanen konnte sich behaupten, indem er seine Beobachtungen zum Thema Zwischenspiele zum besten gab. Das fand der Mann aber wieder viel interessanter als die Frau.

Virtanen kann alle Zwischenspiele von Mononen auswendig. Die meisten gehen so, daß auf einen Takt acht Achtelnoten kommen; manchmal auch weniger. Zwar hat Mononen auch noch Lösungen anderer Art, aber die Leute kennen nur die tippa-daddad, tippa-daddad, tippa-daddad, tippa-daddad-Läufe. Mit seiner Viererstimme brummelt Virtanen die Vor- und Zwischenspiele von Mononens *Sateen/Regen*-Tango und *Tango petturille/für einen Betrüger* und *Syvä kuin meri/Tief wie die See* und *Tähdet silmissäsi/Sterne in deinen Augen*. Oft kann er damit Eindruck schinden.

Und dann denkt dieser Mensch, daß keiner ihn kennt, keiner sich an ihn erinnert.

Es gab nur noch Anja für mich. Ich folgte ihr mit den Augen, während sie am Rande des Saales Platz nahm – dummerweise war der Tisch hinter einer Säule verborgen. Sinikka tanzte Walzer und guckte mich an, während sie sich mit ihrem Partner unterhielt. Ich nickte ihr möglichst aufmunternd zu, sie sollte bloß weitertanzen. Auf den Walzer folgte kein Tango, und ich drückte mich gemächlich im Saal herum, was Sinikka vermutlich absonderlich fand; warum kam ich nicht zu ihr?

Als der nächste Tango – Rauni Autios *Kadonnut unelma/ Vergangener Traum* – angestimmt wurde, hatte ich mich so nah an Anjas Tisch herangepirscht, daß ich sie gleich mit den ersten Takten aufs Parkett ziehen konnte. Nichts war gegen das komische Gefühl zu machen, das mich erneut überkommen hatte. Sie war unbegreiflich wichtig. Ich schaute ihr in die Augen. Ein bißchen verlegen fragte sie, ob ich vom letzten Mal sauer auf sie wäre. Damit meinte sie die kleine Zärtlichkeit bei unserer Verabschiedung auf der Straße vor ihrer Haustür. Ich war ganz und gar nicht sauer. Mir wäre das sehr sympathisch gewesen, ein Zeichen für gute Freundschaft, versicherte ich ihr.

Sinikka war auch auf der Tanzfläche und tanzte mit einem gutaussehenden Mann, jünger als ich. Als ich in ihre Richtung sah, rollte sie fragend die Augen, ob die Dame in meinem Arm womöglich meine Frau wäre. Mit einer unauffälligen Geste erwiderte ich, daß nein. Während wir weitertanzten, erkundigte ich mich so neutral wie möglich, wo Anja in letzter Zeit gewesen wäre, man hätte sich schon so lange nicht mehr gesehen. »Auf Reisen« war die kurze Antwort, und ich konnte unmöglich versuchen, mehr rauszukriegen, wenn sie mich nicht falsch verstehen sollte.

Ich stellte bei mir selbst fest, daß ich nicht ganz richtig war. Nicht die Spur von Lockerheit, seltsam. Ob ich wohl krank war? Hatte ich Fieber? Wo hätte ich mich wohl erkälten können? Also nee, das wars wohl nicht. Als der Tango vorbei war, brachte ich Anja gleich an ihren Tisch zurück, damit sie mich nicht für aufdringlich hielt. Ein Walzer wurde gespielt, und schon stürzte sich ein Typ auf sie, mein Herz tat einen Hüpfer. Warum bloß? fragte ich mich und zog mich an die Bar zurück, und wies so geht, war auch Sinikka schon zur Stelle.

– Du bist ja ganz verändert. Ist das deine Freundin? fragte sie mit einem Lächeln auf den Lippen.

– Freundin? wiederholte ich verdattert und fühlte mich von dem Wort angenehm berührt. Keineswegs! Eine alte Bekannte, die ich länger nicht mehr gesehen hab.

– Um so besser. Dann können wir ja zusammen den nächsten Tango tanzen, verlautbarte Sinikka.

Wußt ichs doch. Ich war entschlossen gewesen, Anja auch zu den beiden folgenden Tangos aufzufordern, und nun kommt diese Sinikka, diese gutgebaute und attraktive Lady, und durchkreuzt meine Pläne. Kann man nichts machen. Ich nickte also Einverständnis und ließ Anja nicht aus den Augen.

Sinikka tippte mir auf die Schulter.

– Ich hab mit dir gesprochen, bist du plötzlich schwerhörig geworden?

– Tut mir leid, ich schreckte hoch. Ich bin ganz in diesen Tango vertieft. Weißt du, was das ist?

– Kann mich nicht erinnern.

– Das ist *Rantatie/Uferweg*, ein Stück von Antero Vartia, auch bekannt als *Kesätuuli/Sommerwind*. Eingespielt von Henry Theel Mitte der Sechziger.

– Ich werd das Gefühl nicht los, du verfolgst die ganze Zeit die Frau, die vorhin reingekommen ist, versuchte Sinikka mich aufzuziehen. Aber mach dir nichts draus, laß uns auch tanzen!

– Prima Idee! rief ich.

Auf dem Parkett könnte ich näher an Anja rankommen, wenn ich schon nicht mit ihr tanzte. Ich guckte mir ihren Partner an, einen gutaussehenden, ausländisch wirkenden Menschen mit schwarzem Schnurrbart, der besonders geschmeidig tanzte. Konnte verschiedene schnelle Zwischenschritte, und Anja schwebte wie eine Fee in seinem Arm.

Der nächste Tango, *Mustasukkaisuus/Eifersucht (Jalousie)*, von einem Dänen namens Jacob Gade, folgte, in Hörmans eigenem Arrangement und mit einer ungeheuren Kadenz als Einleitung. Normalerweise tanze ich das nicht, weil es so schwierig ist. Ich gefror praktisch auf der Stelle. Der Ausländer fing schon beim Vorspiel mit seinen akrobatischen Kunststücken an, und Anja schmolz unter seiner Führung dahin.

– Wieso tanzt du nicht? schreckte Sinikka mich auf.

– Ich tanz ja, versicherte ich, und schritt gemessen los, als die eigentliche Melodie angefangen hatte.

– Du scheinst ganz schön verliebt zu sein in die da, bemerkte Sinikka ein bißchen amüsiert, ein bißchen nebenbei, ein bißchen sehnsüchtig.

– Ich war noch nie verliebt, in niemand, sagte ich mit größtem Nachdruck.

– Es gibt immer ein erstes Mal, lachte Sinikka und klang erfahren.

Es war nichts zu machen. Wann immer Sinikka mich für kurze Zeit aus ihrer unbekümmerten Unterhaltung freigab, stierte ich ohne Ende Anja und ihren Partner an. *Eifersucht* hieß der Tango, aber daß ich eifersüchtig sein könnte, war ausgeschlossen, schließlich war ich noch nie verliebt, in niemand. Es soll, wie ich höre, auch Gefühle der Eifersucht zwischen Freunden geben, aber die kenn ich nicht, weil ich keine Freunde hab.

Nach dem Tango meinte Sinikka, wir sollten an die Bar gehen, ich willigte ohne große Begeisterung ein. Noch vor einer knappen halben Stunde hatte Sinikka mich mit ihrer natürlichen Weiblichkeit gefangengenommen, jetzt fand ich sie nur noch lästig und wäre sie gern los gewesen. Am liebsten wärs mir gewesen, allein zu sein, auf den nächsten Tango zu warten und mit Anja zu tanzen.

Ich bestellte Weißwein für Sinikka, Tee für mich.

– Muß mal telefonieren, sagte ich, machte einen kleinen höflichen Diener vor Sinikka und verschwand in Richtung Garderobe.

Ich telefonierte nicht, es gibt niemand, den ich anrufen muß. Überhaupt ist das Telefon für mich ein völlig nutzloses Gerät. Ich drehte also eine Runde am Türsteher vorbei zurück in den Saal. Der Alte Keller ist in der Hinsicht besonders gut, weil er dicke Säulen und Wandvorsprünge zu bieten hat, hinter denen man sich verstecken kann, ohne daß es auffällt. Man steht einfach da und tut so, als ob man irgendwas tut.

Ein wachsames Auge auf Anja gerichtet, schlich ich mich im Schutz der Säulen an ihren Tisch heran und erwartete den nächsten Tango. Selbstanalyse: Dieses Gefühl? Mir zuvor völlig unbekannt. Warum empfand ich, bisher an Frauen absolut desinteressiert (anders als der Bengel in der Hose mit seinen vielzähligen Interessen), plötzlich ein ständig wiederkehrendes Bedürfnis, in Anjas Nähe zu sein? Auf keinen Fall wars Liebe! Wenn ich mich richtig erinnere, zitiert Fritz Kahn in ›Unser Geschlechtsleben‹ – das hab ich mal aus Interesse an den natürlichen Mechanismen durchgeblättert – Voltaire mit dem Satz: »Liebe ist, wenn Därme sich aneinander reiben.« Und so was wollte ich echt nicht.

Tango! In einem Affenzahn, mir selbst fast schon peinlich,

düste ich an Anjas Tisch. Es handelte sich um Antonio Braves *Tulenliekki/Feurige Flamme.* Ich schob sie auf die Tanzfläche, legte meinen Kopf ganz nah an ihr Ohr und sang:

Als feurige Flamme erschienest du einst
betörend, berauschend.
Du kamst zu mir, mein Herz nahmst dir.
Bist mir Einzige allein.

– Schön! flüsterte Anja, du meinst doch nicht echt, was du da singst?

– Ich sing nur die Wörter von Reino Helismaa. Wußtest du, daß Antonio Brave, also der Komponist, Toivo Kärki ist, und der Text von Orvokki Itä, also Reino Helismaa?

– Natürlich nicht, Anja lachte einfach hinreißend. Auf die Art betrachte ich die Sachen nie. Klar weiß ich, daß *Täysikuu/Vollmond* ein Stück von Toivo Kärki ist, und *Satumaa/Märchenland* eins von Unto Mononen. Aber normalerweise kenne ich die Leute nicht, die die Lieder geschrieben haben.

– Na ja, ist auch für mich nur ein Hobby, sagte ich bescheiden. In Wahrheit war es natürlich anders. Jede Einzelheit spielte eine Rolle. Ich kenn alle Pseudonyme von Toivo Kärki, und wahrscheinlich kann ich alle bedeutenderen Tangos auswendig.

– Ich glaub, für dich ist das mehr als ein Hobby, Anjas Stimme hatte mal wieder diesen weichen Klang, daß ich davon fast ohnmächtig wurde. Jedenfalls weiß ich von dir nichts anderes.

– Der Tango ist wichtig, sprach ich bedeutungsvoll, er ist für uns Finnen ein gewisser Ausdruck der Identität.

– Jetzt redest du ein bißchen zu tiefsinnig, Anjas Stimme war immer noch weich.

Ich konnte nichts anderes mehr sehen. Hatte vergessen, wo ich war. Schon vor einer Ewigkeit hatte die Musik den

Rhythmus gewechselt, ich aber tanzte weiter *Feurige Flammen,* Tempo hin, Musik her. Begeistert unterhielt ich mich mit Anja über Tango, menschlichen Alltagskram wie Preise in den Cafés, Schlußverkäufe, Bedeutung von Bibliotheken, Komfort von Eisenbahnwaggons. Alles war von unerhörtem Interesse.

Während wir tanzten, hatte das Glied erneut das Heft an sich gerissen und sich in Habachtstellung aufgerichtet. Mit Schrecken bemerkte ich, daß es sich in den Weg stellte, als ich mich näher an Anja drücken wollte. Ich verwünschte das Ding, alle, aber auch alle im ganzen Saal konnten die Ungezogenheit des Penis sehen. Weil wir auf der Tanzfläche waren, konnte ich nicht aufs Klo gehen. Irgendwie mußte ich das Gemächte – so hatte ich das Ding mal nennen hören – der allgemeinen Aufmerksamkeit entziehen. Da half nichts anderes, als sich ganz eng an Anja zu drücken, wenn man vermeiden wollte, daß das Publikum bemerkte, daß da was aus dem Rahmen ragte.

Anja registrierte selbstverständlich, was los war, war aber – welch ein Wunder! – nicht im geringsten unangenehm berührt. Vielen Frauen ist so was ärgerlich, sie aber reagierte mit einem freundlichen Lächeln und einem, wie mir schien, Sowaskannvorkommen-Ausdruck im Gesicht. Ich war erleichtert, sie fühlte sich nicht belästigt. Der Tanz ging – weiß der Teufel wie – zu Ende, und ich brachte Anja leicht gekrümmt an ihren Tisch.

Ich mußte – weiterhin gekrümmt – aufs Klo, um wieder klar zu werden. Der Penis bekam die Peitsche, und ich stellte Überlegungen zur Situation an. Das heißt zu vernünftigen Überlegungen im eigentlichen Sinne war ich weniger in der Lage, es war mehr ein gefühlsmäßiger Reflex auf das, was mit mir passierte. Warum wurde ich zu Anja so hingezogen? Hatte sie einen orientalischen Duft aufgelegt, der die Männer anzieht? Der Barkeeper hatte doch wohl keinen Absinth in meinen Tee geschüttet? War irgendwas mit der Klimaanlage los?

Ich schaute mich im Spiegel an. Die Pupillen waren geweitet, die Backen rot und heiß. Mir konnte nicht heiß sein, im Keller ist es nicht heiß. Und Alkohol? Seine heimtückische Wirkung kannte ich ja. Aber ich hatte doch den ganzen Abend nichts anderes als eine Tasse Tee getrunken.

Bei meiner Rückkehr sah ich Anja mit einem langen Blonden Slowfox tanzen. Er hielt sie eindeutig enger an sich gedrückt, als das unter dem Gesichtspunkt des für diesen Tanz Erforderlichen nötig gewesen wäre. Das ging mir auf den Geist.

Auf dem Weg zur Theke winkte Sinikka mir zu: »Man sieht sich!« Ich nickte ein bißchen zu schnell, als daß meine Kopfbewegung als Bestätigung hätte verstanden werden können. Eine quälend lange Zeit verging, bis die beiden nächsten Tangos gespielt wurden. Endlich. *Suudelen kättänne, madame/Ich küsse Ihre Hand, Madame*! Daß es ein ausländischer Tango war, war mir in dem Augenblick egal, ich rannte los und forderte Anja auf, küßte untertänig ihre Hand und verwies auf den Titel. Anja war wieder ganz natürlich bei der Sache. Zur Madame gabs als zweiten Titel *Ilon kyynelet/Freudentränen*, die ich aber dann doch nicht vergoß.

Der Nachmittagstanz näherte sich seinem Ende, und ich fragte Anja, was sie jetzt vorhätte. Sie meinte, ich könnte sie nach Haus bringen und bei ihr Tee trinken. Das Angebot nahm ich gern an, und wir machten uns auf zum Stadtteil Ullanlinna.

Anja hatte eine kleine altmodisch eingerichtete Wohnung. Die Möbel waren größtenteils Erbstücke ihrer Großeltern. Sie nötigte mich in einen Sessel und verschwand in der Küche, von wo sie mit einer Flasche und zwei Gläsern wieder auftauchte.

Ich blieb lange bei ihr sitzen. Obwohl mein Gemütszustand sich beruhigte, geriet der Kamerad zwischendurch immer wieder in Zuckungen. Ich versuchte das zu ignorieren, und weil wir saßen, konnte die Existenz eines zweiten Willens nicht offenbar werden. Anja spielte zu meiner Genugtuung Tangos von Reijo Taipale, bei denen mich allerdings einige Wörter beunruhigten. Als Taipale *Tähdet silmissäsi/Sterne in deinen Augen* sang, schien es, als würden tatsächlich Sterne in Anjas Augen leuchten. Auf der Rückseite gab es Eino-Grön-Tangos, darunter auch den *Tango für Anja*! Ich war wie elektrisiert, verstehe aber nicht, warum die Bewegungen des Gemächtes sich auch auf meine Gehirntätigkeit übertrugen.

Mir lief das Wasser im Munde zusammen, wenn ich Anja ansah. Anscheinend lag in meinen Augen ein so ungewöhnlicher Ausdruck, daß sich auch der Ausdruck ihrer Augen änderte, sie schienen mich gewissermaßen aufzufordern.

Ich geriet in Streß. Die Sexualität – so sah ich die Sache – war dabei, meine Rechtschaffenheit zu besiegen. Anja stand auf und ging zur Toilette. Man hörte das Rauschen der Dusche. Vielleicht wäscht sie sich das Gesicht, dachte ich. Aber als sie zurückkam, trug sie ein dünnes Kleid, das kaum bis an die Oberschenkel ging. Der Streß nahm zu. Auch ich erhob mich aus dem Sessel und eilte aufs WC. Die Tür war dünn, womöglich hörte Anja die Hiebe.

Das Organ wurde schlaff, ich aber war in Bedrängnis, denn eine unbekannte Kraft zog mich zu Anja, doch mein Verstand erlaubte nicht, daß was Unnormales passieren sollte. Fieberhaft suchte ich nach einem scharfen Gegenstand. Schließlich fand ich im Spiegelschränkchen einen Rasierapparat – vielleicht rasierte Anja sich damit die Achselhöhlen, ein Gedanke, der mich aufs neue erregte. Ich dachte rational und ritzte mir schließlich eine Wunde oben in den Hals.

Beim Verlassen des WCs hielt ich ein Taschentuch gegen meinen Hals. Ich entschuldigte mich für meine Unachtsamkeit und sagte, daß ich einen Arzt bräuchte. Anja sah besorgt, aber vor allem enttäuscht aus. Als sie das Blut durch das Taschentuch sickern sah, wurde sie aufgeregt und fragte, ob sie ein Taxi rufen sollte. Ich nickte. Sie eilte ans Telefon und bestellte einen Wagen. Nachdem ich mich ganz schnell mit einem warmen Händedruck von ihr verabschiedet hatte, rannte ich auf die Straße. Anja sah aus dem Fenster. Ich stieg ins Taxi, fuhr damit um die Straßenecke, bezahlte die Grundgebühr und stieg aus.

Zu Fuß ging ich nach Haus, genervt und ergrimmt über die Stärke meines biologischen Ich. War es durch den Verstand nicht zu kontrollieren? Bin ich irgendwie anders als normale Menschen?

Zu Haus angekommen nahm ich das Skelett aus dem Schrank, legte einen Tango auf und schob zornig mit der Plastikpartnerin los.

Jetzt brachte ich es fertig, Mononens *Yön hiljaisuudessa/In der Stille der Nacht* zu tanzen, mit so weit runtergedrehter Lautstärke, daß die Nachbarn nicht gestört wurden; kann sein, man hörte unsere Schritte – also meine Schritte und das Schleifgeräusch der Kunststoffknochen auf dem Fußboden – gedämpft im unteren Stockwerk. Wohl kaum ein Problem für die Bewohner, die im übrigen Frühaufsteher sind.

Ich preßte mich so heftig an die Beinfrau, wie ich es vorher am Abend mit Anja getan hatte. Es passierte nichts. Der Zeiger vibrierte noch nicht mal. Ärgerlich, daß mein Körper sich in Anjas Nähe so erhitzte. Das Gehirn war nicht imstande, die sonstigen Körperteile zu kontrollieren, vielleicht war es Teilnehmer an einer Verschwörung gegen den Verstand, schickte irgendein Hormon ins Blut, möglicherweise irgendwelche elektrischen Signale an meinen unteren Teil. Von mir aus auch umgekehrt oder so. Wenn ich das nächste Mal in die Bibliothek gehe, dann guck ich mir die menschliche Anatomie genauer an, nahm ich mir vor.

Nach einer Stunde Tanz war ich so müde, daß ich mich grade noch bis zum Unterzeug ausziehen konnte. Zum ersten Mal nahm ich das Knochengerüst mit unter die Decke, und schon war ich eingeschlafen.

Virtanen glaubt, daß er nicht auffällt. Als er mit Anja den Alten Keller verließ, nahmen viele Stammgäste davon Notiz. Helsinki ist eben doch eine relativ kleine Stadt, und so kennen die Sportsfreunde einander. Andererseits, wo ist es schon nicht so? In New York gibts Leute, die sich in den gleichen Lokalen begegnen, in Berlin gibts Nachtschwärmer, die um drei Uhr nachts in der Kneipe landen und bis neun Uhr morgens feiern. Klar, daß die einander wiedererkennen, auch wenn sie vielleicht nicht gerade persönlich miteinander bekannt sind.

Virtanen und Anja hat man wiederholt zusammen gesehen, obwohl Virtanen guten Gewissens sagen kann, daß er Anja erst zweimal nach Haus gebracht hat. Sie wurden in den verschiedensten Lokalen im Zentrum gesichtet. Kein Wunder also, daß manche Leute meinen, Virtanen und Anja würden echt miteinander gehen, auch wenn sie nicht immer gemeinsam unterwegs sind. Kann sein, daß Virtanen etwas paranoid ist und sich deshalb von den anderen absondert. Im Fêtenmeister könnte es Leute geben, die sich wundern, warum Virtanen nicht mit Irja zum Tanzen kommt. Man hat die beiden zu Zeiten nämlich ziemlich oft gerade in dem Lokal zusammen beobachtet.

Anders als Virtanen sich einbildet, gibt es auch etliche Männer, die gern in seiner Gesellschaft sind, weil er massenhaft Sachen über den finnischen Tango weiß und ohne Ende Geschichten kennt von denen, die für den Finn-Tango von Bedeutung waren oder sind. Er hätte zur Belohnung für seine hübschen Geschichten unzählige Male den ganzen Abend umsonst saufen können, wenn er nur gewollt hätte. Gelegenheitsgäste – zum Beispiel Herren auf Geschäftsreise in Helsinki – sind ein bißchen verwundert über Virtanens Zurückhaltung beim Alkohol, aber die Stammgäste haben sich daran gewöhnt. Einige Leute sind sogar voller Respekt, daß Virtanen praktisch Abstinenzler ist. Schließlich gibt es kaum jemand, der den ganzen Abend in einer Kneipe nüchtern bleiben und dabei noch andere bestens unterhalten kann. Eindruck macht auch, daß wenn Virtanen schon mal für seine Begleiterin oder sich was Alkoholisches bestellt, er nie soviel trinkt, daß er betrunken wird.

Die Damen wiederum halten besonders viel von einem Typ, der sich keinen Mut antrinken muß, bevor er sich auf die Tanzfläche begibt. Auch wenn bekannt ist, daß Virtanen ausschließlich Tango tanzt, so finden sich doch immer wieder genügend willige Partnerinnen in allen Lokalen.

Man hat auch für die sonstigen Absonderlichkeiten von Virtanen Verständnis. Daß er Dur-Tangos nicht liebt, ist quer durch alle Tanzlokale von Helsinki bekannt. Das kann er sogar als Nationalmerkmal für sich reklamieren, wo doch praktisch die gesamte finnische Volksmusik in Moll geht.

Nach ein paar Stunden wachte ich auf, schweißgebadet. Jetzt ärgerte es mich, daß ich vor dem Zubettgehen nicht den Schlafanzug angezogen hatte. Ich stellte das Skelett in den Schrank, zog den Schlafanzug an, hängte das Unterzeug zum Trocknen auf und kochte Tee. Immer noch befand ich mich in einer Art Schockzustand, wenn auch nicht so, daß ich ärztliche Behandlung gebraucht hätte. Ich überlegte, was zu tun wäre. Unbedingt müßte ich so lange zu Haus bleiben, bis ich mich beruhigt hatte. Ich stellte den Kassettenrekorder an und hörte Instrumentaltangos von Taito Vainio, dem Meister auf dem Akkordeon. Der Zyklus von finnischen Tangos war beruhigend, bis ich auf einmal *Tango für Anja* erkannte. Mit einem Sprung war ich beim Kassettenrekorder und schaltete ihn aus. Ich hatte nicht daran gedacht, was auf Vainios Superplatte alles drauf war. Das komische Gefühl überkam mich erneut, ich mußte das Fenster öffnen und frische Luft reinlassen.

Dann setzte ich mich aufs Bett und beschloß, heute nirgendwohin zu gehen. Ich mußte mein Gleichgewicht wiederkriegen. Jede Begegnung, ob mit bekannten oder unbekannten Leuten, würde mich nur aufregen. Was ich jetzt am wenigsten vertrug, war menschliche Gesellschaft. Oder genauer gesagt, ich wäre unerträglich für jede menschliche Gesellschaft gewesen.

Hätte ich Beruhigungstabletten im Haus gehabt, hätte ich womöglich eine genommen. Bisher hab ich mir so was nicht besorgt, weil ichs noch nie gebraucht hab. Ich legte mich hin. Dann stand ich auf und ließ kaltes Wasser über meinen Kopf laufen, trocknete mich ab. Ansonsten ungewaschen legte ich mich wieder aufs Bett. Die Erinnerungen an Anja wurden lebendig, ich richtete mich zum Sitzen auf und schüttelte mich heftig. Die Bilder kehrten zurück: Anja im kurzen Kleid, die Schenkel entblößt bis oben hin. Ich faßte meinen Nacken und schlug den Kopf gegen die Wand. Vom Nachbarn kam ein vorsichtiges, gewissermaßen fragendes Klopfen als Antwort. Erneut öffnete ich das Fenster und atmete tief durch.

Etwas entspannter griff ich mir die alte Philosophiegeschichte aus der Schulzeit und begann sie durchzublättern. Kierkegaards Hauptproblem ist gar nicht die Sünde, sein Hauptproblem ist der Mensch, genauer gesagt, der Mensch in der Mitte zwischen dem endlichen Sein und den unendlichen Werten. Kierkegaard verwendet das Wort ›Angst‹, um den beklemmend qualvollen Zustand zu beschreiben, aus dem heraus man festen Halt findet. Der Einsame schwingt sich auf zu Gott.

Andererseits findet Kierkegaard, daß der Versuch, den christlichen Glauben zu einem geschlossenen Begriffssystem zu machen, Gotteslästerung bedeutet.

So ganz kapierte ich das nicht. An einer anderen Stelle in meinem Buch sagt ein mittelalterlicher Domikanerbruder namens Meister Eckart, daß man Gott verherrlicht, indem man ihn lästert. Was immer der Mensch anstellt, Gott zu begreifen, es ist falsch. Wahrscheinlich ist es so: Lästerung eines falschen und eingebildeten Gottes bedeutet Verherrlichung des wahren Gottes. Aber auch das konnte ich wieder nicht so recht schnallen.

Man sagt, daß Sünde eine Handlung gegen Gottes Willen wäre, wie aber soll ich wissen, was Gottes Wille ist? Außerdem, was hat mein Problem mit Sünde zu tun. Manche Theologen erklären, daß Sexualität außerhalb der Ehe Sünde ist. Man müßte enthaltsam bleiben, bis man von einem Pfaffen getraut worden ist.

Wenn du glaubst, daß Gott den Menschen und alle anderen Lebewesen geschaffen hat, dann hat er auch den Sexualtrieb geschaffen, und der kann nicht gegen Gottes Gebot verstoßen. Wenn es Liebe gibt, und wenn die sich unter anderem in sexueller Zärtlichkeit zeigt, dann kann das doch nicht von theologischen Lehren abhängen.

Der Sexualtrieb – soviel ist klar – ist die Voraussetzung für den Erhalt der Menschheit, aber es können doch nicht alle Nicht-Christen Sünder sein, die diesem Trieb gehorchen. Im Grunde ist Mensch gleich Mensch, wo auch immer. Vermutlich fühlen sich auch in primitiveren Gesellschaften einige Männer und Frauen zueinander hingezogen, und zwar in einer Art und Weise, wie mans im allgemeinen Liebe nennt. Und wenn sie dem nachgeben, dann kann das ja wohl nicht Sünde sein.

Meine Probleme haben mit so was nichts zu tun. Was meine sexuelle Enthaltsamkeit angeht, die hat keine religiösen Gründe. Es geht ausschließlich um ein philosophisches Prinzip, egal ob ich von Philosophie nur mangelhafte Kenntnisse hab. Man hätte eben mehr lernen, eigentlich sogar die ganze Chose an der Uni studieren sollen. Was solls, jetzt ist es zu spät dafür. Ich bin zu alt und hab andere Verpflichtungen, die wichtigste davon: Tango. Trotzdem werd ich mich weiter mit Philosophie beschäftigen wie jeder einfache Mensch aus dem Volk.

Auf die alberne Sünde muß ich gelegentlich zurückkommen, aber nicht jetzt, jetzt ist nicht der geeignete Augenblick.

Am nächsten Tag gings mir schon wieder gut, ich war geradezu in Bestform, also mußte man früh loslegen, und ich marschierte gleich um eins, wo der Nachmittagstanz anfängt, in den Fêtenmeister. Auch ein paar andere Leute kamen, als der Einlaß begann, und als die Musiker anfingen, waren zwei Paare auf der Tanzfläche. Weils aber kein Tango war, setzte ich mich auf einen Barhocker und bestellte Tee.

Ununterbrochen strömten mehr Menschen herein. Prima Stimmung! Ich war in so guter Verfassung, daß ich sogar Irja hätte begegnen und mit ihr tanzen können. Aber Irja ist am Nachmittag ja nicht hier, sie kommt erst zum Abendschwof.

Die Musiker spielten *Janita*, einen Instrumentaltango von Jani Uhlenius. Während die Musik begann, kam eine Dunkelhaarige rein, in – soweit ich sehen konnte – Plüsch gekleidet. Unbeschwert wie ich mich fühlte, forderte ich sie direkt an der Türschwelle zum Tanz auf. Sie wirkte überrascht, aber in positivem Sinn, und es stellte sich raus, daß sie eine gute Tänzerin war. Ich nahm mir vor, an ihr dranzubleiben, wenns ihr recht wäre. Natürlich weihte ich sie in meine Absichten nicht ein. Als der zweite Tango vorbei war, und die Band zum Foxtrott überging, begab ich mich leichtfüßig an die Bar und bestellte einen neuen Tee.

Es dauerte nicht lange, bis wieder Tango gespielt wurde, *Anneli, Anneli, Anneli* von Antonio Brave, in den sechziger Jahren von Seppo Hanski aufgenommen – wurde eine wirklich unvergeßliche Platte. Der Solist hatte eine passend tiefe Stimme, und ich sah zu, daß ich meine Dunkelhaarige wieder aufs Parkett führen konnte. Befreit von meinen Beklemmungen wurde ich ein bißchen leichtsinnig und summte –

obwohl ja normalerweise ein wortloser Tänzer – die Worte mit:

Anneli, Anneli, Anneli,
glückliche Kindertage
mit dir ich einst verbringen durfte.
Denkst du dran, Anneli? ist meine Frage.

Meine Partnerin stoppte und brach in fröhliches Gelächter aus, aber nicht allzu laut.

– Ich heiß Anneli, lächelte sie.

– Na so was, erwiderte ich gutgelaunt, ich hab die Angewohnheit, daß ich manchmal beim Tanzen Tangos mitsinge, die ich kenne, ziemlich selten allerdings.

– Und was hat dich diesmal zum Singen gebracht? fragte sie, immer noch lächelnd. Also ohne Umschweife per du.

– Zufall, nehm ich an, bin auch sonst im Augenblick gut drauf, dabei vollführte ich nahezu Schwünge beim Tanzen. Was wirklich nicht oft passiert. Ein Wunder, daß es nicht danebenging. Anneli glaubte sicher, daß ich ein guter Tänzer bin, und ich dachte nicht daran, ihr diesen Glauben zu nehmen. Schon waren wir in ein lebhaftes Gespräch über allerlei Belanglosigkeiten vertieft. Sie war nicht aus Helsinki, sondern nur zu Besuch hier. Sie war aus Joensuu.

– Joensuu ist in Nordkarelien, stellte ich fest, stolz auf meine Geographiekenntnisse.

– So ist es. Du kennst dich ja aus. Normalerweise weiß man in Helsinki kaum, wo in Finnland so abgelegene Orte wie Joensuu und Kajaani liegen.

– Aber du redest nicht Karelisch? bemerkte ich.

– Hier natürlich nicht, aber kaum bin ich zu Haus, ists wieder *mië* und *sië*, statt *minä* (ich) und *sinä* (du). Und damit dus nur weißt, heutzutage wird auch in Joensuu eher Savodialekt gesprochen, anders als früher. Meine Oma spricht noch

Karelisch, aber ich kann das nicht mehr richtig. Man hört normalerweise den Savodialekt durch.

– Also von mir aus kannst du gern Savo oder Karelisch sprechen, redete ich ihr zu. Ich hör gern was Exotisches.

– Ich hab aber keine Lust, mich hier zu blamieren, sagte Anneli etwas leiser, die anderen könntens hören. Aber mit dir könnt ich Dialekt sprechen, wir müßten nur an einen abgelegeneren Tisch.

– Na dann gehn wir doch! ich war begeistert.

Weil der Fêtenmeister um die Zeit noch nicht voll war, fanden wir problemlos einen Tisch weiter weg, wo andere uns nicht zuhören konnten. Ich winkte der Bedienung. Anneli wollte Rotwein, und ich schloß mich an. Nachdem die Getränke gebracht worden waren, schaute ich die Karelierin erwartungsvoll an.

– Na?

– Willsde, datich Savvo sprech, oder lieba daß ich Karelsch reden tu?

– Mir ist beides recht, Hauptsache, du sprichst deinen eigenen Dialekt, ich glühte vor Eifer.

– Ich weiß nich, was ich sagn soll, wennde mich so komisch ankucken tust, Anneli war verlegen. Könnwa nich wieder zur Schreibsprache zurück?

– Auf gar keinen Fall! Ich will, daß du Karelisch redest, das ist eine feine Sprache und hört sich richtig gut an. Richtig sexy. Das rutschte mir so raus, obwohl ich es gar nicht wollte.

– Tutich echt nich störn? fragte sie besorgt.

– Echt nicht. Ich find Karelisch schön, versicherte ich ihr.

Während unserer Unterhaltung hatten die Musiker ein paar weitere Nummern gespielt, jetzt war wieder Tangozeit, und Anneli nutzte ihre Chance.

– Gehnwa tanzn?

– Na klar doch, ich bin dabei, sagte ich mit glühenden Backen.

Wies mal wieder so ging: Die Band spielte *Poski poskea vasten/Wange an Wange*, Musik Toivo Kärki, Text Reino Helismaa. Das nahm ich wörtlich und tanzte mit Anneli Wange an Wange – wie übrigens alle anderen auch. Auf die Art wurde ich die Erschütterung vom letzten Abend endgültig los. Natürlich hatte Anneli keinen Schimmer von meinen Angelegenheiten, und von mir würde sie auch nichts erfahren. Ich brauch keine, die mich tröstet, keine, die mich versteht.

Anneli erzählte, wie sie sich in Joensuu wohl fühlte. Trotzdem wären die Abstecher nach Helsinki eine interessante Abwechslung, und sie wär schon zum zweiten Mal beim Nachmittagstanz im Fêtenmeister.

– Klar gabs auch in Joensuu Ende der Sechziger Nachmittagstänze, soweit ich weiß, und die gibts immer noch, aber ich würde da um keinen Preis hingehn, betonte sie.

– Und warum nicht? Nachmittagstänze sind doch ein Vergnügen? wunderte ich mich.

– Du verstehßas nich, flüsterte Anneli, das tut mein Ruf schadn.

– Tanzen ist doch überhaupt nichts Schlimmes. Tanzen ist Bewegung, ist Gesellschaft, ist Erholung, ich war meiner Sache ganz sicher.

– Du hast keine Ahnung von Kleinstädten, bemerkte Anneli friedfertig, da ist die Einstellung ganz anders als in Helsinki. Ich kann mir vorstellen, daß du hier ein freier Mensch bist, bin ich in Joensuu aba nich.

Ich fand, wir sollten uns ein leichteres Thema vornehmen, und ich erzählte Anneli, wie ich so voll auf finnische Tangos abfahren würde, daß ich keine Lust auf andere Musik hätte, noch nicht mal dazu tanzen würde ich. Sie hatte während unserer kurzen Bekanntschaft keine Gelegenheit gehabt, das selbst festzustellen. Und also ermutigte ich sie, mit anderen Partnern zu tanzen, wenn sie zum Beispiel rocken wollte.

– Aber alle Tangos nur mit dir? fragte sie mit strahlendem Lächeln.

– Am liebsten ja, sagte ich schon wieder, ohne es eigentlich zu wollen. Weil, vor allem wollte ich nämlich mit ihr reden, damit ich wieder ganz der Alte würde.

Als man die Tanzsorte wechselte, wechselten wir an die Theke, wo sich ein Typ mein Kind aus Karelien krallte, bevor ich Gelegenheit hatte, was zu bestellen. Anneli fühlte sich auf dem Parkett sichtlich wohl und tanzte den schnellen Rock mit dem dunklen Typ sogar mit richtigen Jive-Schritten. Sie sah super aus. Bei irgendeiner Gelegenheit hab ich durchs Schaufenster von einem Haushaltsgeräteladen im Fernsehen mal Eistanz gesehen. So wirkten Anneli und ihr Partner, wie bei einem Wettanzen auf dem Eis.

Weil andere Männer Anneli zu interessieren schienen, rannte ich beim nächsten Tango nicht zu ihr, sondern tanzte mit irgendeiner flüchtigen Bekannten. Dann ging ich wieder an die Bar, aber ohne was zu bestellen.

Um andererseits nicht abweisend oder unentschlossen zu wirken, holte ich Anneli, als Robert von Essens bekanntester Tango, *Kun ilta ehtii/Wenn der Abend kommt*, gespielt wurde. Wir unterhielten uns in aller Unbefangenheit über dieses und jenes, Anneli erzählte von Joensuu, ich von Helsinki. Der folgende Tango war *On aina aikaa/Es ist immer Zeit* von Olli Miettinen, dabei blickte Anneli auf ihre Uhr und teilte mit, sie müßte jetzt zum Nachmittagszug, mit dem käme sie noch bis Imatra. Dort könnte sie bei einer Freundin übernachten und am nächsten Morgen nach Joensuu weiterfahren, damit sie rechtzeitig zur Abendschicht wieder da wäre.

Ich fand, ich sollte Gentleman spielen und Anneli zur Straßenbahnhaltestelle bringen. Mit der Linie 7 kommt man die Mäkelästraße entlang ins Zentrum. Anneli würde wohl den Bahnhof erkennen? Würde sie sicher. Sie war ja nicht erst zum zweiten Mal in Helsinki, sondern nur zum zweiten Mal im Fêtenmeister. Während wir auf die Straßenbahn warteten, erfuhr ich so nebenbei, daß ihr voriger Kavalier sie im Taxi zum Bahnhof gebracht hätte. Ich tat, als hätte ich den Hinweis nicht verstanden, und erklärte angelegentlich, woran man denken müßte, wenn man das nächste Mal entweder mit der Straßenbahn oder mit dem Bus aus dem Zentrum zum Fêtenmeister kommen wollte.

Nachdem Anneli abgefahren war, kehrte ich bestens gelaunt in den Fêtenmeister zurück. Irgendein wehmütiger Walzer wurde gespielt, als ich eintrat, und immer noch, als ich mich zur Theke bewegte. Ich hatte kaum etwas bestellt, da tippte mir jemand auf die Schulter. Ich drehte mich rum. Irja!

Virtanen erwähnte im Vorbeigehen Robert von Essen und dessen bekanntesten Tango, *Kun ilta ehtii/Wenn der Abend kommt*, zu dem Olavi Virta den finnischen Text geschrieben hat. Andere von-Essen-Stücke sind zum Beispiel *On kaunehinkin onni haihtuvaa/Auch das größte Glück vergeht* und *Sä saavuit jälleen/Du kamst zurück*. Von Essen gehört zu den finnischen Komponisten leichter Musik, deren Werk im Verlauf der vergangenen Jahrzehnte in Vergessenheit geraten ist. Er selbst war Pianist bei den Rytmipoijat/Rhythmischen Jungs. Zwei, drei seiner Stücke wurden später noch mal eingespielt.

Nach den beiden Kriegen ging Robert von Essen nach Schweden, hat seine Lieder also nicht selbst unters Volk gebracht. Von Toivo Kärki, dem produktivsten aller finnischen Komponisten, wissen wir, daß er Ende der Vierziger, Anfang der Fünfziger an Samstagabenden noch selbst am Bahnhof von Helsinki stand, um seine Noten an die Musikkapellen zu verteilen, wenn die sich per Bahn auf den Weg zu ihren Auftrittsorten machten.

Den Top-Favoriten der Fünfziger, Olavi Virta, hält man allgemein nur für einen Sänger. Zu Unrecht. Er hat eine ganze Reihe Evergreen-Tangos sowohl komponiert wie getextet, so zum Beispiel *Syysillan muistoja/Erinnerungen an einen Herbstabend*, *Sä et kyyneltä näl/Keine Träne wirst du sehen* und *Tuulikannel/Äolsharfe* sowie – was schon erwähnt wurde – *Punatukkaiselle tytölleni/Für mein rothaariges Mädchen*.

Natürlich gibt es viele Komponisten, die nur einen Hit geschrieben haben. Das ist bei Onni Laihanen so mit *Muuttolintujen lähtö/Abschied der Zugvögel* – Text von M. Maja; der Spitzentango von Uuno Mattila ist *Särkyneitä toiveita/Zerbrochene Hoffnungen*; das bekannteste Stück von Eino Partanen heißt *Vanhan vaahteran laulu/Lied des alten Ahorns*; Esko Mustonen hat *Sinun kanssasi, tähtisilmä/Bei dir, mein Augenstern* geschrieben. Sie haben alle auch andere Sachen gemacht, aber das sind die bekanntesten Tangos der Komponisten. Kullervo Linna (1911–1987) war

Schlagzeuger, von ihm gibt es eine nicht sehr umfangreiche, aber hochklassige Produktion. Zwei seiner Tangos sind Erfolgsnummern geworden, *Iltarusko/Abendrot*, Text von Usko Kemppi, und *Unikuva/Traumbild*, Text von Pentti Raunio. Auch den Walzer *Kultainen nuoruus/Goldene Jugend* hat Kullervo Linna komponiert. Im Wechsel mit Unto Mononens *Satumaa/Märchenland* war es jahrelang das meistgespielte Stück in Finnland. Ausnahmsweise ein Dur-Walzer.

In den vergangenen Zeiten war es nicht unüblich, dem Komponisten ein gutes Stück für eine einmalige Abfindung abzukaufen. Martti Jäppilä, Pseudonym M. Maja (1900–1967), kaufte – obwohl selbst ein produktiver Liedermacher – in den dreißiger Jahren jede Menge Stücke von seinen Musikern. Das war damals ganz normal. Kein Gedanke an Copyright. Wenn die Kapelle ein neues Programm brauchte, komponierte jemand, ein anderer schrieb den Text – und am Ende konnte der Chef das Ganze kaufen.

Es ist weltbekannt, daß der Komponist von *Quantanamera* ein Kubaner war, dem nie ein Urheberrecht zugestanden wurde; das Stück wurde in den USA als Volkslied bezeichnet.

Darüber gibt es sogar ein Filmdokument, wo der ursprüngliche Komponist interviewt wird und an vielen Beispielen belegen kann, daß das Stück tatsächlich von ihm ist.

Der Argentinier Matos Rodrígues, Komponist von *La Cumparsita*, einem der berühmtesten Tangos der Welt, erhielt als Einmalzahlung für sein Stück fünfzig Dollar und konnte natürlich bei diesem Handel nicht ahnen, daß sein Stück ein Megahit werden würde. 1927 wurde ein Text dazu geschrieben, der von Rodrígues nicht gebilligt wurde. Es ist auch kaum wahrscheinlich, daß er die finnische Version mit Begeisterung aufgenommen hätte. Sie wurde 1929 unter dem Titel *Tropiikin yössä/In der Tropennacht* eingespielt, das Traumland ist in diesem Fall Kuba.

In Lateinamerika gab es damals keine Einrichtung zum Schutz von Urheberrechten. Das machte man sich in den Vereinigten Staaten zunutze.

Zu den berühmtesten Streitfällen in Finnland gehört das Schicksal des von Kauko Käyhkö komponierten und getexteten Foxtrotts *Kangastusta/Eine Fata Morgana*. Als junger Musiker verkaufte Käyhkö Ende der Dreißiger das Stück mit allen Rechten (wie Rodrígues) an den Leiter seiner Musikkapelle. Als Autoren werden heute noch Raikko – M. Maja genannt. In den siebziger Jahren wurde das Stück zum Schlager. Käyhkö versuchte damals per Gericht seine Urheberrechte zurückzukriegen. Es war nichts zu machen: Verkauft ist verkauft. Der Beschluß sagt lediglich, daß Käyhkö ein moralisches Recht auf sein Stück hätte.

Irja schenkte mir ihr schönstes Lächeln, nicht die Spur erinnerte an den befremdlichen Zwischenfall bei ihr zu Haus, keine Andeutung einer Frage, wo ich mich in letzter Zeit rumgetrieben hätte. Sie freute sich schlicht, mich zu sehen.

Ich war mir da nicht ganz so sicher. Zwar verschwieg ich meine Überraschung (schließlich hätte ich wissen müssen, daß Irja vor allem zum Abendtanz den Fêtenmeister aufsucht), aber so richtig im Griff hatte ich die Lage nicht.

– Ich war grade am Gehen, fing ich an.

– Schwindel mich bloß nicht an, Schätzchen, sagte Irja, während sie mir sacht den Finger auf die Lippen legte. Ich hab dich eben erst gesehen, wie du mit einer Braut an der Haltestelle von der Siebener gestanden hast.

– Ne alte Bekannte . . . versuchte ich.

Irja schüttelte den Kopf.

– Nee, Virtanen, das war keine alte Bekannte. So gut kenn ich dich inzwischen, äußerte Irja mit liebevoll besorgter Stimme.

Da war nichts zu machen. Ich mußte im Fêtenmeister bleiben. Wir setzten uns an die Theke und warteten auf Tangos. Ein leicht angetrunkener Mensch, der mich offensichtlich schon mal gesehen hatte, kam vom Tanzen und während er auf den Barkeeper zusteuerte, sagte er im Vorbeigehen:

– Da schau her! Virtanen mit einer Kriegsverletzung. Hat man dich in den Hals gebissen oder was?

Instinktiv bedeckte ich das Pflaster an meinem Hals mit der Hand, zog sie aber schnell wieder zurück.

– Das da? Ist das so was Besonderes, daß man sich beim Rasieren schneidet?

Irja beachtete den Vorfall überhaupt nicht, der Mann und sein Einwurf waren Luft für sie. Sie guckte mich freundlich an und führte das von dem angetrunkenen Menschen unterbrochene Gespräch über irgendwelche Belanglosigkeiten unbeirrt fort.

Die Musik spielte den Tango *Asunción*. Wir sausten aufs Parkett. Irja sorgte dafür, daß ich mich nicht konzentrieren konnte. Sie hatte eine hübsche Art, mit wohlgewählten Worten aus alltäglichem Unsinn einen interessanten Vorfall zu machen.

Auch der zweite Tango war eine ausländische Nummer, *Adios Muchachos* von Julio Sanders. In Dur. Was ich nicht mag, aber ich konnte ja nicht mittendrin abhauen. Auch den Text mag ich nicht, wo ein Typ, der den Liebhaber seiner Frau um die Ecke gebracht hat, sich auf dem Weg ins Gefängnis von seinen Kumpels verabschiedet: »Denn also tschüß!« Mit diesem Gipfel der Geschmacklosigkeit endet das Stück. Mord und Totschlag gehören nicht zu meinen Vorstellungen von Tango.

Der Abend verging wie im Flug. Irja trank ihr Lieblingsgetränk, Kossuvissy, und das sollte auch ich trinken. Kossuvissy hat den Nachteil, daß du dich bereits nach dem dritten Glas ekelhaft fühlst. Du merkst deutlich, wie du die Selbstkontrolle verlierst. Also versuchte ich, die Pausen zwischen den Bestellungen so weit wie möglich zu verlängern. Irja meinte, sie wäre gekommen, um sich zu entspannen, was so viel heißt wie größere Mengen Kossuvissy zu schlucken. Ich konnte zum Glück und ohne daß sie es bemerkte, das eigene Glas an die neben mir sitzenden Kameraden weiterreichen und bekam dafür – von dankbaren Blicken begleitet – Mineralwasser pur. Der Nachbar bestellte nur Vichy und wartete, bis ich sein Glas gegen meinen Kossuvissy ausgetauscht hatte. Irja kriegte meinen Trick nicht mit und meinte, ich würde im Gleichschritt mit ihr zunehmend besoffen.

Gern ließ ich sie mit anderen Rock, Fox, Walzer tanzen. Sie kann sogar Jenkka und Polka, ähnlich entsetzlich für mich wie Jive. Jenkka geht etwas langsamer, Polka schneller, und beides sind vulgäre, steife, marschgetrampelte Fox-Formen, wenn ich die musikalische Struktur richtig verstehe. Irja folgte den Aufforderungen der anderen Herren gern, kam aber jedesmal wieder zu mir zurück. Früher hatte sie mal mit mir voll übereingestimmt, daß Humppa zu schnell wäre.

Denkt man daran, wie gut Irja aussieht, dann müßten die Männer eigentlich alles versucht haben, sie an ihren Tisch zu ziehen. War vermutlich auch so. Weiß der Teufel warum, aber sie kam immer wieder an die Theke zurück.

Gegen Mitternacht meinte sie, wir sollten jetzt nach Haus gehen. Auf der Straße verlangte Irja, allerdings nicht im Befehlston – das hätte man nach so vielen Kossuvissys eigentlich erwartet –, sondern mehr so als gutes Zureden, daß ich auf einen Tee mitkommen sollte. Mir fiel kein passender Vorwand ein, wo sie mich doch schon bei der Lüge ertappt hatte, daß ich so eilig wegmüßte. Also ab zu ihr.

Das erste war, daß sie uns beiden einen Kossuvissy machte. Nach dem Prost verschwand sie in der Küche, um Tee zu kochen. Währenddessen ließ ich den größten Teil vom Inhalt meines Glases verschwinden und füllte es mit Vichy-Soda auf. Kurz darauf war sie wieder zur Stelle mit einem Tablett, auf dem waren ein geschmackvolles Teeservice und auf kleinen Tellern mit Grünzeug dekorierte Käsewürfel arrangiert. Sie schenkte Tee ein und stellte einen Käseteller vor jeden. Dann hob sie erneut das Glas auf unsere Freundschaft.

Wir tranken Tee, knabberten an den Käsestücken und unterhielten uns eifrig über Musik. Natürlich brachte Irja das Gespräch auf Tango, sie kannte ja mein Spezialinteresse. Ich durfte ihr die Tangos von Olavi Karu und Pentti Viherkoski aus dem Beginn der Vierziger in ihrem Verhältnis zu Toivo Kärkis Produktion aus der gleichen Zeit erläutern. Also erläuterte ich, indem ich von Olavi Karus *Syysillan muistelo/Erinnerung an einen Herbstabend* und von Pentti Viherkoskis *Punaiset lehdet/Roten Blättern*, von der außergewöhnlichen Gemeinschaftskomposition *Päivänpaiste/Sonnenschein* erzählte, einem Tango, den Olavi Karu und Toivo Kärki zusammen geschrieben haben. Nämlich 1941. Irja hörte mir aufmerksam zu, warf gelegentlich eine Ergänzungsfrage ein – und füllte Kossuvissy nach. Ich tat so, als ob ich vergessen würde zu trinken, vielleicht vergaß ichs tatsächlich, während ich über mein Lieblingsthema referierte.

Plötzlich unterbrach Irja mich, erhob sich, worauf auch ich mich sofort aufrichtete, und hob ihr Glas: »Auf den finnischen Tango!« Da half nichts, man mußte ex trinken.

Dann ging sie ins Badezimmer, kam zurück, splitterfasernackt und fing an, sich vor mir am Tisch fröhlich im Kreis zu drehen. Ich war von den Socken, schließlich hab ich, seit ich als kleiner Junge mit der Mutter in der Sauna war, nie wieder eine nackte Frau gesehen. Ich holte Luft – so unauffällig wie möglich – und versuchte Irja mit Gelassenheit anzusehen. Sie sah wirklich unglaublich gut aus! Ob Sinikka auch so gut gebaut war, kann ich nicht sagen, weil, die hatte ja was an, als ich sie gesehen hab. Das Bild von Sinikka verschwand aber wie weggewischt, als Irja sich näherte und mit leichter Hand meine Schulter berührte.

– Hast du noch nie eine nackte Frau gesehen? fragte sie aufgekratzt.

– Hab ich. Hab ich doch, brachte ich heraus.

– Dann also was. Ist doch natürlich oder etwa nicht?

– Doch, doch. Du bist wirklich ganz natürlich, würgte ich hervor.

Das fand sie lustig.

– Wir sind erwachsen und können schließlich tun, was wir wollen, Irja spielte ihr weiches, aufreizendes Spiel weiter. Ziehst du dich nicht aus?

– Das geht nicht, ich hab gerade eine Operation hinter mir, log ich.

– Die stört aber den Teil dort nicht so besonders, sagte Irja und deutete auf den Hosenschlitz, wo der Bengel stand wie die Gabel im Heuhaufen.

Wegen der stressigen Situation hatte ich nicht bemerkt, was mit mir passiert war, daß der Penis mal wieder sein Haupt erhoben hatte. Er wollte frische Luft schnappen.

– Ach das, das kommt wahrscheinlich von den Medikamenten, erklärte ich.

– Hör zu, Virtanen. Deine Medikamente kommen direkt aus deinem Kopf. Die Bewegung da hat mit ärztlichen Verordnungen nichts zu tun. Faß mich an, ich will, daß du meine Brüste spürst, befahl sie.

Ich spürte mit Vorsicht. Sie waren fest, stramm und weich in einem. Auf der Stelle zog ich die Hand zurück. Irja kriegte meine Erregung mit.

– Jetzt mach dir bloß nicht ins Hemd, Virtanen! Irja lachte mir ins Gesicht, nicht roh, mehr von eigener Hitze glühend. Probiers mal ein bißchen weiter unten, flüsterte sie und führte meine Finger über ihren dunklen Pelz.

Die Augen quollen aus den Höhlen, der Puls war bei ungefähr zweihundert – das hatte ich nicht voraussehen können. Meine Handflächen wurden von tausend angenehmen Ameisen gekitzelt.

– Du bist doch nicht etwa noch ein Junge? fragte Irja und sah mir direkt in die Augen.

– Natürlich nicht, ich bin erwachsen.

– Dann führ dich gefälligst erwachsen auf! Runter mit der Hose!

Es war ein Albtraum, wenn auch ein seltsam heißer. Meine Hände ließen sich nicht mehr bewegen, die Beine waren wie aus hundert Kilo Blei. Irja näherte sich entschlossen und griff mir direkt in den Schritt.

– Um alles! brüllte ich. Die Operationsnarbe! In die Klinik!

Ich schoß aus der Tür, konnte grade noch meinen Mantel an mich reißen, die Mütze blieb an Irjas Garderobenhaken.

Der zweite beschämende Rückzug aus Irjas Wohnung! Wie würde ich dieser schönen Frau jemals wieder unter die Augen treten können? Was denkt sie wohl von mir? Ganz sicher, daß all die Typen, mit denen sie, was sie einen Treffer nennt, gehabt hat, daß die Typen geradezu in Ekstase geraten waren, wenn sie die Chance kriegten, mit einer so schönen Frau zu schlafen.

Erstaunlich, daß das Erlebnis mich keineswegs auf die gleiche Art beeindruckte wie der Schock letztens bei Anja. Anja war angezogen, Irja nackt. Trotzdem war ich völlig aus der Bahn, nachdem ich Anja verlassen hatte. Aus Irjas Wohnung kommend, schämte ich mich eher.

Eins war klar: gegen mein Prinzip verstoßen wollte ich nicht. Aus unerfindlichen Gründen wurde ich auf die Probe gestellt. Ich glaub nicht an die These von dem Dichter J. L. Runeberg in seinem Gedicht ›Saarijärven Paavo/Paavo von Saarijärvi‹, wenn er diesen sagen läßt: »Er versucht mich, aber er verläßt mich nicht, der Herr.« Gott mischt sich in solche Sachen nicht ein, nachdem er nun mal den Menschen und seinen Sexualtrieb geschaffen hat, mein ich. Er will, daß die Menschen – auch die Tiere natürlich – sich mehren sollen. Ein Tier hätte sich allerdings nicht so verhalten wie ich. Irgendwo hab ich gelesen, daß in der Welt der Pferde die grauen, leicht gestreiften Stuten die sexuell überlegenen sind. Sie werden von allen Hengsten besonders begehrt, und sicher würde nicht ein einziger Hengst Enthaltsamkeitsprinzipien ins Feld führen, wenn er sich einer graugestreiften Stute nähern dürfte. Irja ist ganz offenkundig keine graugestreifte Stute. Und Anja?

Mein jüngstes Erlebnis führte dazu, daß ich mich für lange Zeit von der Tanzlokalszene von Osthelsinki fernhielt. Die Situation war so peinlich, daß ich auch nicht ins Zentrum ging. Ich blieb zu Haus. Meine Kassetten konnte ich nicht hören. Das Fenster wurde nur nachts geöffnet, auf daß keine menschlichen Töne mich störten. Ich las, versuchte rauszufinden, was den Menschen dazu bringt, sich zu schämen. Gibts dafür einen Grund jenseits des Bewußtseins? Oder ist Scham was Angelerntes? Ein Gefühl, aus der kulturellen Tradition anerzogen und darin verwurzelt?

Ich schaute kurz in der Bibliothek vorbei und schlug im ›Neuen Finnischen Wörterbuch‹ das Wort ›Scham‹ nach. Scham ist

> *ein aus einer unpassenden oder unwürdigen Handlung, einem Fehlverhalten o. dgl. resultierendes starkes, meist vorübergehendes Gefühl, bzw. ein Zustand der Befangenheit, des Unwohlseins oder der Depression,*

Scham ist

> *Schmach, Verlust der Würde oder Ehre, bzw. eine dazu führende Handlung oder ein anderes Ereignis.*

Hatte ich meine Ehre als Mann verloren? Wäre ich durch Anerkennung belohnt worden, wenn ich mit Irja Geschlechtsverkehr gehabt hätte? Ich empfand kein Unwohlsein. Keine Depression. Auch keine Befangenheit.

Ich kehrte nach Haus zurück und schlußfolgerte, daß *ein anderes Ereignis* dazu geführt hatte, daß ich mich schämte.

Ich wollte nun doch Tangos hören. Vielleicht gabs da irgendwo eine Erklärung, auf die die Buchgelehrsamkeit nicht gekommen war. Plötzlich fiel mir eine Platte aus der Sammlung des Onkels ein: *Hyi sinua, Mikko/Pfui, Mikko* von den

Metro-Mädels von Anfang der Fünfziger. Weils ein Fox ist, gehört der nicht in meine Kassettensammlung. War ich etwa *pfui* für Irja?

Pfui, Mikko! Du mein Liebster und so nett.
So gib mir Antwort, sag ein Wort mir nur.
Du schaust aus deiner Augen tiefem Bett,
und ich versteh von ihrer Sprache keine Spur.

Klar, daß ich Irja seltsam angesehen hatte, wo sie doch die erste nackte Frau in meinem erwachsenen Leben war. Aber war ich deswegen pfui?

Eino Grön singt in *Anna anteeksi/Vergib mir*, dem Unto-Mononen-Tango von 1961:

Vergib mir doch,
ist alles, was ich jetzt von dir mir wünsch . . .

Ich hörte mir das Stück an, aber es paßte nicht so recht zu meinem Verhalten. Da war nichts, worum ich Irja um Vergebung bitten müßte.

Der nächste Mononen-Tango von 1964 in der Aufnahme mit Johnny Forsell hieß *Valehtelvat silmät/Verlogene Augen.*

Als ich endlich erfuhr,
daß dein Aug mich belogen,
meiner Träume jegliche Spur
aus der Welt ist gezogen.

Stimmt auch nicht. Ich hatte Irja mit meinen Augen nichts versprochen. Ich wurde ruhiger, hörte mir aber ganz gern den Tango weiter an. Das Arrangement hat Nacke Johansson fein hingekriegt. Von mir aus dürfte dieser Tango ruhig bekannter sein.

Auf meinem Mononen-Band folgte *Kun rakkaani saapuu/ Wenn die Liebste kommt*, arrangiert von Rauno Lehtinen und gesungen von Eino Valtanen.

Bist am Abend, meine Liebste, bei mir eingekehrt,
hast das Glück, dein schönstes Lächeln mitgebracht.
Und ich wußte nicht in jener Nacht,
was der nächste Morgen mir beschert.

Die Zeilen hatten was für sich. Irja hatte mir ihr schönstes Lächeln mitgebracht, und ich hatte wirklich nicht wissen können, was der nächste Morgen mir bescheren würde.

Wenn schon die Tangos mein Schamproblem nicht lösen konnten, dann konnten sie doch immerhin etwas zu meinem Seelenfrieden beitragen. Ich wollte mir also verschiedene Komponisten und Interpreten zu Gemüte führen und griff zu einer alten Kassette mit Veikko Tuomis Tangos. Veikko Tuomi schaffte Anfang der Fünfziger den Durchbruch mit *Satu ruskeista silmistä/Das Märchen von den braunen Augen* von Lauri Jauhiainen und Kurki. Von Kurki ist im allgemeinen nichts bekannt. Nun hab ich aber ein spezielles Heft angelegt, in das ich Informationen über die Tangomacher und ihre Pseudonyme eintrage. Was Kurki betrifft, so ist das ein Pseudonym für Klaus Salmi, der schon in den dreißiger Jahren als Leiter einer Musikkapelle bekannt geworden ist. Er hat mit Jauhiainen zusammengearbeitet.

Lauri Jauhiainen hat viel komponiert. Neben den immer noch bekannten *Braunen Augen* gibt es von ihm *Kotiseutuni/ Meine Heimat*. Jauhiainen hat auch fleißig getextet, zum Beispiel sind die Worte zu Arvo Koskimaas *Lumpeenkukka/Seerose* von ihm, und das ist auch auf meinem Band. Zu einem von Lauri Jauhiainens Tangos gibts eine interessante kleine Geschichte. Und zwar komponierte und textete er *Vanha rakkaus ei ruostu/Alte Liebe rostet nicht* 1963 für Henry Theel, und der heiratete ausgerechnet damals zum zweiten Mal seine Frau Svea.

Lauri Jauhiainen ist das Urbild der Savo-Hartnäckigkeit. Noch während der siebziger Jahre war er Hausmeister in der zentralen Uniklinik von Helsinki, schloß neben seiner Arbeit ein Studium mit dem Magister ab, wurde schließlich in den Verwaltungsrat der Klinik berufen, in dem er dann als gleichberechtigtes Mitglied neben den Medizinprofessoren saß. Außerdem schrieb er Drehbücher und veröffentlichte auch sonst Bücher. Als Schüler habe ich *Kun isäntä lähti sotaan/Als der Herr in den Krieg zog* von ihm gelesen. Eins der für die tanzende finnische Nation bedeutendsten Werke von Lauri Jauhiainen wurde in den siebziger Jahren von Erkki Junkkarinen wiederentdeckt.

Daran kann ich mich bestens erinnern, weil ich damals noch zur Schule ging. Die Kumpels fuhren alle auf Punkrock ab, der gerade nach Finnland gekommen war. Die Sex Pistols hatten 1977 ihre erste Platte rausgebracht, und Pelle Miljoona folgte 1978. Ich hatte mit Punk nichts am Hut, sondern hörte Erkki Junkkarinen. Damals war ich noch nicht auf Tango spezialisiert, also mochte ich alle Aufnahmen von ihm. *Ruusuja hopeamaljassa/Rosen in der Silberschale* von 1975 war eine Erfolgs-LP und Erkki Junkkarinen ein Kassenmagnet auf den Tanzplätzen. Von den Tangos, die er singt, hab ich Kullervo Linnas *Unikuva/Traumbild*, Valto Tynniläs *Ruhtinaan viulu/Fürstliche Geige* und *Ilta satamassa/Abend im Hafen* – das war seine selbstkomponierte Erkennungsmelodie in den Fünfzigern – sowie schließlich Veikko Takalas *Minkä vuoksi?/Wozu?* auf Band.

Meine auf Punk abfahrenden Kumpels zogen mich auf, aber mit Erkki Junkkarinens Hilfe hielt ich das aus. Ich war nicht allein, in Finnland gabs Zehntausende von uns.

Noch eine Weile hing ich meiner Bewunderung für Lauri Jauhiainen nach, dann trugen mich die Tangos davon. Mir war nicht nach neueren Aufnahmen, die hätten mich in meiner augenblicklichen Verfassung nicht befriedigt. Ich wollte Tangos aus den Sechzigern hören. Einer der großen Erfolge von Veikko Tuomi war *Sabina*, eine Vertonung von Olavi Karu zu einem Text von Lauri Vuorre. Olavi Karu hat noch andere erfolgreiche Stücke komponiert, zum Beispiel *Monika, Monika, Monika*, einen Tango, den Reijo Taipale Anfang der Sechziger aufgenommen hat. Olavi Karu war ein Jahr jünger als Toivo Kärki, also Jahrgang 1916. Beide starben 1992, im selben Jahr. Olavi Karu hat sicher seine Begabung zum Teil von seinem Vater geerbt, das war Erkki Karu, Regisseur einer ganzen Reihe von Filmen. Kein Wunder, daß der Sohn bereits in den dreißiger Jahren Filmmusik schrieb.

Und nun steckte ich wieder in meinem ewigen Dilemma: Toivo Kärki oder Unto Mononen? Ich hörte mir *Sirpale onnea/Eine Scherbe vom Glück* an, 1965 von Anneli Sari aufgenommen, ein Tango von Toivo Kärki (unter dem Pseudonym Pedro de Punta), getextet von Tuula Valkama. Eines meiner Lieblingsstücke von Kärki, wenn es auch nicht zu seinen bekannteren gehört, warum eigentlich nicht? Fängt an mit einer geradezu genialen Einleitung aus schnellen, wahrscheinlich Sechzehntelnoten. Dann kommt der richtig hinreißende, heiße Gesangsteil:

Viel bekam ich, doch genügt eine Scherbe vom Glück.
Von Herzen dir dankend, blick ich zurück . . .

Ich kramte eine Rarität hervor, den *Kasakka-/Kosaken-Tango,* von A. Molander arrangiert und mit seiner eigenen Gruppe aufgenommen, ebenfalls ziemlich unbekannt. Zwar halt ich normalerweise wenig von den ausländisch arrangierten Sachen, aber der hat was Besonderes. Die Melodie vereint in ganz phantastischer Weise Marsch- und Tangoschritt, so daß sie direkt miteinander verschmelzen. Da haben wir mal ein leuchtendes Beispiel für Swing im Tango.

Die ganze Platte *Molando Plays Toivo Kärki*, die der Onkel schon in den Siebzigern für mich auf Band überspielt hat, ist ein bemerkenswertes Beispiel für finnische Schwermut, serviert mit internationalem Pep. Auch bei meinem alten Favoriten *Täysikuu/Vollmond* vermißte ich in dem Fall die Worte nicht.

Ich wechselte zu Unto Mononen und hörte seine weniger bekannten Sachen, zum Beispiel *Tango peturille/Für eine-n Treulose-n,* 1966 von Matti Hyvönen gesungen. Besonders schönes Arrangement von Pentti Lasanen. Das Zwischenspiel ist so aufgebaut, daß erst zwei Takte von der Flöte gespielt werden, dann vom Akkordeon, danach kommt die Oboe und dann wieder das Akkordeon. Am Ende wiederholt sich das Ganze, aber so, daß Oboe und Akkordeon miteinander eins werden. Ein anderes fast vergessenes Mononen-Stück ist der *Tuhansien tähtien/Tausend Sterne-Tango*, auch 1966 aufgenommen, und zwar von Unto Satoranta, und auf ansprechende Weise von Ossi Malinen arrangiert. Wenn ich auch von Instrumenten nicht viel verstehe, find ich doch, daß es sich gut anhört, wie Malinen die damals recht seltene Baßklarinette in seinem Studio-Orchester einsetzt.

Zwar fühl ich mich innerlich mehr von Unto Mononen angesprochen, aber die Melodieführung von Toivo Kärki und einige seiner Kadenzen klingen doch irgendwie sehr angenehm in meinen Ohren – besser kann ichs nicht analysieren.

In meiner Sammlung von Zeitungsausschnitten gibts einen Artikel, wo Pekka Jalkanen – er ist Doktor der Musikwissenschaft – die beiden großen Komponisten vergleicht. Nach Jalkanen repräsentiert Kärki die Romantik der finnischen Zarenzeit, während Mononens Kompositionen mit dem protestantischen Kirchenlied zusammenhängen, wo es um menschliche Sünde, Sehnsucht nach dem Paradies und Angst vor der Hölle geht.

Es gibt mindestens zwei Tangos von Arvo Koskimaa, die an die besten Sachen von Kärki und Mononen heranreichen, nämlich *Kesäinen muisto/Sommererinnerung* und *Vaaralliset huulet/Gefährliche Lippen*. Kaum waren die mir eingefallen, schon hatte ich die Kassette in der Hand, auf der Reijo Taipale sie vorträgt. *Sommererinnerung* fängt mit einer spitzenmäßig suggestiven Melodie an, und mit den Worten:

Denk dran zurück, die Sommernacht,
Düfte, die der Wind gebracht ...

Und wenn dann die B-Melodie einsetzt, dann ist es, als ob es hinaufginge in die Wipfel der Bäume:

Noch klingt in mir das Lied der Lerche ...

Dieser geniale Text ist von Jouko Kukkonen.

In der Einleitung und im Zwischenspiel von den *Gefährlichen Lippen* setzt Arvo Koskimaa rhythmisch gesehen den gleichen Melodietyp ein wie Unto Mononen und auch Toivo Kärki; was das betrifft, imitiert er keinen der beiden, kann er auch gar nicht, weil er das Lied schon 1935 geschrieben hat, und Kärki erst in den Vierzigern, Mononen erst in den Fünfzigern angefangen haben. Arvo Koskimaa ist ein Genie von der anspruchslosen Sorte.

Ein anderer von den Anspruchslosen ist der aus Turku stammende Pentti Viherluoto, Jahrgang 1915. Der lebte still und bescheiden in seiner Geburtsstadt Turku und wollte ungeachtet seiner erfolgreichen Stücke auf keinen Fall nach Helsinki übersiedeln. Sein Bruder Aimo vertextete unter dem Pseudonym Harry Etelä praktisch alle Stücke von Pentti. Bis er starb. Ein echter Evergreen von Pentti Viherluoto ist *Kau-*

kainen ystäväni/Mein-e ferne-r Freund-in aus dem Jahr 1942 und mit Eero Väre im November 1945 aufgenommen. Die Originalaufnahme aus den Vierzigern ist nicht in meiner Sammlung, ich hab nur die – wie man sie heutzutage nennt – einzig richtige Interpretation mit Reijo Taipale von 1966. Ebenfalls von 1945 stammt die Aufnahme von *Punaiset lehdet/Rote Blätter* von A. Aimo, der schon in den Dreißigern angefangen hatte und zur Gesangslegende wurde. Damals wurden ja noch viele Erfolgsnummern ins Schwedische übersetzt, und den Text zu dem Stück schrieb Thure Wahlroos, der Titel war *Höstlöven glöda/Herbstlaub glüht.* Tatsächlich unvergänglich wurde dieser Tango in der Aufnahme von Olavi Virta 1962. Im gleichen Jahr spielte Veikko Tuomi den dritten von Pentti Viherluotos bekanntesten Tangos ein, nämlich *Musta ruusu/Schwarze Rose.*

Es gibt aber auch viele andere berühmte Stücke von Pentti Viherluoto, zum Beispiel die Jenkka *Puhelinlangat laulaa/Es singen die Telefonleitungen* – auf schwedisch *Telefontråden sjunger.* Jaakko Salo sagt über Pentti Viherluoto: »Zwar ist sein Werk nicht umfangreich, doch von hoher Qualität.«

Bei einem Bekannten hab ich ein Fernsehprogramm über Pentti Viherluoto gesehen, ich glaub es war 1995, wo Viherluoto seinen achtzigsten Geburtstag feierte. Er war so anspruchslos, so bescheiden. Genau so, daß wir Finnen ihn gern als einen von uns anerkennen.

Ich schämte mich immer noch so, daß ich gezwungen war, für alle meine Bekannten unsichtbar zu bleiben. Ich glaub nicht, daß Irja irgend jemandem von meiner erbärmlichen Flucht erzählt hatte, aber die Umwelt hätte die Wellen der Blamage wahrnehmen können, die ich aussandte.

Knapp achtundvierzig Stunden nach dem Vorfall juckte es mich dann wieder – ich wollte tanzen gehen. Sorgfältig überlegte ich meine Möglichkeiten. Der Fêtenmeister kam nicht in Frage, genauso wenig wie das Brückentor. Ebenso der Alte Keller, weiß der Kuckuck, wer mich dort überraschen würde. Auch ins Maestro zogs mich nicht. Ich saß in der Klemme. In dieser und jener Dünnbierkneipe wird manchmal getanzt, das wußte ich, manchmal zum Akkordeon, manchmal dreht man sich auch nur zur Musik vom Plattenautomaten. Aber in den Stadtteil Kallio oder Sörnäinen konnte ich nicht. Jemand hätte mich sehen können, und ich hätte dagestanden und alt ausgesehen.

Also machte ich mich auf in die Bibliothek, um die Tanz-Anzeigen durchzublättern. Zu meiner Überraschung wurden Eero Avén und seine Band im Calypso im Vantaa-Stadtteil Tikkurila angekündigt. Das wär doch was. Niemand von den Leuten, die mich kennen, kommt zum Tanzen so weit raus. Andererseits die Erwägung, ob Avén mich wiedererkennen würde, wir waren uns auf einem Sommertanzplatz auf dem Land begegnet. Nämlich im Sommer gehe ich schon mal raus aufs Land zum Tanzen, obwohls auch in Helsinki gute Tanzplätze gibt. Mal war ich in Seinäjoki beim Tangomarkt und habe mit 20 000 anderen Leuten auf der Straße getanzt. Ein Wahnsinnserlebnis! Das war im Jahr 1993.

Eero Avén gehört zu meinen Lieblingssängern, das schon, aber trotzdem so weit raus aus Helsinki wollte ich nicht, obwohl man ja den Vorortzug hätte nehmen können und augenblicklich in Tikkurila gewesen wäre. Beim Weiterblättern fiel mein Auge auf die Annonce eines Ladens namens Wanha Herra/Alter Herr. Ein echter Fund! Völlig unbekanntes, möglicherweise neues Lokal. Liegt im Stadtteil Lauttasaari, deshalb war ich früher da noch nicht hingekommen. Heute sollte Juhani Markola dort spielen, ich liebe seinen hohen Tenor.

Lauttasaari war absolut sicher. Ich achtete nur darauf, daß niemand von meinen Bekannten beobachtete, wie ich mich an der Haltestelle Erottaja in den Bus schlängelte. Niemand beobachtete mich.

Beim Eintreten blickte ich mich verstohlen um. Alles sicher. Kein Bekannter, nicht mal ein flüchtiger, zu sehen. Einfach Klasse. Der Türsteher kannte mich nicht, gut. Ich wurde sicherer, steuerte die Bar an, bestellte eine Tasse Tee, sicherheitshalber, von wegen unbekannter Ort, auch ein Glas Weißwein, und wartete ab, während Markola alte Erfolgsnummern brachte, und das echt gekonnt.

Wie er das *Wenn ich weine, wenn ich lache* in dem alten italienischen Schlager von 1965 sang – ich liebte es. Ich hab mal gelernt, wie man das auf italienisch aussprechen muß – *ssäh pjandschie, ssäh riedie* –, um bei passender Gelegenheit damit Eindruck zu machen.

Während ich mich umsah, stellte ich fest, daß das Lokal nicht so groß war wie die, wo ich sonst verkehre. Mein Blick fiel auf eine längliche Dame, nicht gerade schön, aber interessant aussehend. Als Juhani Markola mit F. Lopez Ceperons *Amor, Amor* anfing, ging ich hin und verbeugte mich vor ihr. Die Musiker spielten so tangomäßig, daß mir das Beguinehafte nichts ausmachte. Für mich wars Tango. Wieder tanzte ich wortlos, weil ich ja um keinen Preis ein Gespräch anfang, wenn ich die Braut nicht kenne. Es törnte mich an, wie Juhani

Markola *Amor, Amor, Amor* akzentuierte ... nicht wörtlich, also L**ie**be, L**ie**be, L**ie**be, sondern so vom Schritt her ta-**tann**, ta-**tann**, ta-**tann**! Und wieder: ta-**tann**, ta-**tann**, ta-**tann**. Ist irgendwie auf mystische Art natürlich ... ta-**tann**, ta-**tann**, ta-**tann**.

Nach *Amor* sang Markola *Besame Mucho*, ungeachtet der ausländischen Herkunft ein Dauer-Hit in Finnland, ein bißchen was kann auch ich dem Stück abgewinnen.

Besame war zu Ende, und ich brachte meine Partnerin an ihren Tisch zurück. Beim Setzen sagte sie: »Tack!«

Was, eine Schwedischsprachige? Ich behielt sie im Auge und bestellte einen zweiten Tee. Abwesend hörte ich der Musik zu, bis ein Tango mich aufschreckte. Ganz instinktiv, wie aufgezogen, bewegte ich mich an ihren Tisch und verbeugte mich erneut vor ihr. Wir tanzten wortlos.

Ganz schön hoch sang Juhani Markola den *Tango Desirée*, und ich war so hingerissen, daß ich aus Versehen meine Partnerin rempelte. »Förlåt mej!« entschuldigte sie sich. Aber wo das doch meine Schuld war, nuschelte ich »Entschuldigung, förlåt!« Und, weil ichs damit schließlich nicht gut sein lassen konnte, mußte ich irgendwie weitermachen. Ich räusperte mich vorsichtig, nahm meinen Mut zusammen und fragte. »Kan Ni finska?«

– Kann ich sicher. Und vielmals um Entschuldigung, wir sprechen hier miteinander, aber kennen uns gar nicht. Mein Name ist Violetta Granehjelm.

Ich offenbarte so schnell, aber auch so deutlich wie möglich meinen Namen, peinlich berührt, daß ich mich nicht als erster vorgestellt hatte. Der Tanz war zu Ende, wir waren im Gespräch an der Tür stehengeblieben. Wie ich sie an ihren Tisch bringen wollte, meinte sie, sie würde lieber mit mir an die Bar kommen und einen Tom Collins trinken. Auf der Stelle bestellte ich das auch für mich und wollte für beide bezahlen.

– Aber nicht doch, mein Bester, ich zahle immer für mich selbst, sagte Violetta mit Nachdruck.

Ich hielt mich dabei nicht weiter auf, sondern lenkte das Gespräch auf den finnischen Tango. Violetta schien nichts gegen ein Schwätzchen über den finnischen Tango zu haben, stellte vielmehr einige Fragen dazu. Als der nächste Tango kam, guckte sie mich fragend an, und wir begaben uns aufs Parkett.

– Halten Sie genausoviel von den heutigen Sängern wie von den früheren? fragte sie.

– Nein. Ich muß gestehen, ich bin viel kritischer den Heutigen gegenüber. Die populärsten von ihnen nehmen viel zuviel sonstiges Material in ihr Programm. Ich langweile Sie doch nicht?

– Absolut nicht, ermutigte mich Violetta.

– Ich will Sie nicht unnötig mit Namen und Jahreszahlen belästigen, sagte ich entgegen allem, was ich normalerweise praktiziere; ich weiß, daß ich gelegentlich ins Predigen gerate.

– Aber sagen Sie doch, wer sind denn zur Zeit die populäriskeren Tangosänger? reizend wie sie das sagte.

– Arja Koriseva, Saija Varjus, Jari Sillanpää, Mika Pohjonen – sind alle tangoköniglich.

– Tangoköniglich? wunderte sich Violetta.

Ich erzählte ihr, wie auf dem Tangomarkt in Seinäjoki jedes Jahr ein Tangokönig und eine Tangokönigin gewählt würden. Sie fand es amüsant, daß es so viele Tangokönige und -königinnen gibt. Dieser Königswettbewerb wäre in der populären finnischen Musik der Gegenwart das größte Ereignis, klärte ich sie auf, und Violetta war erstaunt, daß der Eurovisions-Wettbewerb nicht wichtiger ist. Weder der, konstatierte ich, noch der Schlagerwettbewerb namens ›Herbstmelodie‹, den der Fernsehsender MTV 3 veranstaltet, würden auch nur entfernt ein so landesweites Interesse finden wie der Wettkampf um die Tangokrone. Das war Violetta völlig neu. Sie lachte über sich selbst und über die Finnlandschweden, die so gar keine Ahnung davon hätten, was in dieser unserer gemeinsamen Heimat bei den Leuten draußen im Land eigentlich angesagt ist.

Ganz eindeutig hat Virtanen in Violettas Gesellschaft Komplexe. Weiß Gott warum hatte dieses Mädchen aus feiner Familie sich in den Vorortschuppen verirrt. Virtanen, der normalerweise weitschweifig mit seinen Tangokenntnissen angefangen hätte, beschränkte sich vorsichtig auf allgemeine Dinge. War es das, daß Violetta Granehjelm zu den Schwedischsprachigen gehörte, was ihm zu schaffen machte? Kaum. Im Fêtenmeister verkehren gelegentlich Mädchen aus ehrlichen Arbeiterfamilien und sprechen miteinander Schwedisch, obwohl sie sonst mit allen Finnisch reden. Vielleicht waren es die deutlichen Hinweise auf bessere Kreise, wie man sie bei einigen Leuten von schwedischsprachiger Herkunft findet, was Virtanen unsicher machte.

Virtanen hätte ohne weiteres geläufig von den tangoköniglichen und überhaupt von den populären Tangosängern sprechen können. Er hätte gleich zu Beginn ihrer Bekanntschaft kundtun können, daß sich sein Geschmack nicht notwendigerweise danach richtet, ob jemand Tangokönigswürden trägt. Das wäre vielleicht von vorteilhafter Wirkung auf Violetta gewesen.

Die populärsten Sänger in Finnland sind Arja Koriseva und Jari Sillanpää; Arja Koriseva Tangokönigin von 1989, Jari Sillanpää König des Jahres 1995. Beide sind so beliebt, daß spätere Könige und Königinnen ihre Position nicht erschüttern konnten.

Virtanen gibt zu, daß beide schöne Stimmen haben, daß beide begabt sind und vielseitig. Aber in Sachen Tango haben sie ihn enttäuscht. Sie sind gar keine in der Wolle gefärbten Tangosänger, sondern eher Allgemeinunterhalter. Beide haben ehrgeizige Ziele und beide haben diese auch erreicht. Jari Sillanpää war 1997 und '98 der Star bei einem Musical im Stadttheater von Seinäjoki; es handelte sich um Andrew Lloyd Webbers *Aspects of Love*. Absolut jede Vorstellung war ausverkauft. Arja Koriseva war Primadonna beim Musical *Laulavat sadepisarat/Singende Re-*

gentropfen, das ab Herbst '97 im Stadttheater von Lahti auf dem Spielplan stand.

Virtanen akzeptiert natürlich den Erfolg von Arja Koriseva und Jari Sillanpää, und er schätzt beide als Tangointerpreten. Er versteht nur nicht, warum Tango in ihren Repertoires eine so geringe Rolle spielt.

Virtanen weiß, das Volk braucht jemand, den es anbeten kann. Arja Koriseva und Jari Sillanpää sehen gut aus und brauchen nicht unbedingt erfolgreiche Schlager. Ihre Platten würden trotzdem reißenden Absatz finden. Von Sillanpää sind sogar Hunderttausende verkauft worden – was damit zu tun hat, daß die Frauen mittleren Alters so wild auf ihn sind. Wenn Frauen mittleren Alters, auch sonst die Stützen des kulturellen Lebens, wild werden, dann kaufen sie Platten.

Ein Jazztrompeter und Schlagersänger der fünfziger Jahre – später Arrangeur und Dirigent – ist bekannt für seine Einfälle und scharfzüngigen Anmerkungen. Eine dieser Anmerkungen geht so: »Der Geschmack des Volkes läßt sich gar nicht genug unterschätzen.« Dem steht der Standardspruch von Veikko Vennamo, einem der schillerndsten Populisten unter den finnischen Politikern gegenüber: »Das Volk draußen im Lande weiß es wirklich am besten!«

Virtanen versteht nicht so ganz, was der Erstgenannte mit seinem Ausspruch meint. Was Arja Koriseva und Jari Sillanpää angeht, so teilt er die Meinung von Vennamo. Jari Sillanpää hat eine so gute und natürliche Stimme, daß er die große Stimme des dritten Jahrtausends werden könnte, allerdings, soweit sich bisher erkennen läßt, nicht die große *Tango*stimme des dritten Jahrtausends. Nach Virtanens Auffassung ist Tango die einzige Art von Musik, wo der Interpret sein gesamtes Register zum Einsatz bringen kann. Tango ist vermutlich vergleichbar mit Operngesang, aber von Opern hat Virtanen keine Ahnung. Das Spektrum von Sillanpääs Stimme ist so vielseitig, daß Virtanen darüber nichts weiter sagen kann. Dagegen kann er ihn als Tango-Interpreten nur von Grund auf bewundern.

Auch die Stimmqualität von Arja Koriseva ist so ausgezeichnet, daß Virtanen keine Tangosängerin einfällt, mit der er sie vergleichen könnte.

Beide Sänger beherrschen die volle Skala ihrer jeweiligen Stimmlage.

Zu Virtanens Sammlung gehört *Tango. Die besten – Teil 2* von 1996;

wo Jari Sillanpää absolut souverän *Ruusunoksa/Rosenzweig* und *Kyyhkynen/Die Taube* von Veikko Juntunen sowie *Tie naisen sydämeen/Der Weg zum Herzen einer Frau* von Ilkka Kylävaara und Kaj Chydenius vorträgt. Auf der Platte singt auch Arja Koriseva *Siks oon mä suruinen/Drum bin ich traurig* von Toivo Kärki mit dem Text von Kerttu Mustonen und außerdem Victor Youngs Stück *Golden Earrings* in der finnischen Übersetzung – *Kultaiset korvarenkaat* – von Anja Eskonmaa, ursprünglich kein Tango, aber in Finnland doch. Beides eine glänzende Leistung von Arja Koriseva.

Die Stücke hat sie 1988 und 1989 aufgenommen. Von *Kultaiset korvarenkaat* aus dem Jahr 1988 wird man geradezu verzaubert. Auch die höchsten Tonlagen tragen und bleiben sicher, das Ganze ist vom Glauben an den Tango bestimmt, wie auch *Siks oon mä suruinen* von 1989 reines Tango-Feeling ausdrückt.

Im gleichen Jahr wurde Arja Koriseva Tangokönigin, und ihre Popularität schwang sich in himmlische Höhen. Eine derart sprühende und strahlende Sängerin hatte es in Finnland schon endlos lange nicht mehr gegeben. Sie wurde zum Star. Auch im Fernsehen. Ganz locker. Alle liebten die fröhliche schöne Frau – auch heute noch lieben sie alle. Wirkte sich ihre Fröhlichkeit womöglich nachteilig auf ihre Tango-Interpretationen aus? Virtanen findet, daß ja, denn auf der 1996 rausgebrachten kompletten Tango-CD versprüht sie bei *Drum bin ich traurig* so viel Freude und Herzlichkeit, daß es gegen alle Tangogesetze verstößt.

Dagegen stimmt beim Arrangement des Unto-Mononen-Tango *Syvä kuin meri/Tief wie die See* durch Riku Niemi einfach alles: am Anfang brennende Sehnsucht und Beteuerung, nach dem Instrumentalsolo Glück und Hingabe. Auch das Arrangement von Vejo Laine zum Reino-Markula-Tango *Sä kuulut päivään jokaiseen/Du bist ein Teil von jedem Tag* setzt alle Töne an den gehörigen Ort.

Wenn Virtanen sich in Begeisterung für Arja Koriseva steigern will, dann hört er die vier Tangos, die *Ohrringe*, die *Trauer* in der alten Version, die *Tiefe See* und den *Teil von jedem Tag.*

Virtanen gehört, was Tango angeht, zum Volk draußen im Lande, aber er hat doch ein Ohr für die kleinen Feinheiten und sucht nach den natürlichen Sängern, was immer das genau heißen soll.

1997 siegte keiner der beiden Favoriten von Virtanen im Finale, es reichte nicht einmal zum Kronprinzen oder zur Kronprinzessin. Bei den Favoriten handelte es sich um Kai Gideon aus Lohja und die Finnlandschwedin Heidi Kaarto. Gideons Stimme ist natürlich und männlich weich, schmalzt aber nicht. Heidi Kaarto wiederum geht frisch und unbekümmert zu Werk.

Das tangoliebende Volk draußen im Lande hat die gleichen Ansichten wie Virtanen oder umgekehrt. Es ist nicht immer einer Meinung mit der Jury, wenn es um den Königstitel geht. 1993 wurde das Publikum auf dem Tangomarkt per Umfrage um seine Meinung zum populärsten Sänger gebeten. Etwa ein Drittel hätte die junge sechzehnjährige Heidi Kyrö zur Königin gewählt, während die tatsächlich gewählte Merja Raski nur ungefähr zwölf Prozent der Stimmen bekam. Heidi wurde Prinzessin. Bei der Tangokönigkreuzfahrt der Reederei Viking Line 1997 (einen guten Monat vor dem Finale) stimmte das Publikum an Bord ebenfalls mehrheitlich für den sechzehnjährigen Dimitri Sjöberg. Beim Finale selbst wurde Matti Korkiala gewählt; Dimitri wurde Prinz.

Für die Jury spielen, wie man hört, andere Faktoren auch eine Rolle, nicht nur die Stimme. Es geht eindeutig um so was wie einen Gesamteindruck. Wofür Virtanen kein Verständnis hat. Für ihn nämlich ist das wichtigste Kriterium, die richtige Art Tango zu singen. Andererseits gibt es auch manchmal Übereinstimmung zwischen dem Geschmack von Virtanen, dem Volk draußen im Lande und der Jury. So war es 1994, wo der richtige Mann Tangokönig wurde.

Virtanen schätzt Sauli Lehtonen, den Tangokönig von 1994 sehr. Ein gutes Jahr nach seiner Krönung fiel Lehtonen, erst zwanzig Jahre alt, einem Verkehrsunfall zum Opfer. Die Bühnenvorstellung, die Sauli Lehtonen in Seinäjoki gab, eine Hingabe an den Tango, hat Virtanen bewundert. Kein Wunder, daß dieser Junge mit einer einzigen Schallplatte im Volk zu legendärem Ruhm kam.

Schon zu Lebzeiten, während seiner etwa einjährigen Königszeit, sang er sich in die Herzen der Menschen. Sauli Lehtonen war kein gutaussehender Junge, er trug eine Brille und sang Tango mit geschlossenen Augen.

Virtanen hat Sauli Lehtonens Tangoaufnahmen auf Kassette in seiner

Sammlung. Bei zwei von ihnen findet er Sauli Lehtonen am natürlichsten, nämlich bei *Mun aika mennä on/Zeit für mich zu gehn*, komponiert von Mika Toivanen, getextet von Jorma Toiviainen und beim von Saukki (Sauvo Puhtila) getexteten *Muistojeni tango/Tango meiner Erinnerungen*. Die anderen Stücke bringt Sauli Lehtonen ein bißchen hart, nicht ganz natürlich. Auf der Platte gibt es eine Reihe von Konzertmitschnitten, und man bemerkt, daß das Publikum sich durch die Härte nicht stören läßt, sondern wie irre klatscht und bravo schreit. Ein Sänger mit Bühnencharisma. Manchmal ist Virtanen ganz bewegt, wenn er *Zeit für mich zu gehn* hört, und er findet es ungerecht, daß es für einen so guten Sänger so früh schon Zeit war zu gehen.

Die Begegnung mit Violetta Granehjelm hatte mich verändert. Ich mußte mich vor meinen Bekannten nicht mehr verstecken und konnte gehen, wohin ich wollte. Ganz gegen meine sonstige Gewohnheit hatte ich mit Violetta verabredet, daß wir uns eine Woche später am gleichen Ort wiedertreffen sollten. Ich freute mich drauf.

In der Zwischenzeit sammelte ich Kraft. Eines Tages machte ich mich am frühen Nachmittag auf ins Maestro. Es war ein ziemliches Gedränge im Saal, die Menschen drehten sich auf der Tanzfläche. Weil es wieder mal was Rock- oder Slowfoxmäßiges gab, ging ich an die Bar und trank Tee.

Auf einmal bemerkte ich eine Gruppe von japanischen Touristen, die gekommen waren, um das Phänomen des finnischen Nachmittagstanzes zu bestaunen. So ungefähr ein Dutzend. Ich glaub, die Japaner bewegen sich grundsätzlich in Rudeln – wie meines Wissens auch die finnischen Wodkatouristen in südlichen Gefilden. Die Japaner waren mit großem Interesse bei der Sache und knipsten die Musiker und die Tanzpaare.

Die Band spielte den Tango *Humiko* von Rauni Autio, wozu Saukki einen Text geschrieben hat, der sich nach einem japanischen Mädchen sehnt. Mir kam eine Idee. Ich verbeugte mich vor einer der Japanerinnen. Die war verdutzt und warf den anderen fragende Blicke zu. Auch die waren erst mal überrascht, fingen dann aber begeistert an zu lachen und zu klatschen. Also kam sie mit.

Entgegen meiner Gewohnheit, mit fremden Frauen wortlos zu tanzen, überlegte ich diesmal, auf welche Weise ich meiner Partnerin beibringen könnte, daß es beim *Tango Hu-*

miko um eine romantische Vorstellung von japanischen Frauen ging. Auf meine Frage »Do you speak English« schüttelte sie den Kopf und lächelte. Also keine gemeinsame Sprache. Wir tanzten, ohne was zu reden. Ich sagte ihr ins Ohr – was sie mit einer schnellen Bewegung des Kopfes von mir weg quittierte –, daß der Name des Stückes *Tango Humiko* wäre und fügte dann hinzu: »Japan!« Und weiter: »Finland – Japan, *Tango Humiko*!« und zeigte auf die Musiker. Sie schien nicht zu verstehen.

Nachdem die Nummer beendet war, strebte die Japanerin zurück in den Schutz der Ihren. Ich hielt sie fest und zeigte mit den Fingern: zwei, wozu ich »tuh« sagte. Sie nickte.

Der zweite Tango war Bohuslav Leopolds *L'Amour Oriental*. Wir tanzten ohne ein Wort. Normalerweise ist Schweigen für mich Gold. Jetzt hatte ich das unwiderstehliche Verlangen, der Ausländerin klarzumachen, daß wir was tanzten, was sie direkt anging. Ich äußerte die Wörter »Orient« und »Tango«. Sie nickte: »Tango!«

Offensichtlich ahnte die Dame, daß ich unbedingt etwas sagen wollte. Plötzlich ließ sie ein »Haragei!« vernehmen. Ich starrte sie verblüfft an: *Haragei*? und sie wiederholte »Haragei!«, hielt eine Hand vor ihren Mund und richtete die andere auf mich, bewegte die Hände vor und zurück von sich zu mir und wieder auf sich.

Wir tanzten langsam. Ich murmelte leise: Orient, Tango. Sie sagte: »Haragei.« Der Tanz war zu Ende. Sie guckte mich an, lächelte freundlich und sagte: »Keigo!« Gleichzeitig legte sie die Finger an die Lippen und deutet an: »Nichts«, das bestätigte sie noch mal, indem sie die Hände an die Ohren führte.

Ich brachte sie zu den Ihren zurück. Mein Einfall hatte andere Japaner ermutigt, nun gingen die Männer aus dem Rudel los und holten finnische Partnerinnen zum Tanz. Und als der nächste Tango kam, sah ich, daß sämtliche Japaner tanzten, die meisten miteinander, aber ein paar der Männer forderten beständig Finninnen auf. Die Musiker waren auf die Japaner aufmerksam geworden. Das Arrangement von *Kangastus/Fata Morgana* hat einige östliche Elemente, das spielten sie. Als zweites wurde *Volevo un gatto negro* gespielt, in Finnland bekannt als *Mustan kissan tango/Tango der schwarzen Katze*. Die Japaner gerieten in Verzückung, schrien bravo, klatschten und wiederholten einander auf japanisch den Titel.

Ich mußte irgendwie rauskriegen, was »haragei« und »keigo« bedeutet.

Ich begriff, was es heißt, *ummikko* – nur der eigenen Sprache mächtig – zu sein. Sollte es mich je ins Ausland verschlagen, würde ich sicher nicht ein Wort rausbringen. Natürlich hatte ich noch was von dem Englisch drauf, was man in der Schule so gelernt hat, aber ein Gespräch führen war unmöglich. Zum Glück habe ich keinerlei Bedarf nach einem Besuch im Ausland, allein würde ich nicht zurechtkommen, auf Gesellschaft hatte ich keine Lust.

Das japanische Interesse am finnischen Tango ist nicht verwunderlich. Beide, der finnische und der japanische Tango, sind einander ziemlich ähnlich. Wie auch die übliche heutige Musik. Zum Beispiel würde ein Engländer, der finnische und japanische Tangos nacheinander hört, kaum unterscheiden können, was nun der finnische und was der japanische Tango war. Schon darum nicht, weil, wie der berühmte finnische Kulturmensch und Weltreisende Jörn Donner weiß, die beiden Sprachen in englischen Ohren ähnlich klingen.

Die sechziger Jahre waren in Finnland wie in Japan eine Zeit des Tango. Unto Mononens *Lappland Tango* wurde nach Japan verkauft und dort eingespielt. Finnen und Japaner verliebten sich gleichzeitig in den italienischen Tango von der Schwarzen Katze. Die Rede ist von *Volevo un gatto negro*, den Framario und Soricillo 1969 herausbrachten, gesungen von zwei kleinen Mädchen. Obwohl recht kindisch, wurde er auch zu einem Erwachsenen-Hit. Die Japaner kauften ihn gleich und nahmen ihn unter dem japanischen Titel *Kuroneko no tango* auf, die Finnen konnten ihn damals, als er noch brandaktuell war, nicht kaufen, weil er so teuer war, aber auf italienisch und japanisch war er sehr wohl im Radio zu hören. Und als das Stück dann nicht mehr heiß war, verkauften die Italiener es zu einem mäßigen Preis nach Finnland. 1971 wurde es auf finnisch aufgenommen und, von einem Kinderduo (Jaana und Tiina) in der Art des Originals gesungen, ganz beliebt.

Noch haben die Finnen keinen Weg gefunden, ihre Tangos nach Japan zu verkaufen. Der Niederländer A. Malando hat in den Siebzigern drei Erfolgstourneen nach Japan unternommen. Auch der Argentinier Osvaldo Pugliese war mit seinem Ensemble dermaßen beliebt in Japan, daß man eine Kopie seiner Tangoband gründete. Pugliese wurde damals in Japan so vergöttert, daß sie ihm dort sogar einen weißen Flügel geschenkt haben.

Eine finnische Tangoband in Japan? Wäre sicherlich ein Erfolg. Einer der legendären Sänger, beispielsweise Reijo Taipale, müßte der Solist sein, aber – entsprechend dem japanischen Geschmack – müßte auch eine junge schöne Tangosängerin dabei sein und einige der finnischen Tango-Evergreens auf japanisch bringen.

Wenn die Sinfonien von Jean Sibelius die Japaner praktisch zu Tränen rühren, dann können das garantiert auch die Tangos von Unto Montonen, Toivo Kärki und Arvo Koskimaa.

Freitag drauf fühlte ich mich auf seltsame Art angespannt. Am Abend sollte ich mich wieder mit Violetta treffen. Noch nie zuvor hatte ich so was wie Ameisen im Bauch gehabt, aber ich glaube, Hitzeanwandlungen wie bei Anja spürte ich nicht. Ich kriegte das irgendwie nicht auf die Reihe – vielleicht machte mich die Neugier ganz einfach überempfindlich.

Eigentlich war ich ganz zufrieden, daß ich auf die Tour Anja und Irja loswürde. Ich war sogar ein bißchen stolz auf mich. Ein Typ wie ich, und hatte so was wie Violetta zur Freundin, die in ihrer Vornehmheit eine ganz andere Welt vertrat als die, aus der ich komme. Komplexe hatte ich allerdings nicht, eher fand ich, daß ich gut zu Violetta paßte.

Wir waren für zehn Uhr abends verabredet. Violetta hatte gesagt, daß sie nicht scharf drauf ist, schon früh am Abend loszugehen, auch wenn sie vorher nichts Besonderes zu tun hat. Sicherheitshalber war ich eine halbe Stunde eher da. Für die Musik war Hannu Lehtonen aus Lahti mit seiner Truppe zuständig. Ich steh auf die Stimme von Herrn Lehtonen, weil die schön ist und weich. Wen wunderts, daß er 1992 beim Tangomarkt zum ersten Tangoprinzen gewählt wurde. Für den König ist er vielleicht zu bescheiden. Aber mit seiner echt klaren Stimme nimmt er es mit manchem Tangokönig auf.

Violetta erschien Schlag zehn. Ich stürzte auf sie zu und machte ihr ein Kompliment wegen ihrer Pünktlichkeit. Sie lächelte mich wunderhübsch an und fragte, ob ich schon mal den Spruch gehört hätte, daß Pünktlichkeit die Höflichkeit der Könige ist. So feierlich hätte ich die Sache noch nie formuliert gehört, war meine Antwort.

Violetta wollte noch nicht gleich tanzen, sondern erst mal an die Bar.

Ich winkte der Bedienung – zwei Tom Collins.

– Woher willst du wissen, daß ich heute Tom Collins trinke? kam es ein bißchen neckisch von Violetta. Sie wollte andeuten, daß sie nicht zu der Sorte Menschen mit festen Trinkgewohnheiten gehört.

– Soll ich die Bestellung zurücknehmen? fragte ich schnell.

– Laß gut sein. Tom Collins ist okay, antwortete Violetta, ich trinke eigentlich gern immer wieder was anderes, und es muß gar nicht unbedingt alkoholisch sein.

– Da bin ich völlig deiner Meinung, sagte ich. Meine Stimme war leicht erhitzt.

– Wirklich? wunderte sich Violetta.

– Vielleicht bin ich eine Ausnahme, ich versuchte so natürlich wie möglich zu sein, Alkohol ist für mich was zur Gesellschaft, nicht zum Besaufen.

Mit großer Zufriedenheit bemerkte ich, daß wir während der Unterhaltung ohne großes Theater zum Du übergegangen waren.

Hannu Lehtonen hatte grade den Evergreen *Kertokaa se hänelle/Sagt es ihm-ihr* beendet, und ich konnte Violetta darüber aufklären, daß das in den Sechzigern ein großer Erfolg war, übrigens von Mauno Kuusisto gesungen.

– Aber du hast den doch in den Sechzigern nicht gehört, lachte Violetta.

– Na klar doch, auch Kinder hören Schlager, widersprach ich.

– Ich kenne das Lied nur auf italienisch, da heißt es *Dicitencello Vuie*. In Mailand oder Florenz, ich weiß nicht mehr genau wo, habe ich es oft gehört.

– Warst du auch schon in Rom? fragte ich.

– War ich, aber Oberitalien gefällt mir besser, konstatierte Violetta.

– Italien ist auch ein beachtliches Tangoland, begeisterte ich mich.

– Stimmt, ich hab in Bologna oft Tango getanzt.

– Kannst du einen Augenblick warten, sagte ich ganz schnell und ließ Violetta am Tresen zurück.

Ich sauste nach vorn zur Bühne und fragte Hannu Lehtonen, ob er *Tango d'amore* spielen könnte. Er konnte, und die Musiker fingen an zu spielen, Hannu Lehtonen brachte das Stück ganz hervorragend.

Wir waren auf der Tanzfläche. Jetzt kams drauf an, einen internationalen Eindruck zu machen. Und wie? Ich nahm mir vor, Violetta in dem Augenblick nach unten zu schwingen, wo wir am anderen Ende des Parketts angelangt waren. Es klappte. Ich hätte mir nie vorstellen können, daß ich zu der Art von Akrobatik fähig war. Violetta nahm gar nicht wahr, was für eine Heldentat ich eben vollbracht hatte. Sie fand einfach, daß ich gut tanze.

Als zweiten Tango sang Hannu Lehtonen *O sole mio*. Es machte mir nichts aus, daß es ein Stück in Dur ist. Mit dem höchsten Ton am Schluß war Lehtonen sicher weit über der obersten Notenlinie. In meiner Begeisterung drückte ich genau in dem Augenblick Violetta an mich und verharrte regungslos mit ihr bis zum Ende des Stücks. Sie war entzückt.

– Super, wie du das gemacht hast, lobte sie mich. Sie hatte keine Ahnung, daß ich dieses Kunststück zum ersten Mal in meinem Leben zustande gebracht hatte.

Ich fühlte mich wie das Rasiermesser auf dem Parkett. Vollbrachte Dinge, von denen ich nicht mal geträumt hätte. Vermutlich weil mich bisher noch keine Frau inspirieren konnte. Violetta hatte eben was, was Lieschen Müller nicht hat, und ich übertraf mich selbst.

Als die Musiker einen Fox spielten, gingen wir wieder an die Bar, und ich hatte ohne weiteres den Mut, zwei Säfte zu bestellen. Violetta zeigte sich erfreut und hob ihr Glas:

– Auf die Nüchternheit! Aber erzähl doch ein bißchen mehr vom finnischen Tango. Wir Finnlandschweden sind so wenig in der Tradition zu Haus, daß jedenfalls ich etwas mehr davon wissen will. Und wer weiß, vielleicht kann ich demnächst meine Bekannten mit meinen Kenntnissen vom finnischen Tango verblüffen.

– Nichts lieber als das, ich war ganz hingerissen, du könntest sogar von manchen alten Tangos erzählen, die auch auf schwedisch gesungen worden sind.

– Genau, die Tangos von Arja Saijonmaa kenne ich einigermaßen. Gibts noch andere?

– Aber hallo, jetzt kriegte ich richtig rote Backen, wir hatten in den Vierzigern und Fünfzigern jede Menge Aufnahmen auch auf schwedisch.

– Also echt finnische Tangos, keine schwedischen? fragte Violetta.

– Finnische, sagte ich mit Nachdruck, zum Beispiel ist *Punaiset lehdet/Rote Blätter* von Thure Wahlroos übersetzt und heißt *Höstlöven glöda/Herbstlaub glüht* auf schwedisch, und ein anderer Tango ist beispielsweise *On elon retki näin/So ist der Gang des Lebens* von Toivo Kärki und heißt *Så leder livet vår färd* – schwedisch von Joel Rundt.

– Kenn ich beide nicht, gestand Violetta. Joel Rudt ist allerdings ein bekannter Name. Er hat Verse aus dem ›Kalevala‹ übersetzt. In meiner Schule wurden manchmal welche aufgeführt.

Ich wurde immer aufgeregter. Das war die Chance, einem vornehmen finnlandschwedischen Fräulein zu zeigen, was echte finnische Volkskultur ist. Mit weit aufgerissenen Augen redete ich auf sie ein und machte ihr klar, was Sache ist. Drauf und dran, vor Begeisterung aus der Haut zu fahren, erklärte ich, wer die berühmtesten Komponisten, die bedeutendsten Texter und die einmaligsten Arrangeure waren.

Und dann auf einmal sagte ich zu Violetta:

Jetzt werd ich dir einen echt finnischen Tanzschuppen zeigen. Wir gehn ins Maestro!

– Maestro? Hübscher Name, wo liegt das? fragte Violetta neugierig.

– Na im Zentrum! antwortete ich sanft, aber nachdrücklich. Also los!

Bus ging ja wohl kaum. Also bestellte ich ein Taxi. Im Maestro schien mir, als ob der Türsteher die Augenbrauen hochziehen würde, als er sah, in was für einer Begleitung ich zum Tanzen kam. Ich versuchte zu wirken, als wäre das völlig normal. War es aber nicht. Und der Türsteher glaubte es nicht.

Passenderweise fingen die Musiker mit einem Tango an, und ich rannte fast mit Violetta aufs Parkett. Sie lachte. Wie das Schicksal so spielt, war es Unto Mononens *Kohtalon tango/ Schicksalstango*, und wie das Schicksal außerdem noch so spielt, war Eino Grön, der die Platte als erster eingespielt hat, der Star des Abends.

– Ich kenn den Solisten, sagte ich beim Tanzen zu Violetta.

– Irgendwie kommt er auch mir bekannt vor, versuchte sie sich zu erinnern.

– Es ist Eino Grön, einer der beiden größten Tangosänger, die wir haben, der andere ist Reijo Taipale.

Im selben Augenblick fing das Lokal an, sich vor meinen Augen zu drehen. Ich ließ Violetta stehen und bewegte mich wie in Trance in Richtung äußerstes Ende des Saales. Da saß Anja. Ich war nicht imstand, irgendwas Vernünftiges zu tun, marschierte zielstrebig in ihre Richtung, zog sie vom Stuhl, preßte sie an mich und fing wie im Fieber an zu singen:

Launisch ist allzeit des Schicksals Los,
verlassen hab ich zu sehr mich drauf bloß ...

Anja war verblüfft. Sie schob mich etwas von sich und fragte, ob ich krank wäre. Während ich sie wieder an mich randrückte, sang ich:

Hin zu den Kranken geht
die Schwester in Weiß.

Anja unterbrach mich.

– Hast du Fieber?

– Überhaupt nicht, hat alles mit dir zu tun, sagte ich und sah sie sonderbar an.

– Ich hab dich mit einer feinen Dame tanzen gesehen.

– Doch keine Dame, das war einfach nur Violetta. Aber ich will dich, Anja!

– Mich? Du willst mich? Wenn ich mich richtig erinnere, warst du eigentlich immer sehr beherrscht. Ich glaub dir nicht. Bist du betrunken?

Während ich irgend etwas Unzusammenhängendes antwortete, sah ich, wie Violetta das Lokal verließ; mein schlechtes Betragen drang nicht bis in mein Bewußtsein, irgendwie nahm ich nur entfernt wahr, daß sie ging.

Nach Violettas Abgang kam ich wieder etwas zu mir. Ich blieb Anja auf den Fersen und ließ sie mit niemandem sonst tanzen. Wir sollten auf den nächsten Tango warten, verlangte ich. Der Tango kam, und Eino Grön brachte *Sä kuulut päivään jokaiseen/Du bist ein Teil von jedem Tag*, eins seiner schönsten Stücke.

Und ich:

Du bist ein Teil von jedem Tag,
vom Morgen bis zum Abend . . .

– Na, jedenfalls ist mir das schon lange nicht mehr so vorgekommen, Anja schien etwas besänftigt.

– Aber so ist es. Deinetwegen bin ich mit dem Kopf gegen die Wand gerannt, bekannte ich.

– Mit dem Kopf gegen die Wand? fragte Anja vorsichtig. Aber das ist doch gefährlich!

– Nich wenns um dich geht. Dann is nix gefählich, lallte ich wie betrunken und verstand nicht, was mit mir los war.

Aus den Augenwinkeln sah ich, wie jemand zu Eino Grön ging und etwas zu ihm sagte. Eino Grön stimmte den *Tango für Anja* an. Vor mir verschwamm wieder alles, ich umklammerte Anja und preßte sie an mich. Sie verstand, daß bei mir etwas nicht ganz in Ordnung war, und führte mich raus in den Vorraum. Wahrscheinlich folgten uns alle Blicke. Der Portier gab uns die Mäntel, und wir traten auf die Straße.

– Ich schlage vor, wir gehen zu mir, sagte Anja, ich koch dir einen Tee. Außerdem ist Laufen gut für dich.

– Laufen ist gut für mich, wiederholte ich.

Unterwegs zu Anja beruhigte ich mich. Der Gedanke an Violetta machte mich ein bißchen schuldbewußt, aber besonders bedrückt war ich deshalb nicht. Während ich allmählich lockerer wurde, redete ich alles mögliche auf Anja ein. Und als sie bemerkte, daß ich wieder einigermaßen harmlos war, plauderte auch sie harmlos mit mir. So erreichten wir ihre Wohnung.

Anja servierte den Tee mit belegten Broten und Weißwein. Im Hintergrund waren Malandos Instrumentalarrangements zu Toivo Kärkis Tangos zu hören, die in dem Moment ganz wunderbar klangen. Nach dem zweiten Glas Weißwein legte Anja den ziemlich selten gespielten Tango *Kohtalon kello lyö/ Die Schicksalsglocke schlägt* von Unto Mononen auf, und wir tanzten dazu. Dabei merkte ich, wie das Ding da wieder so seltsame Symptome zeigte und gegen meinen Willen steif wurde. Ich beobachtete das wie ein Außenstehender und fragte mich, warum mir das mit Violetta nicht passiert war.

Auch Anja bemerkte, was los war, und blieb mitten im Tanz stehen.

– Hör zu, wenn dein Kumpel da so stur ist, warum läßt du ihn nicht ein bißchen an die Luft. Ehrlich gesagt hab ich seit Jahren keinen Schwanz mehr gesehen. Das letzte Mal vielleicht vor fünf Jahren, als ich verlobt war. Hol ihn doch raus, drängelte Anja, das tut uns beiden gut!

Mir rauschte der Kopf. Sollte ich ein Schwächling sein und mich weigern? Schon zweimal hatte ich Anja in eine komische Situation gebracht, und sie hatte wohl kaum verstanden, was eigentlich los ist. Ich war aufgeregt und überlegte ein paar Sekunden, wohin es führen würde, wenn ich ihrer Bitte nachgab. Das sollte aber nicht heißen, daß ich weiter als bis dahin gehen würde. Ich würde ihn nur Luft schnappen lassen.

Ich öffnete den Hosenschlitz und holte das steife Glied raus. Mein Hirn kochte. Eine fürchterliche Spannung ergriff mich – und gleichzeitig unendliches Wohlbehagen.

– Sieht gut aus, sagte Anja, und strich ein bißchen über den Kleinen.

Mein Kopf schwirrte noch mehr, und ich hielt Anja fest.

– Laß das! Mach das nicht!

– Ich will doch gar nichts, beruhigte sie mich. Du kannst selbst bestimmen, was du willst, und streichelte das Organ, das vor Begeisterung platzen wollte.

Ich sah Anja in die Augen. Ihr Blick war unerhört eindringlich, fast schon hypnotisch. Sie machte keinerlei Anstalten, ihre Kleider abzulegen, hob noch nicht mal ihren Rock. Absolut nichts dergleichen. Aber ihr Blick. Der versetzte mich in Raserei. Die Stirnadern pochten, der Puls schoß auf über zweihundert. Ich starrte Anja an.

Virtanen hätte Violetta Granehjelm etwas von den schwedischen Varianten des finnischen Tango erzählen sollen. Hätte er auch getan, aber dann, nachdem er Anja gesehen hatte, bekam er den Anfall, dessen Bedeutung er selbst vielleicht ein bißchen übertrieben hat. Niemand kümmerte sich weiter um ihn, weil die Stammkunden ja wußten, daß er mit Anja ging, und manche sogar dachten, Virtanen und Anja wären verheiratet – so oft sah man sie zusammen.

Virtanen hätte von finnlandschwedischen Tangoaufnahmen erzählen können, die Jahrzehnte zurücklagen. Vielleicht hätte Violetta gern gehört, daß es 1936 den Tango *Miksi?/Warum?* von Antero Vartia und M. Maja gegeben hatte, auf den dann 1938 Eugen Malmsten mit dem von ihm komponierten, arrangierten und getexteten Tango *Siksi/Darum* geantwortet hat. Und daß der dann im folgenden Jahr aufgenommen wurde, mit dem Komponisten selbst als Sänger. Von Humor keine Spur, beide Stücke handeln von Liebe und von deren Zurückweisung. Eugen Malmsten – Bruder des berühmten Georg Malmsten und selbst ein beliebter Sänger – nahm *Siksi* auch auf schwedisch auf: *Därför.*

Beide Brüder brachten Schallplatten auf finnisch und auf schwedisch heraus: Eugen 1937 *Herbstlaub fliegt* von A. Koskimaa. Auf finnisch heißt der Tango *Syyslehdet lentää*, und auf schwedisch *Höstlöven falla.* Im gleichen Jahr auch Eugens eigene Komposition *Kun sun mä näin*/Als ich dich sah, auf schwedisch *När dig jag såg.*

Noch in den Fünfzigern wurden gelegentlich neue Schlager in beiden Sprachen herausgebracht, aber dann folgte eine lange Pause. Erst in den Siebzigern wurden wieder Platten in schwedischer Sprache aufgenommen, aber das hatte ganz andere Gründe. Die Platten kamen nämlich ganz absichtlich und manchmal ausschließlich auf schwedisch raus. Weil auch die finnischsprachigen Sänger schwedisch sangen. Und sogar schwedischsprachige Sänger trauten sich.

Zum Beispiel veröffentlichte Henry Theel 1977 eine LP *Henry Theel sjunger på svenska/Henry Theel singt auf schwedisch*, aber leider hatte der Produzent nicht begriffen, wie man eine schwedischsprachige Platte von Henry Theel hätte machen müssen.

Und zwar, weil man ja immer ein bißchen den schwedischen Markt im Auge hatte, machte man den Fehler, die gleichen Sachen aufzunehmen, die in Schweden vorher schon von den verschiedensten Künstlern aufgenommen worden waren. Auf der ganzen Platte gibt es nur ein einziges echtes finnisches Stück, nämlich den Walzer *Ett minne/Erinnerung* von V. Korpela – finnisch *Muistio*. Alle anderen waren in Schweden schon bekannt.

1973 erschien *Malando Plays Toivo Kärki*. Auf der Platte stellt der berühmte niederländische Tangokomponist, -arrangeur und -bandleader A. Malando zwölf von ihm arrangierte Kärki-Tangos vor. Bei der Vorstellung des Albums in Finnland war Malando selbst dabei. Die Platte enthält Meisterwerke von Kärki wie *Liljankukka/Lilie*, *Siks oon mä suruinen/Drum bin ich traurig* und *Täysikuu/Vollmond*. Und Kärkis *Katuviertä pitkin/Am Wegesrand* wird wirklich ganz hinreißend und temperamentvoll vorgetragen. In einige von Kärkis Tangos hat A. Malando offenbar seine ganze Seele gelegt, andere hören sich eher wie eine Pflichtübung an.

Finnische Experten waren begeistert, weil »die Musik so argentinisch klingt, daß man kaum glaubt, daß es sich um finnische Melodien handelt«. Man verglich sie mit Malandos eigenen Werken wie *Guapita, Plaza de toros* etc. Toivo Kärki selbst war angetan. Auf der Rückseite des Plattencover findet Erkki Pälli es bedauerlich, daß die Begegnung der beiden Meister erst in den siebziger Jahren stattgefunden hat. War auch bedauerlich. Hätte Malando Kärkis Tangos beispielsweise zu Beginn der sechziger Jahre kennengelernt, dann wären die vermutlich heute weltberühmt. An diesen meisterhaften Platten nahm sich sicher manch ein finnischer Arrangeur ein Beispiel.

Der finnische Tango wurde erst mal in Schweden bekannt, dann in den übrigen skandinavischen Ländern, und zwar durch Arja Saijonmaa, die in Schweden zunächst als Sängerin der Lieder von Mikis Theodorakis berühmt wurde, dann durch ihre Einspielung von *Gracias a la vida* der Chilenin Violetta Parra, das sie auf schwedisch – *Jag vill tacka livet* – bei der Beerdigung des Premierministers Olof Palme 1986 sang.

Und doch hatte sie bereits 1981 eine LP mit finnischen und russischen Liedern rausgebracht, wobei die russischen Stücke für finnische gehalten wurden. Darunter waren drei Tangos, Unto Mononens *Satumaa/Märchenland*, Arvo Koskimaas *Syyspihlajan alla/Unter der Herbstesche* und Helvi Mäkinens *Kotkan ruusu/Rose von Kotka*, alle ins Schwedische übersetzt von Professor Lars Huldén. *Sagolandet/Satumaa* ist heute der bekannteste finnische Tango in Schweden.

Vierzehn Jahre später, also 1995, brachte Arja Saijonmaa eine ganze CD mit internationalen Tangos auf schwedisch (und die gleichen Lieder auch auf finnisch) heraus. Davon ist ein einziger, *Det lilla hjärtat/Das kleine Herz*, also *Pieni sydän* von Walter Rae und Tatu Pekkarinen, finnisch. Auch diesen Tango hat Lars Huldén ins Schwedische übersetzt.

Auf der Platte von 1981 spielen schwedische Musiker, und das Arrangement ist von Anders Ekdahl, dem damaligen Dirigenten von Saijonmaa. 1995 sind die Arrangements von Jaakko Salo, der auch das Orchester dirigiert, das wiederum aus finnischen Musikern besteht. Zwischen den Platten, die beide beliebt sind, gibt es einen klaren Unterschied. Die Arrangements von Ekdahl und seine Auffassung beeinträchtigen irgendwie die finnischen Stücke. Die Orchestrierung ist präzise und exakt. Bei Jaakko Salo bekommen die internationalen Tangos, wie *La Cumparsita*, *Tango Roulette* (finnisch *Kylmät huulet/Kalte Lippen*), *Avant de Mourir* oder *La Paloma* einen nie zuvor vernommenen finnischen Glanz, der auch internationalen Ansprüchen genügt. Die Stücke auf der Platte haben wesentliche Elemente der finnischen Auffassung vom Tango, und sie erfüllen gleichzeitig internationale Performance-Ansprüche. Arja Saijonmaa legt sich mit ihrer ganzen Begabung ins Zeug und erweist sich als echte dramatische Vollblut-Tangosängerin.

Ganz besonders in Schweden ist der finnische Tango zur Legende geworden. Aber auch anderswo kennt man inzwischen seine spezielle Qualität. Als 1980 in Argentinien der hundertste Jahrestag des Tangos gefeiert wurde, erschien auch eine dreibändige Universalgeschichte dazu; und darin findet der finnische Tango umfangreiche Beachtung.

In den achtziger Jahren nahm Eino Grön mit argentinischen Musikern in Buenos Aires finnische – und auch ein paar internationale – Tangos auf. Und dabei entstand ein ganzes LP-Doppelalbum.

Seit den neunziger Jahren wagt man schließlich auch in Mitteleuropa, finnische Tangos zu spielen. Die Arrangements haben sich vom Marschtritt der Sechziger ein bißchen in Richtung internationaler Rhythmus geändert, aber – im besten Fall – nicht zu sehr. Gute Arrangeure haben verstanden, daß man den Finn-Tango nicht auf argentinische Art spielen darf, daß man ihm seine nordische Exotik erhalten muß, damit er interessant bleibt.

Im Morgengrauen wachte ich im Krankenhaus auf.

Ich hatte ein komisches Gefühl im Magen und ziemlichen Hunger. Keine Ahnung, was passiert war. Vorsichtig schaute ich mich um. Die übrigen Männer schliefen den Schlaf des Gerechten. Ich tastete meinen Körper ab: War ich verletzt? Nein, es war nichts Besonderes festzustellen. Behutsam richtete ich mich im Bett zum Sitzen auf: nichts Außergewöhnliches. Ich stellte mich vorsichtig auf beide Füße. Kein Unwohlsein. Auf leisen Sohlen schlich ich in den Korridor und machte mich auf die Suche nach der Krankenschwester.

Die fand ich im Büro, und sie schien genauso überrascht wie ich. Ich nahm mich zusammen.

– Entschuldigen Sie, daß ich Sie mit einer seltsamen Frage belästige, sagte ich leise, aber warum bin ich im Krankenhaus?

– Sie sind im Krankenwagen hergebracht worden, und Ihre Frau sagte, daß Sie irgend etwas Ungewöhnliches zu sich genommen hätten. Sie konnte aber nicht erklären, was genau es gewesen ist. Also haben wir Ihnen den Magen ausgepumpt, rapportierte die Krankenschwester sachlich.

– Magen ausgepumpt? wiederholte ich und fiel aus allen Wolken. Und auch die Krankenschwester konnte sehen, daß ich echt verdattert war.

– Genau. Sie wurden vor zwei Stunden eingeliefert, und weil Sie bewußtlos waren, bestand der Verdacht, Sie hätten vielleicht Schlaftabletten genommen oder irgendwelche anderen Drogen.

– Ich glaub, ich hab sie nicht mehr, ich geriet in Wut,

wußte aber, daß es keinen Sinn hatte, den an der Krankenschwester auszulassen.

– Ich kann Ihnen nicht sagen, was Ihnen fehlt, wir haben auch ein EKG gemacht. Der Doktor wird Ihnen bei der Morgenvisite alles weitere mitteilen, sagte die Schwester.

– Es ist ja praktisch schon Morgen, stellte ich fest, es ist halb sechs.

– In einer halben Stunde werden die Patienten geweckt, der Arzt kommt um acht.

Der Arzt kam zur Visite. Weil der Andrang nicht so groß war, hatte ich einen richtigen Bettenplatz im Marien-Krankenhaus bekommen. Der Arzt bedachte mich mit einem Routineblick. Dann nahm er das Krankenblatt auf und stellte fest, daß ich mich bei meiner Einlieferung in der Nacht in einem Schockzustand befunden hätte. Das Auspumpen des Magens hätte sich als überflüssig herausgestellt. Man hätte das gemacht, weil meine Lebensgefährtin gemeint hätte, ich hätte irgendwelche Drogen zu mir genommen. Das hörte ich mir in aller Ruhe an. Eine Verteidigung wäre sowieso vergeblich gewesen. Was schert es schließlich den Arzt, warum ein Patient Arzneimittel zu sich nimmt oder es bleiben läßt. Für ihn war ich ein Fall.

Gleich nach der Visite durfte ich raus und steuerte das nächstgelegene Café an, um zu frühstücken und Tee zu trinken. Danach unternahm ich einen kleinen Spaziergang am Hafen, ich mußte meine Gedanken ordnen. Der Kopf schien wieder zu funktionieren. In einer Telefonzelle schlug ich Violettas Nummer nach und wählte. Eine sympathische Stimme antwortete auf schwedisch und finnisch. Ich hinterließ meine Entschuldigung auf dem Anrufbeantworter und teilte mit, daß ich mich später wieder melden würde.

In die Nähe von Anjas Wohnung traute ich mich nicht. Eine seltsame Spannung kitzelte mich in der Brust, aber ich widerstand der Anziehungskraft, die von Ullanlinna ausging.

Statt dessen ging ich in die Bibliothek und kehrte in die Gesellschaft meines Lieblingsbuches aus der Pubertätszeit zurück, nämlich Søren Kierkegaards ›Tagebuch des Verführers‹. Vielleicht gabs dort Hilfe für meine Situation. Beim Blättern fiel mein Blick auf die Seite, wo es heißt:

»Jederzeit Eindruck auf sie zu machen in einer interessanten Situation – das bleibt also das strategische Prinzip, das Gesetz für alle Unternehmungen in diesem Feldzug.«

Kierkegaard, der ja selbst richtig verliebt und mit seiner Geliebten verlobt war, hatte seine Verlobung wieder gelöst, nachdem ein Arzt ihm mitgeteilt hatte, er wäre sexuell nicht ganz richtig. Und das Ergebnis war, daß er bei der Familie des Mädchens und der Kopenhagener Gesellschaft in den Ruf eines eiskalten Verführers geriet. Als Hauptperson beschrieb er im ›Tagebuch des Verführers‹ jemanden, der genau das war, was man von ihm behauptete.

Ich hab mich nie mit Kierkegaards Hauptperson identifiziert. Für mich ist das Buch abgesehen davon, daß es eine prima Psychoanalyse der Liebe ist, vergleichbar mit Goethes ›Leiden des jungen Werther‹. Auch das war eins meiner Lieblingsbücher in der Pubertät. In dem Lebensabschnitt zogs mich noch zu Frauen, besser gesagt Mädchen, bis dann die Vernunft – zum Glück! – mich mit Platons Philosophie zusammenbrachte, als ich fünfzehn war. Immer noch sind mir viele platonische Gedanken unklar, aber das Prinzip der Enthaltsamkeit hat meine Entwicklung nachhaltig beeinflußt.

Erfrischt verließ ich die Bibliothek. Wieder mal war ich nicht der Welt meiner Lieblingsbücherhelden verfallen. Ich fand, ich war ein nüchterner und rationaler Mensch. Anja würde von mir nicht Besitz ergreifen. Überhaupt keine Frau wird das, bevor ich nicht selbst unter ihnen die geeignete gewählt habe; und dann mache ich mich auf den Weg zum vollkommenen Mann.

Gegen Abend rief ich wieder bei Violetta an. Sie meldete

sich mit ihrem Familiennamen. Ich nannte meinen Namen und bat inständig um Entschuldigung (ich hab in meinem ganzen Leben noch keine Frau für gar nichts um Entschuldigung gebeten; eher hab ich mich versteckt). Violetta lachte herzlich.

– Du brauchst mich nicht um Entschuldigung zu bitten. Ich bin eine selbständige Frau, und wenn deine Frau unversehens im gleichen Lokal erscheint, dann ist dein Verhalten ganz verständlich.

– Das war nicht meine Frau. Ich bin nicht verheiratet, sagte ich etwas verschämt.

– Wer oder was auch immer sie war, nimm es nicht so tragisch, ließ sich Violetta vernehmen und war so charmant wie möglich.

– Hättest du Lust, mit mir nach Turku zu kommen? fragte sie. Da ist am Freitag ein Fest vom schwedischen Segelclub, Airisto Segelsällskaben. Du könntest mein Begleiter sein.

Für einige Sekunden verschlugs mir die Sprache. Die Frau, von der ich gedacht hatte, ich hätte sie vor aller Welt blamiert, fragt mich, mich!, ob ich bei irgend so einem hochgestochenen Fest ihr Begleiter sein will. Die Chance! Die einmalige Chance, eine Welt kennenzulernen, mit der ich noch nie in Berührung gekommen bin.

– Aber gerne doch, sagte ich, und tat so, als wären die einigen Sekunden von einer vorbeifahrenden Straßenbahn verursacht worden. Ich komm mit. Wo sollen wir uns treffen?

– Du kannst bei mir im Auto mitfahren, wenn du willst, sagte Violetta lässig.

– Danke, das ist wirklich nett, aber ich erwarte dich lieber in Turku. Ich kann mich bei der Gelegenheit um ein paar Sachen kümmern, bevor wir uns treffen. Jetzt war ich es, der so lässig wie möglich sprach.

Ich hatte in Turku überhaupt nichts verloren. Ab und zu, eigentlich nur ganz selten, bin ich mal dort, und dann bereite ich meine Reise sorgfältigst vor. Wir verabredeten uns im Café vom Hotel Hamburger Börs, also im Café de Paris. Ich beschloß, schon am Donnerstag nach Turku zu fahren, um mich an die Atmosphäre zu gewöhnen. Ich finde die Internationalität von Turku charmant, aber auch ganz anders als die von Helsinki, also war eine erste Sondierung des Terrains angezeigt.

Ich fuhr mit dem Frühzug nach Turku und nahm ein Zimmer in der Pension Astro in der Nähe vom Bahnhof. Normalerweise übernachten dort Lastwagenfahrer und Gelegenheitsarbeiter.

Donnerstag ist ein guter Tag. Im VPK, dem Klubhaus der Freiwilligen Feuerwehr von Turku, gibts bereits ab Mittag Tanz. Die Leute, die im VPK in Turku verkehren, sind vor allem Rentner, aber es gibt auch Jüngere darunter. Mir sind sie alle recht. Tanzen hängt nicht vom Alter ab. Im Gegenteil: Ich tanz gern mit einer über Sechzigjährigen Tango. Ein langes Leben macht weise und gibt einem eine einzigartige Perspektive auf die Dinge. Wenn ich Glück hab, erfahr ich was aus so einem Leben.

Man guckte etwas neugierig bei meinem Erscheinen. Die Menschen lächelten freundlich, wenn auch überrascht. Kein Wunder. Seit ich zum ersten und bisher letzten Mal im VPK war, sind mehrere Jahre vergangen. Ich ließ mich nieder und wartete auf einen Tango. Als dann *Kaukainen ystävä/Ferne-r Freund-in* von Pentti Viherluoto, einem Sohn der Stadt, gespielt wurde, wählte ich die nächstbeste Dame zur Partnerin.

Ich versuchte die Stimmung aufzunehmen, indem ich wortlos tanzte. Die Frau schien eine gute Tänzerin, ihre Schritte hatten geradezu was Schwebendes. Wer weiß, vielleicht würde auch ich so tanzen, wenn ich bis ins Rentenalter weitermachte, und warum eigentlich nicht? Der zweite Tango war *Povas mulle mustalainen/Wahrsagt mir der-die Zigeuner-in* von Reino Välimäki. Meine Dame tanzte, wie das nur Menschen mit alter Tanzkultur können. Oft hab ich den Eindruck, daß heutzutage das Tanzen keine Rolle spielt, Hauptsache man kann irgendwie für sich selbst rumschaukeln. Ich sag gar nicht, daß ich ein Meister aller Klassen wäre. Ich kann ja nichts sonst als Tangogehen. Und ob ich die Kunststücke noch konnte, mit denen ich neulich mich selbst und Violetta überrascht hatte, das zu probieren hatte ich nicht den Mut.

Es folgten ein paar Walzer, dann Foxtrotts. Als die Musiker zu zwei Jenkkas ansetzten, zog ich mich etwas weiter zurück. Obwohl es erst früher Nachmittag war, waren viele Leute im Saal. Die Veranstaltungen im VPK sind beliebt. Ich fand, meine erste Dame war eine so gute Wahl, daß ich sie im Auge behielt. Sie tanzte hervorragend Walzer und geradezu zauberhaft Jenkka, was man von ihren jeweiligen Herren nicht sagen konnte.

Dann wieder ein Tango von Pertti Viherluoto und seinem Bruder Aimo, dem Texter mit dem Künstlernamen Harry Etelä: *Musta ruusu/Schwarze Rose.* Ich eilte zu derjenigen Dame und verbeugte mich. Wieder die gleiche leichte Art, wieder die gleiche Natürlichkeit. Meine Dame war eine Eisprinzessin. Obwohl ich sie führte, war es, als ob sie unseren Tanz dirigierte. Meine Wende klappte besser als je zuvor. War das ein Tanz auf Rosen? Nach dem Ende des Stückes konnte ich nicht länger schweigen, sondern sagte voller Bewunderung:

– Sie sind eine ganz unvergleichliche Tänzerin.

– Schön Dank auch. Kommt bestimmt daaher, daß ich in mein ganzen Leben gern getanzt hab, schon wie ich ganz lütt war; sie sprach den Dialekt von Turku.

– Und das merkt man. Haben Sie auch Eisballett gemacht? Ich war neugierig.

– Eisballett? Wann hätt ich n das solln. Arbeiten mußt ich gehn, seit ich lütt bin. Nu erst, seit ich in Pängsion bin, komm ich n büschen raus, ihre Stimme war von Natur aus etwas heiser.

– Ich dachte nur, weil Sie wirklich zauberhaft sind, ich war voller Bewunderung.

– Och nöö, wirklich? Vielleicht hab ich da was von meine Mudder geerbt. Die konnte tanzen.

– Und Sie haben das sicher an Ihre Tochter weitergegeben?

– Bestimmt, hab ihr schon, wie sie nochn ganz lüttes Ding war, gesagt, daß, also tanzn muß der Mensch lern. Da haste was davon! das sagte sie mit Nachdruck.

– Sie sehen überhaupt nicht aus wie eine Rentnerin, sagte ich, und das stimmte auch.

– Na ja, issas nich n büschen dick aufgetragen? Komplimente war sie scheints gewöhnt.

Der Dialekt von Turku hat mir schon immer gefallen. Der Onkel hat eine Radiosendung aus den Fünfzigern auf Tonband, wo ein Paar sich im Turku-Dialekt unterhält. Und wie oft hat er mir nicht die Stelle vorgespielt, wo der Mann seiner Frau berichtet, wie er in der Nacht seinen Geldbeutel verloren hat: »Un denn sach ich zu Arvidy, ich sach: Arvidy, sach ich, ich glaub, wir sin unner die Räubers gefalln.« Und bei dieser Geschichte lachte der Onkel sich jedesmal kaputt.

Für mich hört sich der Turku-Dialekt aus dem Mund von Frauen erotisch an, und aus dem Mund von Männern gemütlich.

– Wie Sie so reden, sindse nich von hier, konstatierte meine Dame.

– Bin ich auch nicht, bestätigte ich, ich bin aus Helsinki.

– Aber Helsingisch redense auch nich, lächelte sie freundlich.

– Ich habs nie gelernt, ich bin anders erzogen worden, und damit lenkte ich das Gespräch auf den gerade anklingenden zweiten Tango, *En tuntenut sua silloin/Ich hab dich damals nicht erkannt* von Reino Markkula. Ich konnte mitteilen, daß das nach *Sä kuulut päivään jokaiseen/Du bist ein Teil von jedem Tag* vermutlich der bekannteste von Markkulas Tangos wäre. Meine Dame gestand, den Komponisten nicht zu kennen. Mononens Stil würde sie erkennen, und von Toivo Kärki wäre ihr *Liljankukka* bekannt.

Der Nachmittag verging, und es kamen recht viele Tangos, von denen ich jeden mit der gleichen Frau tanzte. Wenn ich daran zurückdenke, hat das wohl ein bißchen Aufmerksamkeit erregt. Unsere Bekanntschaft war so weit fortgeschritten, daß ich ihren Namen wissen durfte. Sie hieß Soile. Ich beobachtete ihre Bewegungsabläufe beim Walzer, und sie schienen mir wie beim Neujahrstanz des Wiener Balletts, das ich irgendwo im Fernsehen gesehen habe.

Als die Musiker erneut Tango spielten, waren wir wieder auf dem Parkett. Sie fing an, mich zu interessieren. Zu meiner Überraschung merkte ich, wie mein Penis zu zucken begann, als wir etwas enger tanzten. Ich schämte mich und war verwundert, und um mich nicht vor ihr bloßzustellen, ging ich auf Distanz. Half aber nichts. Soile war schätzungsweise dreißig Jahre älter als ich, aber das schien den Kleinen nicht zu stören. Er wollte seinen Auftritt.

Ob Frau Soile was gemerkt hat, weiß ich nicht. Ich eilte auf die Herrentoilette und gab dem Glied eine gehörige Abreibung. Da hörte sich doch nun alles auf, und ich mußte mir so was nicht bieten lassen. Als ich in den Saal zurückkam, war sie allein, und ich erklärte ihr, daß ich nun leider gehen müßte, weil ich in der Stadt was zu erledigen hätte.

– Sicher kommsde mal wieder, sagte Soile mit ihrer heiseren Stimme.

– Aber gewiß doch, gern, antwortete ich.

Ich verschwand in aller Eile, die Abreibung hatte nicht gereicht.

Am Abend machte ich mich zu meinem Lieblingsschuppen auf, dem Phönix. Ein traditionelles Tanzlokal, das während der Jahre eine Reihe von Namen getragen hatte. Große Tanzfläche, drei Bars, und wenn man das Foyer unten mitrechnet, dann sind es vier. Kein Wunder, daß der normale Tanzmensch sich dort wohl fühlt.

Streng mit mir selbst tanzte ich die beiden jeweiligen Tangos immer mit einer anderen, damit der Penis gar nicht erst Fühlung aufnehmen konnte. Klappte. Es war bereits drei, als ich ins Astro zurückkehrte. Wenn ich aus irgendeinem Grund im Sommer in Turku bin, nehme ich überhaupt kein Zimmer, sondern treibe mich bis zum Morgen in der Stadt rum und gehe mit den ersten Frühaufstehern in ein Marktcafé Tee trinken.

Pünktlich um achtzehn Uhr, wie verabredet, traf ich Violetta. Die Party sollte in einer Stunde anfangen, aber auch in diesem Fall hoffte ich, daß ich schon vorher ein bißchen Witterung aufnehmen könnte. Violetta trug ein Kleid, das die Aufmerksamkeit des ganzen Parterre von der Börs erregte. Ich muß zugeben, daß meine Stimmung beträchtlich stieg, war ich doch in den Augen der übrigen Männer in einer beneidenswerten Lage.

Ich bestellte zwei Gläschen Champagner. In Violettas Gesellschaft fühlte man sich ausgesprochen locker. Obwohl ich sie heimlich beobachtete, deutete nichts darauf hin, daß sie wegen meines seltsamen Betragens im Maestro sauer war.

– Wie waren die Geschäfte?

– Danke der Nachfrage, ganz hervorragend. Ich hab ziemlich viel geschafft, antwortete ich ungezwungen.

Für Violetta war das selbstverständlich. Sie war nicht neugierig, was ich getrieben und was ich zustande gebracht hatte. Eine Klassefrau! Ihre Umgangsformen möchte ich als irgendwie luftig beschreiben. Nichts Krampfhaftes. Nach allem griff sie mit gleicher Unbefangenheit – ob Musik oder das vielfältige Angebot auf dem Marktplatz; das Gespräch hüpfte mit größter Leichtigkeit von einem Thema zum anderen. Und alles elegant und ungezwungen.

Kurz vor sieben meinte sie, es wäre Zeit, zur Kauppiasstraße rauszugehen. Und das taten wir. Dort wartete der Fahrer – zwar nicht in Livree, aber doch ein Schofför, wie Violetta feststellte. Ein echtes Erlebnis, muß ich sagen.

Als wir beim Pavillon des Airisto-Segelclubs ankamen, hielt der Fahrer Violetta die Tür auf, ich konnte allerdings aus dem Auto steigen, bevor er auch für mich den Schlag aufgerissen hatte.

Ich öffnete die Eingangstür, und wir betraten den Pavillon.

– *Men Violetta! Du här igen*! Violetta-Schätzchen, sieht man dich auch mal wieder! wurde meine Begleiterin auf schwedisch von einem begeisterten Männerchor begrüßt.

Die Veranstalter waren rechtzeitig eingetroffen. Die übrigen Gäste waren zum Teil schon da, weitere strömten pausenlos rein. Violetta stellte mich ihren Freunden auf finnisch vor. Mit ausgesprochen höflichem Lächeln reagierten sie ebenfalls auf finnisch. Nachdem ich den meisten von Violettas Freunden präsentiert worden war, ging das Gespräch auf schwedisch weiter. Ich beteiligte mich nicht.

Als schließlich alle da waren, begaben wir uns zu Tisch. Zum Glück wurden Violetta und ich nebeneinander plaziert. Aber auf der anderen Seite von mir saß so ein Mensch aus Schweden. Niemand war auf die Idee gekommen, daß ich kein Schwedisch kann. Der Abend begann fröhlich mit einem Begrüßungschampagner, und der Vorsitzende des Segelclubs hielt eine kleine Rede. Ziemlich schnell war mir klar, daß ohne Ausnahme alle schwedisch miteinander redeten. Ich unterhielt mich mit Violetta auf finnisch. Sie war einfach super, sprach schwedisch mit den übrigen und finnisch mit mir. Wenn der Reichsschwede mir irgendeine höfliche Frage stellte, dann dolmetschte Violetta sofort ins Finnische und umgekehrt meine finnische Antwort augenblicklich ins

Schwedische. Ging wie geschmiert, und es erfüllte mich mit Stolz, wie Violetta alles so unglaublich im Griff hatte.

Das Menü war ziemlich reichhaltig, aber die meisten Sachen kannte ich nicht. Zwischendrin wurde immer wieder mal unterbrochen, wenn irgendwer aufstand und eine Rede hielt. Im Anschluß mußte man anstoßen und ex trinken. Das wurde zum Problem, schließlich wollte ich mich nicht besaufen. Während die übrigen sich auf den jeweiligen Redner konzentrierten und gleichzeitig die Kellner mit ihren Flaschen rumgingen und nachschenkten, schaffte ich es, die Gläser zu verschieben und so den größten Teil des Alkohols zu vermeiden. Trotzdem, ganz zu umgehen war er nicht. Das störte mich.

Am Ende wurde ein Berg Austern auf Eisbrocken vor jedem aufgetürmt. Ich hab in meinem Leben noch keine Austern gegessen. Zum Glück verspeiste der Schwedentyp seine erste Auster so schnell, daß ich sehen konnte, wie mans macht. Die Austern waren gar nicht die Hauptsache. Die Hauptsache war eine Rede nach der anderen und ein Schnaps nach dem anderen. Gottseidank schenkte Violetta meinem Umgang mit den Getränken keine Aufmerksamkeit, und der Schwede trank so eifrig, daß er den Gläsertausch nicht bemerkte.

Der Vorsitzende hielt eine lustige Ansprache, bei der alle lachten. Verstehen konnte ich sie nicht. Dann forderte er die Gesellschaft auf, sich zu erheben und die Gläser in Mundhöhe zu heben. Doch der Augenblick, sie zu leeren, war noch nicht gekommen. Erst mal mußte gesungen werden, und zwar das bekannteste der bekannten Lieder, *Helan går*, das ich noch nie kapiert habe, geschweige denn je gelernt hätte. Obwohl vorausgesetzt wurde, daß alle die Trinklieder konnten, hatte doch jeder ein vervielfältigtes Blatt vor sich, auf dem die Texte standen.

Helan går, sjung hoppfaderallallallallej,
helan går sjung hoppfaderallallej!
Den som inte helan tar,
han ej inte halvan får!
Helan gåååår!

Der Ganze muß es sein, singt hopsfallerallallallallalei,
der Ganze muß es sein, singt hopsfallerallalei!
Wer keinen Ganzen nimmt,
der soll auch keinen Halben haben!
Der Ganze muß es seeeeein!

Ich murmelte immer nur bei der *Helan-går*-Stelle mit.

Die Tafel wurde aufgehoben und man begab sich zum ungezwungenen Beisammensein. Der Pavillon des Segelclubs ist geschmackvoll im maritimen Stil eingerichtet, und die Anwesenden plauderten ungezwungen. Violetta hatte offenbar viele Freunde in Turku. Obwohl sie in meiner Begleitung war, wurde sie ohne Ende unter irgendeinem Vorwand woandershin geholt, zu einem Bekannten, einem Onkel, einem Anglerfreund des Großvaters, einem Schulkameraden aus einer der höheren Klassen, einer Freundin der Mutter, dem Direktor eines schwedischsprachigen Verlages, einem Professor aus der Studentenzeit, einer Flamme von vor zehn Jahren, einer guten Freundin aus Mailand, einer Familienbekanntschaft von den Ålandinseln, zu dem besonders geschätzten Portier von irgendeinem Restaurant, zu dem Vetter aus Pietarsaari . . . Und dem ganze Rest. Alles in allem an die hundert Leute.

Ich war in einer komischen Lage. Weil die Finnlandschweden bei solchen Festen immer von ausgesuchter Höflichkeit sind, sprach man finnisch mit mir. Ich wurde in eine Gruppe gezogen, wo grade Anekdoten von einem Segeltörn erzählt wurden. Gustaf – oder sonst wer – stellte mich vor. Alle sieben in der Gruppe wechselten sofort ins Finnische. Man fragte nach meinem Befinden, ob ich auch segeln würde, ob ich auf die Partys vom Helsingfors Segelsällskab ginge und wie ich die aktuelle Speisekarte vom Svenska Klubben fände. Das war ätzend, und ich fand, daß ich mit diesen Leuten nichts gemeinsam hätte.

Ein Typ reichte mir einen Drink.

– Was machen Sie denn berufsmäßig? fragte er, während er sein Glas hob.

– Ich bin Forscher, fiel mir schnell ein.

– Ach, Forscher? Seine Stimme klang etwas respektvoller. Und was forschen Sie so? wollte er wissen.

– Ich befaß mich mit finnischen Volkstänzen, war meine Antwort.

– Oh, wie interessant! gab er von sich und wandte sich einem anderen Thema zu.

Ein anderer näherte sich mit einem Glas in der Hand. Der erste stellte mich als Experten in Sachen finnischer Volkstanz vor. Der Neuankömmling nickte ein wenig mit dem Kopf. Die übrigen fanden, daß Volkstänze ganz besonders aufregend sind, aber zum Glück stellte niemand weitere Fragen. War eben doch kein interessanter Gesprächsstoff. Weil wir unmittelbar vor einer peinlichen Stille standen, wandte man sich wieder dem Thema Segeln zu, und das auf schwedisch. Hin und wieder bemerkte jemand, daß ich immer noch da war, und alle wechselten wieder ins Finnische.

Violetta kam von einer Namensschwester der Patentante der Großmutter zurück. Die Männer waren voller Bewunderung, und einen Moment lang wurde auf finnisch von der Bedeutung des Segelclubs gesprochen, und davon, daß Violetta – auch wenn sie in Helsinki lebte – so eine Art Maskottchen war. Ihr Besuch in Turku war ein Ereignis.

Ein Kellner kam mit einem Servierwägelchen voll mit Getränken. Die Herren diskutierten sachverständig über die verschiedenen Qualitäten und wandten sich dann mir zu mit der – finnisch gestellten – Frage:

– Welchen Whiskyjahrgang schätzen Sie denn am meisten?

– Ich bin kein Whiskytrinker, antwortete ich lächelnd.

– Aha, also Kognakfreund! rief jemand und wandte sich den anderen zu: *Han är konjakexpert*!

Ich versuchte so ruhig zu bleiben, wies ging.

– Nun, nicht gerade Experte, wandte ich bescheiden ein.

– Na gut, aber was ist denn Ihr Lieblingskognak? wollte Göran wissen.

– Hennessy, ich nannte den ersten Kognak, der mir einfiel.

– Hennessy! Sehr schön! Und die Sorte? drängte Anders.

– Hennessy Very Special, ein für mich hübsch klingender Name.

– Ziemlich ordinär. Nicht vielleicht VSOP oder XO?

Ich war in wachsender Bedrängnis. Wenn diese Menschen bis jetzt noch nicht kapiert hatten, was für ein Volltrottel ich bin, dann würden sie das jedenfalls über kurz oder lang rausfinden.

Der Streß stieg ins Unerträgliche. Jeden Augenblick war es soweit, daß ich mich bis auf die Knochen blamieren würde. Und dann fiel mir die Toilette ein. »Tualet«, sagte ich und verschwand in Richtung WC. Als ich von dort zurückkam, spielte ich Unwohlsein. Die bloße Anspannung half, weil sie mich bleich machte, und ich verkündete, daß ich einen Arzt brauchte.

– *Vi har en läkare.* Wir haben einen Arzt, sagte einer und ging los, um das medizinische Segelclubmitglied zu holen.

– Aber der kann mich doch hier nicht untersuchen, sagte ich und wurde noch weißer. Ich muß in die Klinik.

– Der Schofför wird dich in die Poliklinik vom Zentralkrankenhaus fahren, sagte Violetta besorgt, soll ich mitkommen?

– Auf gar keinen Fall! rief ich, du hast schließlich deine Verpflichtungen hier.

– Aber wenn es nichts Schlimmes ist, kommst du doch zurück, bedrängte sie mich.

– Na klar! ich finde es hier ganz toll, schwindelte ich.

In dem Augenblick kam das medizinische Clubmitglied und fragte erst auf schwedisch, dann auf finnisch, was ich hätte. Ich erklärte ihm, daß ich heftige Magenkrämpfe hätte und sofort in die Poliklinik wollte. Der Doktor, der im gleichen zügigen Takt getrunken hatte wie alle anderen, war ganz meiner Meinung. Violetta begleitete mich zum Ausgang, winkte den Fahrer herbei und sagte ihm, daß ich eine ärztliche Behandlung brauchte. Der Fahrer nickte, öffnete mir die Tür und startete in Richtung Zentralkrankenhaus.

– Soll ich warten? fragte er.

– Nicht nötig, ich nehme ein Taxi, wenn sich rausstellt, daß es nichts Gefährliches ist, erwiderte ich.

Er fuhr ab. Ich betrat das Krankenhaus wie auf der Suche nach jemandem und kehrte wieder um. Draußen atmete ich tief die frische Luft ein. Dann machte ich mich auf zum Holzmarkt und ging in den EG-Club. Das ist ein Tanzlokal, das noch vor kurzem Elli und Gunnar geheißen hatte.

Es war schon lange her, seit ich zum letzten Mal im Elli und Gunnar tanzen war. Auch wenn es heute EG-Klub heißt, behauptet es weiterhin die Stellung als eins der populärsten Tanzlokale von Turku. Im Untergeschoß ist der Pub Ellis Keller. Bedrückt wie ich war, hätte ich dort ein paar Gläser Weißwein trinken können, aber der Alkoholspiegel, den ich im Verlauf des Abend erreicht hatte, war eh schon zu hoch.

In den Keller zogs mich nicht, schmerzlich sehnte ich mich nach dem Trost finnischer Tänze. Ich stürmte also ins obere Stockwerk. Passenderweise fing gerade *Öiset kitarat/ Nächtliche Gitarren* an, der Tango von Josef Rixner, den ich mit Olavi Virta habe, sogar auf zwei verschiedenen Platten. Ausländisch oder nicht, er gehört zu meinen Lieblingstangos. Die Augen hatten sich noch nicht an die dämmrige Beleuchtung im Saal gewöhnt, so daß ich mich einfach vor der Nächstbesten verbeugte. Ich riß sie förmlich mit mir aufs Parkett und preßte mich während des Tanzes eng an sie. Wahrscheinlich hielt sie mich für betrunken, wie manche Männer, die, wenn sie besoffen sind, das Bedürfnis haben, sich an Frauen ranzumachen und sich auf dem Parkett an sie drängen. Ich tats nicht wegen des Alkohols, ich brauchte heimische Wärme! Jede wäre mir dafür recht gewesen. Der hoffnungsvoll ersehnte Abend im Pavillon des Segelclubs war eine Pleite geworden. Nun würde die Unbekannte mir helfen, mein Selbstbewußtsein wiederzufinden, davon ging ich mal aus.

Pieni sydän/Kleines Herz, komponiert von Walter Rae, getextet von Tatu Pekkarinen war die nächste Nummer:

Des Menschen Herz, wenns auch nur klein,
ist weit und abgrundtief.
Die großen Träume gehn hinein,
des Hasses Welten und der Lieb'.

Auch diesem Tango gab ich mich wie dem ersten hin, in voller Übereinstimmung mit seinen Worten.

Danach war Humppa angesagt, mir war etwas leichter ums Herz, ich ging an die Bar und bestellte Tee. Tief durchatmen und sich in Ruhe umsehen. Mein Gott, ich liebe die finnischen Tanzschuppen! Keine Verkrampfung, keine gestelzte Konversation, keine beklemmende Gesellschaft. Jeder darf er selbst sein.

Die Seele schwamm ganz klar in ruhigeren Gewässern, und ich ließ mein Auge übers Publikum wandern. Richtig normale Menschen, jeder von ihnen, mit Freude am Tanz und aneinander. Die Musiker spielten prachtvoll, ihr Job war noch nicht in Routine ausgeartet.

Meine Blicke schweiften gelassen durch den Saal, während ich den folgenden Tango erwartete. Auf einmal entdeckte ich Soile, meine Bekannte von gestern aus dem Haus der Freiwilligen Feuerwehr. Sie schwebte praktisch im Gleitschritt zur Humppa dahin. Mein Herz machte einen Freudensprung. Das wars, ich machte mich bereit für einen Tango mit ihr. Die Musiker spielten Fox, danach zwei Walzer. Soile wurde unentwegt aufgefordert, ich mußte es also geschickt anstellen. Langsam und allmählich kam ich ihrem Tisch näher. Als die Band Eugen Malmstens Tango *Kun sun mä näin/Als ich dich sah* anstimmte, war ich wie der Geier zur Stelle. Soile lächelte mich an.

Wirklich und wahrhaftig: Soile befreite mich von den letzten Überbleibseln der Trübsal, mit der ich mich vorher herumgeschlagen hatte. Ihr beschwingter Schritt, ihre Glut – das wars, was mich die erlittenen Demütigungen vergessen ließ.

– Na, da bisde ja schon wieder. Scheint dir ja man in Turku zu gefalln, sagte sie mit ihrer von Natur aus heiseren Stimme. Ganz sicher, die Stimme ist eine von den vielen Eigenschaften, die sie so anziehend machen.

– Ich mußte wegen meiner Forschungsarbeit in Turku bleiben, sagte ich achtlos.

– Och nöö, forschen tusde, bist wohl n Professer?

– Keineswegs, ich befaß mich nur mit Volkstänzen, erwiderte ich, indem ich die gleichen Worte wählte wie vorher bei den Seglern.

– Ich liebe Volkstänze. Tanzde auch selber? erkundigte sie sich, wohl wissend, daß ich kein Tanzkünstler bin.

– Selbst tanzen kann ich Volkstänze nicht, sie interessieren mich mehr theoretisch.

– Also bisde doch son Magistrat, Soile war neugierig.

– Magister bin ich nicht, ich beschäftige mich nur so zum Vergnügen mit den finnischen Tänzen, behauptete ich, während ich allmählich anfing zu glauben, ich wär tatsächlich ein Mensch von irgendeiner Bedeutung. Man muß was nur oft genug behaupten, dann glaubt mans selbst, heißt es.

Soile wurde mir immer sympathischer. Nachdem auch der zweite Tango vorüber war, fragte ich, ob sie in Gesellschaft wäre. Sie wäre mit einer Freundin unterwegs, war die Antwort, was soviel bedeutet wie: Sie brauchte sich keinen Zwang anzutun.

– Wir könn tun und lassen, wasde willst, sagte sie und beseitigte damit jeden Zweifel, daß es vielleicht doch einen Mann geben könnte.

– Dein Mann ist wohl unterwegs, erkundigte ich mich, so neutral es ging.

– Och, der? Weißde, der ischa man nu schon viele Jahre unner de Erde. Männer tuns ja man nich so lang wie Fraun. Friede seiner Seele. Aber nu störter mich nich mehr. Nu isser dot, und ich bin noch da, lachte sie schallend.

Ich lud sie ein, mit an die Bar zu kommen und fragte, was sie trinken wollte.

– Och, ich oder wer? Hey, wennde ner Olschen wie mir ein ausgeben willst, denn nehm ich n Wottka mit ner graun Gräip-Limo. Sie amüsierte sich auf meine Kosten. Sie fühlte sich keineswegs als Rentnerin, sondern hatte in mir ein passendes Opfer gefunden ,um was zum Lachen zu haben.

– Zwei Wodka-Grape! sagte ich zum Barkeeper.

Wie schon gestern stellte ich fest, daß Soile überhaupt nicht wie eine Rentnerin wirkte. Sie wirkte auf mich eher wie eine Fünfundvierzigjährige, sowohl äußerlich wie in ihrer ganzen Art. Zehn Jahre älter als ich, grübelte ich, obwohl sie gesagt hatte, daß sie ganz normal in Rente gegangen wäre, also mit fünfundsechzig. Das wär was, wenn ich mich bis zur Rente so gut halten könnte!

Weil seit dem letzten Drink in Airisto schon einige Zeit vergangen war, durfte es jetzt auch noch ein zweiter sein. Ich fühlte mich in ihrer Gesellschaft bestens. Wohlgefällig und -gebaut war sie und geradeaus. Natürlich hatte ich nichts dagegen, daß andere sie zum Tanzen holten, aber alle Tangos sollte sie bitteschön mit mir tanzen. Bei den ersten Tangos drückte ich mich nicht an sie, wie ich das vorhin in meiner Verzweiflung getan hatte. Aber allmählich kam ich ihr immer näher, ihrem Zauber und der von ihr ausgehenden Sicherheit.

Zwischen den Tangos wollte Soile mehr Wodka-Grape (grau). Ich war flexibel und trank ebenfalls, auch wenn ich merkte, wie sich der Alkohol störend auf meinen Geist auswirkte. Ich kann nun wirklich nicht finden, daß Alkohol irgendwie befreit, vielmehr wird einem davon einfach nur schlecht. Ich wollte aushalten. Allerdings tauschte ich an der Bar wieder mit dankbaren Männern die Gläser.

Ich war so gut drauf, weil der Druck weg war, daß ich blieb und tanzte bis zum Lichtzeichen. Soile lud mich zu sich auf einen Schlummertrunk ein, was ich gern annahm, allerdings müßten es Tee und Gebäck sein. Das war ihr recht. Sie sagte, daß ihre Wohnung ganz in der Nähe wäre und wir zu Fuß gehen könnten, und das war mir recht.

Sie hatte eine recht hübsche Wohnung, mit einem Haufen Möbel im traditionellen Stil. Zuerst eilte sie an den Barschrank, machte zwei Wodka-Grape und bröckelte Eiswürfel in die Gläser. Dann kochte sie in der Küche Tee, während ich den größten Teil meines Glasinhaltes in einem Blumentopf versenkte und Grape-Limonade nachfüllte. Soile erschien mit Tee und Salzgebäck, belegt mit delikatem Käse, Gurken und Oliven. Wir unterhielten uns in erster Linie über Tango, was ich vor allem deshalb tat, damit meine Unkenntnis bezüglich Volkstanz nicht offenbar würde. Nebenbei schenkte Soile beständig Wodka-Grape nach und prostete mir zu. Ich war genötigt zu trinken, weil sie mich die ganze Zeit sehen konnte.

Es wurde allmählich Morgen. Soile fragte, ob ich bei ihr übernachten wollte, sie hätte schließlich zwei Betten. Mir kam der Verblichene in den Sinn. Tatsächlich hätte ich kein Hotelzimmer, mußte ich gestehen. Und so blieb ich. Mit der Direktheit der Älteren fragte sie mich, als wir schon im Bett lagen, ob ich sie lieben wollte. Ich saß in der Falle. Ob eine Geschlechtskrankheit der richtige Ausweg wäre? Aber sie hätte die Lüge sicher bemerkt. Also wollte ich bei der Wahrheit bleiben und sagte ihr, daß ich sexuelle Kontakte vermeiden wollte, bis ich sechsunddreißig Jahre alt wäre. Das hätte ich mir schon als Fünfzehnjähriger in den Kopf gesetzt, und Soile akzeptierte es.

– Kommsde eben nächs Jahr, sagte sie mit Wärme, bevor sie einschlief.

Es hat lange gedauert, bis die offizielle Kultur in Finnland ihren Tango schätzen lernte. Anfang der Siebziger schrieb Jukka Pakkanen das Stück ›Jeweils eine Stunde‹ über Unto Mononens Leben, das zu einem der populärsten Hörspiele in der Geschichte des finnischen Rundfunks wurde. Ein paar Jahre später wurde daraus ein Fernsehspiel gemacht, das bei den Zuschauern ebenfalls sehr gut ankam. Schließlich schrieb Jukka Pakkanen noch eine Theaterversion, auch sie wurde ein großer Erfolg und für das Theater in Vaasa sogar ins Schwedische übersetzt. Und noch einmal kehrte Pakkanen zu Mononen zurück und schrieb für die sommerlichen Freilichtbühnen das Stück ›Kohtalon/Schicksals-Tango‹, das ebenfalls sehr volkstümlich wurde.

Der Zeitpunkt, zu dem der Tango und überhaupt die populäre Musik in Finnland zum ersten Mal seriöse Anerkennung erfuhren, läßt sich präzise festlegen, und zwar war das, als Pekka Gronow noch als Student 1963 in der ›Studentenzeitung‹ einen Artikel mit dem Titel ›Birkenrindenkultur und Tangokultur‹ veröffentlichte. Darin analysiert er die ernste und die populäre Musik in Finnland in qualitativer und quantitativer Hinsicht: »Soviel steht fest – für vier Millionen Finnen ist die populäre Musik die einzige Art von Musik, die es gibt.«

Ein noch nicht dagewesener Einfall!

Der Artikel hatte einen Sturm der Begeisterung zur Folge. Nun entdeckten auch andere, was los war. Zur gleichen Zeit verbreitete sich bei den sogenannten Kulturradikalen der Gedanke, man müßte hinaus ins Volk. Noch stand die Idealisierung der Arbeiter nicht in voller Blüte, aber man versuchte bereits, sein intellektuelles Gedankengut unter die Leute zu bringen, indem man es in populäre Musik hüllte.

Von erheblicher Bedeutung wurde Kaj Chydenius, der sich als Komponist gesellschaftlicher Themen annahm. Schon Mitte der sechziger Jahre komponierte er den *Tango Hiroshima* und 1967 den *Tango Finlandia*, ursprünglich auf der Basis eines Textes von Lars Huldén, in dem auch der frühere Präsident Urho Kekkonen und die Vereinten Nationen vorkommen und in dem es heißt, daß die Probleme des Alltags für die Finnen wichtigere Fragen darstellen als irgendwelche internationalen Beschlüsse. Die Übertragung ins Finnische stammt vom Schriftsteller Pentti Saaritsa, der eine ganze Reihe bemerkenswerter moderner Schlagertexte verfaßt hat.

Als ob er den finnischen Charakter des *Tango Finlandia* unterstreichen wollte, entlehnt Kaj Chydenius Vor- und Zwischenspiel aus Unto Mononens *Satumaa/Märchenland*. Seinen berühmtesten *Nuoruus-/Jugend*-Tango hat Chydenius zu einem Schauspieltext von Anu Kaipainen komponiert.

Tango wurde in den sechziger und siebziger Jahren in Finnland – ähnlich wie ursprünglich auch beim argentinischen Tango – als Mittel für gesellschaftliches Engagement eingesetzt. Vorgetragen wurde er natürlich ganz auf finnische Art. Es galt für die Benachteiligten im Tangotakt zu kämpfen und sie nicht nur in schönen Träumen zu wiegen.

Um das Publikum anzusprechen, war und ist der Tango ein gutes Mittel; in seiner finnischen Form ist er unserer Volksmusik verwandt, und so findet auch seine Textbotschaft in sonstigen Zusammenhängen ein größeres Echo als die mit anderen musikalischen Mitteln geschaffenen Lieder. Schmählieder beispielsweise sind häufig in Jenkka-, Fox- oder Rockmanier geschrieben. Einem Tango hört man jedoch lieber zu, besonders wenn er eine eingängige Melodie hat.

Und so läßt sich das Spektrum der Botschaften verbreitern, wenn man sie per Tango oder Humppa verkündet, handelt es sich dabei doch um die ganz eigene Musik der Finnen.

Allzu ernst nehmen die Finnen den Tango auch wieder nicht.

Die Warterei, die Anspannung und die Blamage hatten mich über die Maßen belastet. Ich war zu Haus und hörte Tangos. Wenn ich Musik höre, beschränke ich mich nicht auf den Gesang, auf den musikalischen Hintergrund achte ich genauso. Vor allem interessiert mich das Arrangement. Als Nichtspezialist weiß ich nicht so ganz genau, wo die Grenze verläuft zwischen der Komposition und dem Arrangement. Trotzdem. Ich denke, die Melodie ist Sache des Komponisten, und der Arrangeur kümmert sich um die Orchestrierung. Am deutlichsten kann ich das unterscheiden, wenn ich einmal die Plattenaufnahmen und dann das höre, was die Musiker live in den Tanzlokalen spielen. Also der Arrangeur spielt eine wichtige Rolle für den Erfolg einer Platte.

Als Tango in den sechziger Jahren in Finnland populär wurde wie nie zuvor, entstanden massenhaft Platten. Besonders bemerkenswert find ich, daß der größere Teil der Tangos damals von Jazzmusikern arrangiert wurde. Matti Viljanen, namentlich auf dem Akkordeon ein Meister, Toivo Kärki, früher Jazzpianist, Pentti Lasanen, ein guter Saxophonist, Jaakko Salo, Virtuose auf dem Akkordeon, Klavier und Vibraphon, und viele weitere Jazzer haben Tangos arrangiert. Ich versteh nichts von Jazz und kann darum nicht sagen, warum gerade diesen Musikern die besten Tango-Arrangements zu verdanken sind.

Vor allem für Matti Viljanen und Jaakko Salo bin ich voll von Bewunderung. Klar ist auch Toivo Kärki gut, aber er verläßt sich zu sehr auf seine Melodien und vernachlässigt das Arrangement ein bißchen; berühmt ist er vor allem wegen seiner Harmonien und der Geigenstimmen. Interessant zu sehen, wie er sich als Arrangeur verändert hat. Er war ja ausgebildeter Dirigent und kannte sich in Musiktheorie aus. Aber man muß bloß mal *Hiljainen kylätie/Stiller Dorfweg* oder *Rakasta, kärsi ja unhoita/Liebe, leide und vergiß* in der Fünfziger-Fassung für die Metro-Mädels mit dem Arrangement für Esko Rahkonen in den Sechzigern vergleichen, dann merkt man sofort: Die zweite Fassung ist eindeutig besser. Inzwischen hatte Toivo Kärki nämlich mitgekriegt, wie ernst die jüngeren Komponisten das Arrangement nahmen, und beschlossen, sich mehr Mühe zu geben.

Trotzdem, Matti Viljanen arrangiert besser, wahrscheinlich weil er selbst praktisch keinen Tango komponiert hat. Ich habe viele von ihm arrangierte Tangos auf Kassette, zum Beispiel die Single von 1965 mit Esko Rahkonen, *Syvä kuin meri/Tief wie die See* auf der einen, *Yön hiljaisuudessa/In der Stille der Nacht* auf der anderen Seite.

Syvä kuin meri gehört für mich zu den intensivsten Tangos in Finnland, und wenn ich irgendwas von klassischer Musik verstehe, erreicht *Yön hiljaisuus* die Klangdimension einer Sinfonie. Viel zu früh ist Matti Viljanen gestorben, und zwar an der für echte Musiker typischen Krankheit Alkoholismus. Jaakko Salo dagegen lebt, zum Glück für mich und viele andere.

Ich bin ein Fan von Jaakko Salo, seit ich mich mit Tango beschäftige, also seit meinem fünfzehnten Lebensjahr.

Von Jaakko Salos zahlreichen Arrangements hab ich versucht, so viel wie möglich zu sammeln. Vor allem seine Unto-Mononen-Arrangements liebe ich über die Maßen. Um nur einige zu nennen: *Sateen/Regen-Tango, Tähdet silmissäsi/Sterne in deinen Augen, Kohtalon-/Schicksalstango, Jos jätät minua/Wenn du mich verläßt, Kangastus/Fata Morgana.* Beim *Regentango* läßt Jaakko Salo die Geigen ein Pizzicato spielen, daß man Gänsehaut auf dem Rücken kriegt, so schön machen sie das Geräusch von Regentropfen nach. Beim

Schicksalstango sitzt er selbst am Klavier und erreicht mit sparsamen Mitteln zusammen mit dem Schlagzeug eine dramatische Wirkung. In der *Fata Morgana* läßt er das Orchester auf eine Art spielen, die ich nicht genauer beschreiben kann; das ist einfach so gewaltig und mitreißend, wenn Reijo Taipale singt *Luftbild* (das kommt mystisch), *geschaffen vom Sonnenflimmer* (dabei spielen die Streicher ein fein abwärts fallendes Motiv) / *Die Liebste seh ich* (wieder mystisch), *als Fata Morgana nur immer* (wieder fallendes Motiv der Streicher).

Jaakko Salo hat jede Art von Musik geschrieben, mich interessieren nur seine Tango-Arrangements. Er ist der große und entscheidende Erneuerer des finnischen Tangos. Ich hab ein paar ausgewählte Stücke seiner Aufnahme mit Arja Saijonmaa von 1995. Die Platte kam finnisch und schwedisch raus. Ich hab mir meine Lieblingsnummern rausgepickt. Meiner Meinung nach sind ausländische Tangos nie zuvor so prachtvoll finnlandisiert worden. *Ennen kuolemaa/Avant de Mourir* und *Öiset Kitarat/ Nächtliche Gitarren* kriegten ganz neue Dimensionen.

Die schwedische Version hat zusätzlich ein Schlagzeug, vielleicht um den finnischen Charakter hervorzuheben. Das gefällt mir besonders. Beim Tanzen will ich zwar den Rhythmus klar und deutlich haben, aber auf Platte – und im Konzert, wenn ich mal hingehe – finde ich das Schlagzeug besser, wenn es im Hintergrund bleibt. Auf der Platte hier übertrifft das Schlagzeug alle meine Erwartungen. Bei *La Paloma* und einigen anderen schlägt der Drummer mit dem Besen. Raffiniert! Allein wegen des Arrangements spiele ich die Platte immer wieder: Ich hab drei Bänder.

Jaakko Salo kann auch auf argentinische Art arrangieren, wie er beispielsweise auf zwei Platten mit Eino Grön zeigt, die in den achtziger Jahren in Buenos Aires aufgenommen wurden, oder auf *Tango*, der Akkordeon-Platte von Pedro

Hietanen von 1993. Gut zum Hören, find ich, aber auf keinen Fall würd ich danach tanzen wollen.

Jaakko Salo entwickelt den finnischen Tango – ich mein, zu Recht – ganz vorsichtig weiter. Dagegen find ichs weniger gut, wie einige junge Arrangeure beim Tangomarkt den argentinischen Stil imitieren. Zu schnell und zu viele fremde Klangelemente.

Nachdem ich viele Stunden mit dem Hören meiner Aufnahmen verbracht hatte, war ich in Ekstase. Ich wollte Anja treffen. Der gemächliche Gang durch die Stadt beruhigte mich einerseits, steigerte andererseits meinen Wunsch nach einem Wiedersehen mit der Frau, die in mir etwas weckt, was ich bisher noch nicht erlebt habe. Das heiße Prickeln, das der Gedanke an sie hervorrief, war qualvoll und lustvoll zugleich. Lustvoll siegte. Ich stand vor ihrer Tür. Steigende Spannung. Sollte ich es wagen zu klingeln? Und wenn sie jemand zu Besuch hatte? Gar einen Mann? Ein schneidender Schmerz fuhr mir durch die Brust. Ich preßte die Hand aufs Herz und atmete durch. Mit dem Ohr an der Tür prüfte ich, ob was zu hören war. Der Druck stieg. Nichts zu vernehmen. Meine Nerven wollten zerspringen. Ich stellte mir vor, wie Anja gerade in den Armen eines anderen liegen würde. Mit einem tiefen Atemzug drückte ich auf die Klingel.

– Was du! rief Anja hinter mir mit weicher Stimme.

Ich zuckte zusammen und drehte mich um. Anja war, ohne daß ich sie gehört hatte, hinter mir aufgetaucht. Sie kam vom Einkaufen, stellte ihre Tüte an der Tür ab und kramte in ihrer Handtasche nach dem Schlüssel.

– Komm doch rein! Ich hatte schon richtig Sehnsucht nach dir. Ich war bei diesen Worten ganz kraftlos, so schön war es, so was zu hören. Hat sich schon jemals jemand nach mir gesehnt? Noch nie.

– Ich war am nächsten Tag im Krankenhaus, um nach dir

zu sehen, aber man hätte dich schon am Morgen wieder entlassen, wurde mir gesagt. Und besuchen konnte ich dich nicht, ich weiß ja nicht, wo du wohnst.

Ich fragte, ob ich mich setzen dürfte. Meine Knie waren so weich, daß ich nicht stehen konnte, so echt gerührt war ich von Anjas Worten. Jemand mochte mich so sehr, daß er mich sogar suchte. Und dann noch sie, die, wie es bei den älteren Leuten heißt, mich zum Zittern brachte wie Espenlaub.

Ich muß sie angestiert haben, denn für kurze Zeit hielt sie meinen Blick fest. Dann meinte sie, ich sollte mich einen Moment gedulden und brachte die Einkaufstüte in die Küche. Ich hörte sie ins Badezimmer gehen. Mein Herz pochte. Würde sie nackt zurückkommen wie Irja? Es wollte mich schier zerreißen, so gespannt war ich. Anja erschien frisch und munter und fragte, wies mir so ginge.

Wie es scheint, ist Virtanen wirklich interessiert an Arrangements von Tangos. Er hat auch darauf hingewiesen, daß gerade Jazzmusiker besonders gut in der Bearbeitung sind. Das sollte man nicht so wörtlich nehmen; nämlich Leute, die sich mit Haut und Haaren dem Jazz verschrieben haben, sind vom Tango eigentlich nicht so eingenommen, weil das für sie bloße Unterhaltung ist, wovon ein ordentlicher Jazzer überhaupt nichts hält. Vom Jazzen kann man aber in Finnland nicht leben, drum müssen die Musiker spielen, was ihnen an sich zuwider ist.

Virtanen erwähnte Arrangeure, die ihm als Jazzmusiker bekannt waren. Bei diesen handelte es sich um solche, die nichts gegen Unterhaltung hatten. Zum Beispiel Matti Viljanen. Obwohl er schon seit den vierziger Jahren in Finnland ein Pionier des neuen Jazz auf dem Akkordeon war und bei seinen Auftritten am liebsten seine eigenen Sachen spielte, entwickelte er auch als Arrangeur von Tangos Ehrgeiz.

Andere vom Jazz kommende Tango-Arrangeure sind etwa Rauno Lehtinen, selbst ein super Allroundmusiker; Erkki Melakoski schrieb in den Fünfzigern Arrangements für leichte Jazzmusik; der Pianist Esko Linnavalli spielte gelegentlich mit Jazzern der Weltspitze wie Sonny Rollins; Kaarlo Valkama und sein Tenorsaxophon waren bei den frühen finnischen Jazz-Aufnahmen dabei. Von den Modernisten sollte man Henrik Otto Donner nennen, der in der sogenannten ernsten Musik so zu Haus war wie im Jazz und der Ende der Achtziger für den auch heute noch populären Sänger Topi Sorsakoski die Tango-LP *Hurmio/Ekstase* arrangierte. Jani Uhlenius ist ein besonders vielseitiger Virtuose. Er beherrscht das Genre des leichten Jazz wie die verschiedensten Richtungen der Volksmusik, spielt auf dem Klavier hervorragend lateinamerikanische Sachen und dirigiert Unterhaltungsorchester. Zu den Spitzenarrangeuren der neunziger Jahre gehört Riku Niemi, der ernste zeitgenössische Musik spielt, komponiert und dirigiert. Ursprünglich war er Jazz-Drummer und -Vibraphonist.

Die einen oder anderen Tangosänger haben festgestellt, daß Jazzmusiker die besten Tangointerpreten sind. Zu diesen gehört der erste Roma-Tangostar, Taisto Tammi, dessen Erfolg mit Toivo Kärkis und Reino Helismaas *Tango merellä/Auf dem Meer* 1963 begann. In seiner Band spielten praktisch ausnahmslos Musiker, die früher zur Avantgarde des Jazz gehört hatten. Er hatte nichts dagegen, daß hin und wieder eine Jazznummer eingelegt wurde, wenn er mit seiner Truppe bei Tanzveranstaltungen auftrat.

Eino Grön, von dem schon die Rede war, gehört zu den Gönnern der Jazzmusik. Seine Karriere begann nämlich als Sänger von Jazzballaden, erst Toivo Kärki hat den jungen Mann – aufgrund seiner eigenen Erfahrungen – in Richtung Tango umgepolt. Grön singt auch heute gern Jazzballaden, was er sich inzwischen leisten kann.

Virtanen kann zwar argentinische Arrangements von Finn-Tangos nicht ab, aber zu Eino Grön passen sie, wenn sie überhaupt zu jemand passen. Er hat sowohl in Finnland wie in Argentinien gezeigt, daß er Tangos international singen kann, ohne dabei ihre finnische Herkunft vergessen zu lassen. Kein Wunder, daß Jaakko Salo begeistert argentinische Elemente einbaut, wenn er für Grön arrangiert.

Finnland hat, so könnte man sagen, im Grunde zwei eigene Richtungen von Tango. Einmal das, was durch Toivo Kärkis Erfindung zum echten Finn-Tango geworden ist; das andere ist die internationale, vor allem argentinische Richtung, wie sie sich im Land eingebürgert hat. Auch wenn die Nation sich nicht so begeistert im Takt des internationalen Tangos bewegt, so hört sie doch den argentinischen Typ gern im Konzert. Osvaldo Pugliese war zweimal in Finnland, 1987 und 1989, und trat beide Male beim Festival Sata-Häme Soi/Klingendes Sata-Häme in der etwa fünzig Kilometer nordwestlich von Tampere gelegenen Stadt Ikaalinen in Westfinnland auf. Das genauso legendäre Orchester von A. Molando spielte ebenfalls seit 1984 wiederholt bei diesem Festival. Immer waren die Konzerte ausverkauft. Die berühmte argentinische Schauspielerin und Sängerin Susana Rinaldi hat seit ihrem ersten Auftritt in Finnland 1988 eine treue Fangemeinde hier.

Auch die Finnen selbst sind nicht schlecht, wenn es um die Interpretation internationaler Tangos geht. Man kann sich nur wundern, aber wahr ist, daß sich ein finnischer Sänger, nämlich Harri Saksala, im kritischen Paris den Ruf eines Kultsängers erwarb. Die mit der Sprache äußerst wählerischen Franzosen lassen sich Saksalas englischsprachige Moderation gefallen und – wollen seine finnisch gesungenen Tangos hören.

Harri Saksala hat als Begleitung ein international zusammengesetztes Pariser Quartett, dessen Mitglieder aus Frankreich, Deutschland und Uruguay kommen. Er selbst, früher Rocksänger bei Topmost, der Spitzengruppe der Sechziger, begann seine Tango-Karriere Anfang der Achtziger. Auf einem Jugendfestival auf Kuba stellte er die von Seppo, dem »Baron« Paakkunainen, arrangierte Latino-Salsa-Version von Unto Mononens Tango *Erottamattomat/Die Unzertrennlichen* vor. Das wurde ein Erfolg.

Gewissermaßen umgekehrt lief es bei Antero Jakoila, einem früheren Rock-Gitarristen. Schon seit Anfang der Sechziger hatte er mit verschiedenen namhaften finnischen Sängern Rockmusik aufgenommen. Ende der Achtziger begann sein Interesse in Richtung lateinamerikanische Musik zu gehen, und er entwickelte sich zu einem virtuosen Tango-Gitarristen.

Antero Jakoilas 1997 veröffentlichte Platte *Guitar & Tango* stellt so weit fortgeschrittenen künstlerischen Tango vor, daß kein Finne mehr dazu tanzen kann, einige Stücke würden wahrscheinlich Argentiniern Schwierigkeiten machen. Wollte man zu diesen Tangos tanzen, dann müßte man schon Tanzprofi der Spitzenklasse sein. Auf der Platte ist auch ein finnischer Klassiker, Toivo Kärkis *Täysikuu/Vollmond*, der nun wirklich eine Gestalt angenommen hat, die Kärki sich in seinen kühnsten Träumen nicht hätte vorstellen können. Die eigenen Kompositionen von Jakoila sind pure Konzertmusik.

Die Tango-Gruppe Milonga wurde in Tampere aus der Begeisterung nach Puglieses erstem Finnland-Besuch geboren. Sie ist mit Erfolg sogar in Buenos Aires aufgetreten.

Neben seinem Jazztrio hat der inzwischen zu Weltruhm gelangte Iiro Rantala ein Tangoquintett, mit dem er auf vielen Festivals Begeisterung geweckt hat. Die übrigen Mitglieder der Gruppe sind aus den USA. Von der Gruppe ist eine CD auf dem Markt, die Hälfte der Stücke sind Kompositionen von Rantala. Das finnischste von ihnen ist *Tangonator.*

Ich wollte mit Anja tanzen gehen. Es war noch nicht richtig Abend, und so gingen wir zum Gratis-Nachmittagstanz in den Alten Keller. Besonders viele Leute waren nicht da, aber immerhin so viele, daß wir problemlos zwischen den übrigen Tänzern würden verschwinden können. Ich fühlte mich ganz seltsam. Beim Reinkommen schlug ich vor, daß wir uns in die von der Tür aus nächstgelegene Nische setzen sollten. Anja war ein bißchen verdutzt, sie war gewohnt, mich an der Theke zu finden, von wo aus ich das Parkett aufsuchte.

Ich wollte Anja unbedingt mit Champagner traktieren.

– Was feiern wir denn, fragte sie mit fröhlichem Lachen.

– Wir feiern, daß ich dir begegne, wagte ich zu erwidern.

– Du begegnest mir doch immer wieder. Manchmal hier, manchmal im Maestro, sagte Anja und war deutlich erfreut.

– Ich habe trotzdem das Gefühl, daß seit unserer letzten Begegnung zu viel Zeit vergangen ist, dabei betonte ich zu viel Zeit.

– Ich muß gestehen, ich hab dich vermißt, Anja errötete, während sie das sagte.

Der Champagner kam, ich hob mein Glas, Anja hob ihr Glas.

– Auf die attraktivste Frau der Stadt! verkündete ich.

– Übertreib bloß nicht, antwortete Anja und kriegte ein bißchen schüchterne Glut ins Gesicht.

– Ganz und gar nicht, ich find dich wirklich sehr attraktiv.

– Wo du doch so viele Frauen triffst, da kann ich wohl nicht die attraktivste von allen sein. Es gibt unter deinen Bekannten ja richtig feine Damen, bemerkte sie.

Dabei fiel mir Violetta ein, mit einem kleinen Stich. Ich

hatte mich nicht bei ihr gemeldet und um Entschuldigung gebeten. War aber jetzt nicht wichtig. Wichtig war Anja.

– Ich geb ehrlich zu, ich kenn Frauen, aber wie gesagt, für mich bist du die attraktivste, bestand ich auf meiner Behauptung.

– Na fein, ich bin die attraktivste Lady auf der Welt, Anja war richtig gutgelaunt und fügte hinzu, und du hast überhaupt nicht mitgekriegt, daß schon mehrmals zwei Tangos gespielt wurden.

Hatte ich nicht. Die Gruppe kannte ich, das Orchester Marita Välijeesiö. Gleich mit dem nächsten Tango *Romanialainen kitara/(Rumänische Gitarre) Chitarra Romana* zog ich Anja auf die Tanzfläche und preßte mich an sie. Sie war nicht erstaunt, das hatte ich ja schon mal gemacht, um die Erektion des Penis vor der Öffentlichkeit zu verbergen. Sie drückte sich ihrerseits an mich. Wie von einem elektrischen Schlag getroffen richtete der Penis sich zu voller Höhe auf. Was mich jetzt nicht bekümmerte. Mitten auf dem Tanzboden drängte ich das Glied einfach in Anjas Kleid und fühlte mich ganz und gar glücklich. *Nyt kun aikaa on/Jetzt, wo Zeit dafür ist*, war der zweite Tango, komponiert von Raimo Raiha, getextet von Juha Vainio. Die letzten Zeile sang ich leise mit:

Jeden Augenblick bei dir,
jetzt, wo Zeit dafür.

Anja flüsteret mir ins Ohr, ich hätte eine sexy Stimme.

Ich zuckte zusammen. Blieb mitten im Tanz stehen, den Ständer in der Hose, und starrte Anja an.

– Sexy? stutzte ich, hast du nicht früher weich gesagt?

– Weich und sexy, schnurrte Anja, deine Stimme macht einen an.

Ein verqueres Schwindelgefühl überkam mich. Ihre Worte brachten mein Blut in Wallung. Ich war nicht mehr, der ich war. Nach dem Tanz traumwandelte ich mit ihr zu unserem abgelegenen Tisch. Automatisch bewegte sich meine Hand, als ich den nächsten Champagner bestellte. Ich schaute den Kellner gar nicht an, aber er bemerkte meinen Wink. Die vollen Gläser kamen. Wieder hob ich das meine, Anja das ihre.

– Du berauschst mich, sagte ich, ohne zu wissen, was ein Rausch ist.

– Und du mich, erwiderte sie.

Wir tranken Champagner, tanzten alle Tangos, auch was nur von ferne an Tango erinnert, getarnt in der Rock-Kappe. Wir hatten einander so viel zu sagen, daß uns völlig entging, wie die Gratiszeit verging und die nächste Gruppe anfing zu spielen. Ich zahlte den Eintritt, ohne dem Türsteher überhaupt einen Blick zu schenken, und wir setzten unser Gespräch fort. Tanzten Tango. Aus dem Abend wurde Nacht, was mir auch nicht auffiel.

Auf einmal war es zwei. Wir liefen die Straße entlang und redeten. Waren in Anjas Wohnung, als hätten die Türen sich von selbst geöffnet. Sie machte Tee. Ich war in einem Zustand wie nie zuvor. Als Anja sagte, wir sollten schlafen gehen, folgte ich ihr. Gespannt wie ein Bogen. Anja zog sich vor meinen Augen den Pyjama an und mir stand das Wasser im Mund, keine Ahnung warum. Sie setzte sich aufs Bett und sah mich an.

– Gehst du nicht schlafen?

– Doch, schon, beeilte ich mich zu sagen und zog mich aus, bis mir einfiel, daß ich keinen Schlafanzug hatte.

– Nun komm doch! ermutigte sie mich, ich lag neben ihr und hatte nur die Unterhose an.

Mir war heiß. Anja schien zu leuchten. Das Glied stand in der Hose, und ich konnte nichts machen. Anja fing an, meine Schultern und meine Brust zu streicheln, dann öffnete sie den Unterhosenschlitz und nahm das Glied in die Hand.

– Schön, sagte sie, schön wie du.

Ich merkte, wie ihre Hand zitterte. Das Zittern pflanzte sich als Pochen in meiner Brust fort. Das Herz schlug mir im Hals. Plötzlich ließ Anja los, entkleidete sich. Ich erstarrte wie verhext. War ich mit der Venus von Milo zusammen? Sie zog mich an sich. Wie auf einer Lafette glitt ich zu ihr. Konnte nichts anderes tun, als sie anstarren.

– Leg dich auf mich, forderte sie.

Von Geisterhand bewegt lag ich auf ihr, durch und durch in Schweiß gebadet.

Ich sah die Sterne. Nie hätte ich mir ein Lustgefühl vorstellen können wie dieses. Schlagartig war ich außer mir, außerhalb meines Körpers. Ein anderer.

– Ich liebe dich, sagte Anja mit der zärtlichsten Stimme der Welt.

Sie sagt, sie liebt mich. Und ich? Was war mit mir? Ist es Liebe, wenn man innerlich kocht?

– Ich will dich ganz.

Die Sterne fingen an zu funkeln. Gewitter grollten in meinem Kopf. Ich will dich ganz, hallte es vom Berg ins Tal. Anja brannte lichterloh. Hundert Hämmer hämmerten in meinen Schläfen. Ich wand mich aus ihrer Umarmung und lag neben ihr.

– Ich kann nicht! schrie ich.

Ein Elektroschock für beide. Anja schaute mich an, von Lust und Grauen gleichermaßen gebeutelt. Und brach in Tränen aus. Weinte zum Gotterbarmen. Mein unbeholfenes Streicheln brachte keine Linderung. Es schüttelte ihren Körper, die bitteren Zähren stiegen und fielen in Strömen, während sie sich wand und krümmte.

Es verging sicherlich eine Stunde, was weiß ich. Das Weinen verebbte, und sie schlief ein. Ich war voller Entsetzen, ergriffen von Zärtlichkeit und Mitleid mit dieser wunderbaren Frau, aber da war nichts zu machen. Selbst zitterte ich so sehr, daß ich neben ihr nicht schlafen konnte. Gewaltige Frostschauer schüttelten mich, auch wenn ich mich noch so fest in die Decke hüllte. Ich war völlig von der Rolle. Was sollte ich tun für sie, die mir soviel Lust brachte, die mir das Herz im Leib verrückt hatte – gefährlich und wunderbar?

Leise stand ich auf. Wischte mir ein paar große Tränen aus dem Gesicht. Zog mich an, die Augen auf die schlafende Anja gerichtet. Ratlos. In Panik blickte ich mich um. Auf dem Tisch lagen ein Stift und ein Notizblock, mit zitternder Hand schrieb ich:

»Anja, es tut mir ja so leid. Kannst du mir je verzeihen?«

Den Zettel legte ich aufs Bett und stahl mich leise davon.

Ich saß zu Haus und hörte Tangos. Hin und wieder war was Bekanntes dabei. In Harry Bergströms und Helena Korpelas *Houkutus/Verlockung* heißt es:

. . . ein seltsam Sehnen bringt die Nacht.
Was Zauberhaftes in ihr liegt.

Und in *Musta ruusu/Schwarze Rose* der Gebrüder Viherluoto:

In jener Nacht ein Sturm sich hob
und Hagel schlug, es blitzte.

Genau das war passiert! In meinem Kopf gab es so viele elektrische Entladungen, daß ich keine Klarheit in meine Erinnerung kriegte. Vor zehn Jahren und ein paar zerquetschten, als ich mal eine kleine Operation hatte, gab man mir ein Schmerzmittel mit einer intravenösen Spritze. So was von der Art hatte ich letzte Nacht durchgemacht. Der Vergleich mit dem Krankenhaus war nicht genug. Da war noch was.

Ich überlegte, was ich angerichtet hatte. Ich hatte Anja nichts antun wollen. Trotzdem hatte sie bitterlich geweint, und ich war zwischen einer seltsamen Leidenschaft und fletschender Angst hin- und hergerissen worden. Und dann hatte sie auf einmal angefangen zu weinen. Ich erinnerte mich an den Ausdruck in ihrem Gesicht. So was hatte ich noch nie zuvor gesehen. War zwar nur ein Augenblick, aber nun für immer in meinem Bewußtsein. Kalte Schauer liefen mir über den Rücken.

Ich war durcheinander, etwas zerriß in meinem Inneren,

ich wußte nicht was. In Unto Mononens Tango *Kukkani lumen alla/Meine Blume unterm Schnee* heißt es mit den Worten von Saukki:

Nicht endet der Kummer des Unglückseligen,
bis wieder hell der Weg des Lebens.

Einer der Unto-Mononen-Tangos, die postum für die Nachwelt gerettet wurden. *Bis wieder hell der Weg des Lebens.* Das war bedrückend, bedrückte Herz und Verstand.

Reino Markkula, geboren 1928 und 1997 bei einem Autounfall ums Leben gekommen, nach den Kriegen aus Karelien zuerst nach Loimaa, später nach Helsinki gezogen, hat viele Tangos geschrieben. Zwei davon sind mir wichtig. *Sä kuulut päivään jokaiseen/Du bist ein Teil von jedem Tag*, getextet von Juha Vainio, und *En tuntenut sua silloin/Ich hab dich damals nicht erkannt*, Text von Solja Tuuli, d. h. Sauvo Puhtila. Obwohl ein populärer Entertainer, blieb Markkula bis Anfang der siebziger Jahre in seinem Beruf als Verkaufsberater bei der Einzelhandelskette Talouskauppa. Dann, bereits als über Vierzigjähriger, wurde er Künstler im Vollberuf. Ich hörte mir beide Lieblingstangos von ihm an. Anja *ein Teil von jedem Tag.* Und ich selbst? Was war bloß in mich gefahren? Wie konnte plötzlich eine Frau für mich so wichtig werden, daß sie *zum Morgen und Abend gehörte*? Was hatte ich wohl falsch gemacht? Und: *Ich hab dich damals nicht erkannt, das Glück ist mir entglitten.* War eben das letzte Nacht passiert?

Es gehört nicht zu meinen Gewohnheiten, daß ich Blumen kaufe. Aber nun wollte ich Rosen für Anja. Ich ging in den Blumenladen und wählte sorgfältig. Feuerrot heißt feurige Liebe, hellrot ein bißchen maßvollere, nein, auf keinen Fall. Ich war doch nicht verliebt. Weiß ist die Unschuld. Die Zahl ist ein Problem. Ob Anja was von Zahlensymbolik versteht? Drei heißt unzertrennlich, das ging nicht. Wir waren ja nun wirklich nicht unzertrennlich. Vier: die vier weltlichen Tugenden. Von Tugenden war keine Rede. Fünf: die Anzahl der Wunden Christi. Ich entschied mich für fünf weiße Rosen. Wenn Anja die Zahlensymbolik kannte, dann würde sie verstehen, daß ich genauso litt wie sie. Wenn nicht, fünf ist ein passend schönes Gebinde. Auf die Karte schrieb ich: Letzte Nacht!

Ich ließ Anja die Rosen zuschicken.

Selbst kehrte ich nach Haus zurück und versuchte wieder zur Vernunft zu kommen. Ich fuhr aus meinen Gedanken hoch. Unbewußt hatte ich an meinem gestrigen Hemd geschnüffelt, das Anja in der Nacht geküßt hatte; wollte also Anjas Duft in Erinnerung rufen. Ich richtete mich auf und machte ein paar heftige Gymnastikbewegungen. Man mußte sich mit allen Mitteln aus diesem Schlamassel befreien. Es war früher Abend, so ging ich spazieren; drehte eine lange Runde, ungewöhnlich lang für mich, durch die ganze Stadt. Von Sörnäinen nach Pasila, von da durch den Zentralpark nach Munkkiniemi, vorbei an der Residenz des früheren Präsidenten Urho Kekkonen die Seurasaari-Uferstraße entlang über den Friedhof von Hietaniemi, über Punavuori bis zum Kaivopuisto-Ufer und von dort zum Marktplatz, eine Veranstaltung von ungefähr fünfundzwanzig Kilometern.

Abend. Aus einer Telefonzelle am Senatsplatz rief ich Violetta an. Wieder meldete sie sich mit ihrem Familiennamen.

– Ach du bists? rief sie beglückt, nachdem ich meinen Namen genannt hatte. Ich hab in Turku in der Nacht auf dich gewartet. Mußtest du im Krankenhaus bleiben?

– Das nun doch nicht. Nach einer kleinen Untersuchung war ich okay. Ich hab bei Dr. Mattila übernachtet, sagte ich unter geringfügiger Verdrehung der Tatsachen.

– Ah, jassoo. Du hast ja wirklich eine Menge Bekannte, stellte sie fest und war ganz betörend.

– Hast du heute abend schon was vor? fragte ich.

– Ich stehe ganz zu deiner Verfügung, erwiderte Violetta mit einem hellen Lachen.

– Wir sind neulich bei der Erkundung der finnischen Tangokultur unterbrochen worden. Wie wärs mit einer Fortsetzung?

– Sicher! Hört sich spannend an. Ich konnte nur nicht so ganz ungezwungen sein da in . . . im . . .

– Maestro, ergänzte ich.

– Genau. Maestro, so hieß das Lokal. Gehn wir wieder dahin?

– Gehn wir nicht. Ich dachte, ich führ dich in den exotischeren Teil von Helsinki, antwortete ich und bemerkte an mir, ich war wieder der alte.

– Herregud, ist ja super. Wo wollen wir uns treffen? Ich brauch eine Stunde, um mich fertigzumachen. Dann kann ich ein Taxi nehmen und fahren, wohin auch immer, sagte Violetta voller Eifer.

– Sag dem Fahrer, er soll dich am stadteinwärtigen Ende der Langen Brücke absetzen.

– Mein Gott, wie aufregend, rief sie. Ich bin in anderthalb Stunden da.

Das Taxi mit Violetta traf an der Ecke zur Unionsstraße ein. Sie sah mich an der Brücke stehen und sprang praktisch mit einem Satz aus dem Auto. Dann beruhigte sie sich und stellte ihre Neugier auf höfliches Normalmaß.

– Wo führst du mich hin? fragte sie und war doch ein bißchen aufgeregt.

– Ganz in die Nähe. Wir gehen auf die andere Seite vom Wasser ins Brückentor, sagte ich gelassen, obwohl es mich anmachte, Violetta zu sehen.

– Ins Brückentor? Ist das ein Lokal?

– Ist es. Eins der populärsten Tanzlokale von Helsinki, und so groß, daß genauso viele Leute reinpassen wie auf eine Schweden-Fähre, übertrieb ich ein bißchen.

– Oho! Gibts in Helsinki so große Lokale? Violetta war aufrichtig erstaunt.

– Aber hallo. Allerdings tanzen nicht alle auf der gleichen Tanzfläche. Oben im Brückentor ist ein Speiselokal und ein Saal, wo ältere Tanzmusik gespielt wird, unten ist eine Disko, belehrte ich sie sachverständig.

Die Angestellten waren etwas geplättet, denn noch nie war ich in Begleitung einer so eleganten Dame erschienen. Sie lächelten aber um so freundlicher. Was Violetta anhatte – sie nannte es Alltagsklamotten –, war weit jenseits vom Niveau der anderen Frauen. Ihr fiel aber nichts Besonderes auf. Sie sah sich interessiert um. Ich steuerte sie quer durch den Saal in eine kleine Loge, von wo aus man einen freien Blick hatte.

– Was solls denn sein? ich dachte an den Fehler von neulich.

– Wo ich noch nicht weiß, wie sich der Abend anlassen wird, könnten wir vielleicht einen Sherry nehmen.

Zu meinem Glück war die Auswahl so begrenzt, daß ich einen Fino bestellen konnte, was sich als das richtige erwies, nicht zu trocken, nicht zu süß.

Das Orchester Witikainens Roulette spielte Tanzmusik von der mehr unterhaltsamen Art. Mir wars recht, daß erst mal noch keine Tangos kamen. Violetta könnte die Stimmung im Brückentor aufnehmen. Ich hätte Gelegenheit, in aller Ruhe meinen alten Virtanen wiederzufinden.

Dann spielten die Musiker Georges Boulangers Tango *Ennen kuolemaa/Avant de Mourir*, und wir machten uns sofort an die Arbeit. Violetta war eine Offenbarung auf dem Parkett. Es gab eine ganze Reihe von Leuten, die ihr Tanztempo drosselten, um sie zu betrachten, danach dann – vermutlich mit einigem Erstaunen – mich. Ihr konnte das kaum entgangen sein, aber sie blieb ganz unbeeindruckt. Sie tanzte voller Hingabe mit mir. Ich fühlte mich nicht so locker. Mich störte, daß man uns angaffte. Um mich aus der Situation zu retten, nahm ich mein kleines Kämpferherz in beide Hände und sang Violetta leise ins Ohr:

Wohl gönnt auch Glück das Leben
führt herbei einen Freund soeben . . .

– Du singst so weich. Warum machst du nicht weiter? Sing doch weiter! Ich finds schön, wenn du mitsingst, flüsterte sie.

Wir tanzten, bis die Melodie wieder am richtigen Punkt angelangt war, und ich sang weiter:

Eh der Tod mein Leben endet
sich auch mir das Glück zuwendet.

– Ist der Text auf finnisch so dramatisch? fragte Violetta lachend.

– Ist er. Ich glaub, auf schwedisch ist er auch ganz ähnlich, und auf deutsch sagt er, daß die Saiten der Geige reißen, das ist bildlich gemeint, klärte ich sie auf.

Ich hab ja so gar keine Ahnung von Tangos. Und doch hab ich den schon gehört, wahrscheinlich eben auf deutsch, meinte Violetta ohne den geringsten Hinweis auf ihre Weltläufigkeit.

Der Tango endete, Seppo Tammilehtos *Maailma-/Welt-Tango* war als zweiter an der Reihe.

– Hier haben wir nun wohl einen echten finnischen Tango, sagte Violetta und betonte dabei das Wort finnisch, den hab ich nämlich noch nie gehört.

– Kein so großes Wunder. Ist nämlich einer von den neuesten Finn-Tangos. Das Stück siegte beim Tangomarkt im Kompositionswettbewerb 1990, berichtete ich.

– Das ist dann also eine Art Königstango von 1990? erkundigte sich Violetta mit einem Lachen in der Stimme.

– Kann man so sagen, nachdem es nun mal den Wettbewerb gewonnen hat, stimmte ich zu.

Der *Welt-Tango* war beendet, und wir kehrten an unseren Tisch zurück. Violetta war sehr angetan.

– Ich muß zugeben, das ist für mich ganz was Neues, sagte sie.

– Gehst du im Sommer nicht auf die Tanzböden? wunderte ich mich.

– Doch, schon. Aber die sind so selbstverständlich finnisch exotisch, sieht man ja im Kino und im Fernsehen. Das hier ist ganz was anderes. In so einem Lokal war ich noch nie.

Richtig stolz, daß es geklappt hatte, Violetta zu überraschen und zu faszinieren, winkte ich der Bedienung und bestellte, ohne Violetta zu fragen:

– Zweimal »I Love You«.

– Was ist das denn? Schon wieder war sie entzückt.

– Wir bekommen was zu trinken, konstatierte ich, ganz Mann von Welt.

Die Bedienung brachte zwei Gläser mit »I Love You«-Cocktails. Zwei Zentiliter Kirschlikör, zwei Kaffeelikör, *Kahlua*, den mexikanischen Kakaolikör, und Sahne. Wir nippten an den Getränken.

– Hab ich noch nie getrunken, schmeckt aber gut, stellte sie fest.

Im selben Augenblick kam ein Wagehals und entführte Violetta zum Foxtrott. Sie folgte gutgelaunt, jetzt würde sie finnische Exotik ohne meinen Schutz erleben. Mir blieb Zeit zum Nachdenken. Ich bestellte zwei Weißwein und eine Karaffe Wasser.

Es gab diesen feinen Zug, oder soll ich sagen, die Besonderheit an Violetta. Sie beunruhigte mich nicht im geringsten.

Der Bengel ließ uns in aller Ruhe tanzen. Ich fühlte mich sauwohl. Prächtige Frau. Zwar für einen wie mich völlig undenkbar, mit einer Dame wie ihr eine engere Beziehung herzustellen, aber was solls.

Sie kam an den Tisch zurück und berichtete erheitert, wie sie das Gewimmel im Brückentor hätte verfolgen können, der Knabe hätte nämlich kein Wort geredet.

– Das hab ich beim ersten Mal auch nicht, wenn du dich noch erinnerst, sagte ich.

– Ich erinnere mich sehr gut, aber du warst mutig genug, mit mir Bekanntschaft zu schließen. Ich glaub, der Typ kommt kein zweites Mal, wohl auch nicht viele von den anderen, meinte sie und war schon wieder vergnügt.

Wir tanzten aufs neue alle Tangos. Mit einer Ausnahme konnten wir uns während der Pausen am Tisch unterhalten. Ich spürte nicht das geringste Verlangen, eine andere aufzufordern. Violetta war ganz einfach so strahlend, daß die übrigen Frauen neben ihr, direkt gesagt, verblaßten.

Der Abend ging seinem Ende zu. Wir machten uns gerade auf, um *Leirinnuotio/Lagerfeuer* zu tanzen, als jemand mich so heftig an der Schulter zerrte, daß auch Violetta zusammenschreckte. Irja sah mich an. Man konnte ihr anmerken, daß sie heute noch mehr Kossuvissy intus hatte als sonst; ein Wunder, daß ich sie nicht schon früher bemerkt hatte, andererseits hatte ich mich auch nicht weiter umgesehen.

– Virtanen, schau an der Virtanen, Irja betonte beide Male die letzte Silbe von meinem Namen, da hast du ja eine Begleitung gefunden, feiner als du selbst.

– Na so was, die Irja! sie hatte mich ein bißchen kalt erwischt, aber wunderbarerweise bekam ich die Situation gleich wieder in den Griff. Darf ich bekannt machen, Irja, und das ist Violetta Granehjelm.

– Schlicht Irja ... Ist es denn die Möglichkeit, tatsächlich Granehjelm. Und nicht etwa von Granehjelm! Irja betonte das *von.* Na, dann ist es ja kein Wunder, daß man dich im Fêtenmeister nicht mehr sieht, wenn du dich mit den Granehjelms dieser Welt in der Stadt rumtreibst.

– Entschuldige, Violetta, das war auf Irja bezogen, und mit eisiger Stimme fügte ich an diese gerichtet hinzu: Weder du noch irgendwer sonst ist für mich zuständig. Ich kann tun und lassen, was ich will. Violetta, wir gehen!

– Von wegen gehen, nicht bevor ich dir noch ein paar Dinge mitgeteilt habe, fing Irja von neuem an. Hör zu, Violetta, Irja sprach den Namen als *Vío*letta aus, hör zu, trau dem Typen da nicht für einen Groschen. Ich sags dir gleich, wies ist, hörst du, der kriegt ja nicht mal einen hoch!

– Violetta, sagte ich mit größter Bestimmtheit, ich bitte dich um Entschuldigung für das Betragen dieser Frau. Sie weiß im Moment nicht, was sie sagt.

– Versteh ich vollkommen, sagte Violetta unbekümmert, sie hat ein bißchen tief ins Glas geschaut, aber das solls ja geben.

– Das solls ja geben, häh, insistierte Irja. Gibts wohl auch in den besseren Kreisen?

– Kommt vor, bemerkte Violetta friedfertig, als hätte sie die besseren Kreise nicht gehört.

Der Türsteher war zur Stelle.

– Wird Hilfe benötigt? fragte er höflich.

– Nicht erforderlich, wir sind nur von einer alten Freundin angesprochen worden, sagte ich.

– Ach so, alt . . . Irja griff das Wort auf und trat es breiter: Eine alte Freundin! Waren wir nicht beide gleich alt? Oder . . . Virtanen!

Ich nickte dem Türsteher zu. Der führte Irja zur Seite, und wir setzten unseren Weg aufs Parkett fort. Ich wollte auf keinen Fall zeigen, daß man mich gedemütigt hatte. Hingebungsvoller als je zuvor an diesem Abend war ich bei der Sache. Wieder hatte ich den Mut zu einer schnellen Drehung, wieder wagte ich einen Abwärtsschwung mit Violetta. Sie war hin- und hergerissen.

– Also ich finde, das ist wirklich, also echt ein Erlebnis. Und die Krönung des Ganzen ist deine Freundin da, wie war doch noch mal gleich der Name?

– Irja, sagte ich schnell.

– Genau, Irja! Schöne Frau. Ich find, sie ist mutig. Sie hat getan, was normalerweise nur finnische Männer tun, seufzte Violetta entzückt.

– Sie war einfach peinlich, merkte ich an, etwas leidend.

– Eben! Es machte ihr nichts aus, peinlich zu wirken. Ich könnte das nicht, und dabei sah Violetta sich suchend um, vielleicht gab es irgendwo noch eine Spur von Irja.

Dann war der Abend zu Ende. Violetta fand es schade, daß sie nicht weitermachen konnte. Ich hätte ihr sicher noch mehr finnische Exotik zeigen können. Sie hätte aber am nächsten Tag schon frühmorgens eine Besprechung, also würde sie jetzt ein Taxi nehmen und schlafengehen. Ich winkte einem vorbeifahrenden Wagen, und der hielt. Violetta blieb an der Tür zum Taxi stehen, nahm meinen Kopf zwischen die Hände und küßte mich auf den Mund.

– Danke für den wunderbaren Abend! Hoffentlich kannst du so was wieder mal arrangieren.

Es war ein großartiger Abend gewesen. Violetta war einfach Spitze. Der Zwischenfall mit Irja – normalerweise hätte ich so was ätzend gefunden – war jetzt nach Violettas Reaktion nur noch lustig.

Beim Nachhausekommen fühlte ich mich müde genug, um gleich ins Bett zu gehen. Ich war gerade am Einschlafen, als eine unbekannte Kraft mich aufrichtete. Meine Hand war auf das Hemd von gestern gestoßen. Ich schnupperte daran und konnte mir einbilden, noch einen schwachen Hauch von Anjas Duft zu spüren.

Ennen kuolemaa/Avant de Mourir ist einer von den in Finnland ganz besonders beliebten ausländischen Tangos. Der legendäre Sänger Olavi Virta – für viele der einzig wahre Tangokönig – hat das Stück dreimal aufgenommen. Das erste Mal 1944, dann die berühmteste Version 1953, und ein drittes Mal 1957 unter dem Titel *Sydämeni toivomus/Mein Herzenswunsch* und basierend auf der neuen Version des Amerikaners Jimmy Kennedy. In Saukkis Text kommt der Tod nicht mehr vor. Aber die Nation liebt die morbide 53er Version mit dem Text unter dem Pseudonym Kullervo. Die einzige wahre finnische Interpretation – von König Virta!

Ursprünglich hat Georges Boulanger selbst seine Komposition als Instrumentalfassung aufgenommen. Sein glänzendes Geigenspiel hat diesen Habanera-Tango in ganz Westeuropa und in den Vereinigten Staaten populär gemacht. Die Deutschen beeilten sich, dem Stück einen Text hinzuzufügen, das besorgte Curth Flatow, und der Tango bekam den Titel *Eine Saite zersprang.* Trotzdem behielt er immer den französischen Untertitel *Avant de Mourir.* Der schwedische Text *Före döden*, der sich sklavisch an die finnische Vorlage hält, stammt vom finnlandschwedischen Dichter Joel Rundt. Später hat Ture Rangström auch eine reichsschwedische Fassung geschrieben. Die hält sich an das deutsche Original und da heißt es: *Strängen brast inom mej/Eine Saite zerprang in mir.* Der Titel in Schweden blieb französisch, *Avant de Mourir.*

Virtanen hat viele andere ausländische Lieblingstangos. Vor allem die großartigen Interpretationen von Olavi Virta aus den fünfziger Jahren haben so manchen eingefleischten Finn-Tango-Fan dazu gebracht, das Finnland-über-alles-Prinzip über Bord zu werfen. Schon *La Cumparsita* war von Beginn an ein Tango, der auch die störrischsten finnischen Mannsbilder auf die Tanzfläche zog.

Bekanntlich fährt Virtanen voll auf einen der 56er-Virta-Tangos ab, Josef Rixners *Öiset kitarat/ Nächtliche Gitarren.* Er besitzt auch die Aufnahme von 1945, *Yön kitarat/Gitarren in der Nacht*, die findet er aber nicht ganz so gut wie die reichlich zehn Jahre später herausgekommene Version. In der älteren Fassung bringt Olavi Virta den hohen Schlußton noch nicht so vollkommen, da wird er ein bißchen dünn. 1956 dagegen kommt er auf ein wunderschönes hohes a, für viele Operntenöre das höchste, was sie noch sicher beherrschen.

Die meisten übrigen Sänger fallen bei ihren Aufnahmen am Ende eine Oktave nach unten.

Eine der größten Aufnahmen von Olavi Virta ist *Jalousie* von dem dänischen Komponisten Jacob Gade, auf finnisch *Mustasukkaisuus*. Den Textanfang *Järjen veit, ja minusta orjan teit/Nahmst mir den Verstand, ich mich als Sklave fand* haben schon viele Leute mit Schmerz im Auge deklamiert. Jacob Gade hat für seinen Tango eine ungeheure Anfangskadenz geschrieben, die normalerweise nicht gespielt wird, außer bei Unterhaltungskonzerten von Sinfonieorchestern, wenn der Konzertmeister Gelegenheit bekommt, das Publikum als Primas auf der Violine zu beeindrukken, bevor der Sänger mit dem bekannten und erwarteten Teil einsetzt.

Auch *Kylmät huulet/(Kalte Lippen)Tango Roulette* von René Roulette – 1955 von Olavi Virta aufgenommen – ist immer noch populär in Finnland. 1964 forderte eine Frau Virta mit einer Neuaufnahme heraus: Eila Pienimäkis Interpretation war von so suggestiver Kraft, daß das Stück noch einmal ganz oben in den Charts landete.

Im Tango-Gewand konnten einige ausländische Kompositionen bei den Finnen landen, die sonst kaum Chancen gehabt hätten. Wie zum Beispiel Victor Youngs *Golden Earrings*, woraus sich hierzulande kaum einer was gemacht hätte, wenn es nicht als Tango namens *Kultaiset korvarenkaat* lanciert worden wäre.

Frappierend ist der Aufstieg des polnischen Tangos *Kastany* von Z. Korepta zum finnischen Dauerbrenner. In der Übersetzung von Saukki wurde aus den Kastanien *Yö saaristossa*, eine *Nacht in den Schären*. Die Polen lieben Tango, aber nur das eine Stück aus ihrer Schatzkammer hat den Weg in den Norden und zum Herzen der hier oben lebenden Finnen gefunden.

Die USA sind eigentlich kein Tangoland, und doch sind ein paar Tangos aus den Vereinigten Staaten nach Europa und von dort nach Finnland gelangt. Frank Sinatra sang Anfang der Fünfziger den Tango *I'm a Fool to Want You*, im Finnischen kriegte er 1964 mit der Aufnahme von Kai Lind den Titel *Tuhon tietä kuljen/Ich geh den Weg des Verderbens*.

Noch beliebter unter den angelsächsischen Tangos ist *Romany Violin*, dessen Einspielung als *Mustalaisviulu/Zigeunergeige* durch den Opernsänger Juha Eirto die Finnen 1956 in Ekstase versetzte. Ein zweites Mal, und zwar 1982, wurde das Stück zu einem überwältigenden Erfolg, als Harri Marstio es in englisch auf der Pedro-Hietanen-Platte mit dem Titel *Tango Moderato* herausbrachte. Tango war wieder mal angesagt. *Romany Violin* war bahnbrechend am Erfolg der Tango-LP *Hurmio/Ekstase* von Topi Sorsakoski beteiligt, die 1985 herauskam, und deren Einzelnummern ausschließlich Tangos waren, die Olavi Virta seinerzeit aufgenommen hatte.

Die Platte fand begeisterte Aufnahme, Topis Stimme wurde der von Olavi Virta an die Seite gestellt: Es wurde sogar gemunkelt, Topi Sorsakoski könnte die Frucht eines Seitensprunges von Olavi Virta sein.

Jedenfalls brachte er ein in Finnland neuartiges Phänomen zuwege: Er begeisterte die Rock-Jugend für die alte Tanzmusik. Die drängte in seine Stahlsaiten-Konzerte, noch bevor er irgendwas aufgenommen hatte. Das wiederum brachte Pedro Hietanen dazu, Sorsakoski den Vorschlag zu machen, eine Platte rauszubringen. Ganz besonders die internationalen Tangos turnten die Rock-Jugend an, und man tanzte sie in den als Rock-Clubs abgestempelten Schuppen. Auch auf den Tanzböden und in den Lokalen. Topi Sorsakoski bekam damit ein weitgefächertes Publikum: Die Freunde der alten Tanzmusik gehörten dazu wie die junge Rockgeneration. Die nächste Platte war echte Stahlsaiten-Musik aus den Sechzigern.

Auch Topi Sorsakoski hatte einen Vorgänger, ohne den seine Karriere kaum so geschmiert verlaufen wäre. Es handelt sich um Rauli Badding Somerjoki.

Rauli Badding Somerjoki (1947–1987) war ein Sänger, so legendär, daß er sogar mit Olavi Virta verglichen wird. 1973 kam er mit Chuck Berrys RocknRoll-Stück *Reeling and Rocking* zu Ruhm. Dazu hatte der Schriftsteller Jarkko Laine – ehemaliger Liedermacher – eine finnische Fassung geschrieben: *Fiilaten ja höyläten/Mit Feile und Hobel*. Die Nummer hatte unerhörten Erfolg, und Badding wurde im Handumdrehen zum begehrtesten Künstler überall in Finnland.

Bezeichnend für die Besonderheit und Vielseitigkeit von Rauli Badding Somerjok ist, daß er ungeachtet seines enormen Erfolgs als Rockmusiker gern auch Tangos und Humppas sang, ja sogar aufnahm. Rauli Somerjoki ist auch im Blick auf sein tragisches Künstlerleben eine Unto Mononen verwandte Seele. Er wurde mit dem Erfolg nicht fertig, den sein Ruhm ihm brachte, und fing an, in einer Art zu saufen, daß keiner mehr wagte, ihn für einen Auftritt zu buchen. Seine Popularität war für Jahre im Eimer, aber die Legende lebte.

1983 gab es erneut Zucker für den schwärmerischen Affen der finnischen Nation, als Badding und der Gitarrist Esa Pulliainen mit seiner Band namens Agents eine LP rausbrachten, die den Namen einer Eigenkomposition von Rauli Somerjoki trägt, nämlich *Tähdet, tähdet/Sterne, Sterne*.

Der Text beschreibt einen Menschen, der aus der Welt gehen will:

Sterne, Sterne, darf ich denn raus aus der Zeit
nicht bereits jetzt, ihr Sterne, in die Unendlichkeit?

Todessehnsucht vom Feinsten – und von unvergänglichem Erfolg. Obwohl kein richtiger Tango, so schlägt, etwas verlangsamt, doch ein Tangopuls in dem Stück. Die Platte enthält auch, von Esa Pulliainen neu arrangiert, den Unto-Mononen-Tango *Yön hiljaisuudessa/In der Stille der Nacht*.

Bereits im Vorjahr hatte Badding ein Comeback mit der LP *Ikkunaprinsessa/Schaufensterprinzessin*, die er 1982 mit den Agents aufnahm. Typisch für ihn: Im gleichen Jahr brachte er auch die LP *Raukkaudella Raulilta/Mit Liebe von Rauli* mit alter Tanzmusik raus, auf der zwei Tangos im traditionellen Stil sind, nämlich *Mustalaisviulu/Romany Violin* von Al und Merle Tibsen sowie J. P. Powell, finnisch von Saukki, und dann *Itämaista raukkautta/L'Amour Oriental*, komponiert von Bohuslav Leopold (gest. 1956), finnischer Text von M. Maja. 1985 kam noch eine Erfolgs-LP raus: *Laivat/Schiffe*.

Trotz des stürmischen Erfolges seiner Platten schaffte es Badding in den Achtzigern nicht mehr unter die Elite der Vortragskünstler. Er lebte ein

Leben ganz nach seinen eigenen Bedingungen, unabhängig von Erfolg und Geld. Bei seinen Interviews schlug er sich immer auf die Seite des kleinen Mannes gegen den herrschenden Apparat und benahm sich auch sonst völlig anders als die Künstler auf den oberen Plätzen der Hitlisten. Das machte er nicht, um sein Image zu polieren. Sicher ist allerdings, daß sein Ansehen und sein Respekt wuchsen. Man liebte einen Künstler, der keinem aus der Hand fraß.

Das Privatleben von Rauli Badding Somerjoki bestand aus Krisen, Angst und Alkohol. Manchmal hatte er nicht einmal mehr Zutritt zu seinen Stammkneipen. Sein Leben endete plötzlich in Folge eines Herzschlags am 14.1.1987.

Als ich aufwachte, war meine Seele in einem seltsamen Zwiespalt. Einerseits erinnerte ich mich mit Vergnügen an den gestrigen Abend mit Violetta, andererseits fühlte ich mich schuldbewußt, was ich überhaupt nicht kapieren konnte. Schuldbewußt? Ich bin ein freier Mann und kann tun und lassen, was ich will. Warum nagte das sogenannte Gewissen an mir? Ich hatte ja nichts Schlechtes getan. Komisch. Beim Frühstückstee hörte ich mir Tangos an: Esko Rahkonen mit Pedro Paulis Tangobeguine *Nainen/Frau.* Da gehts um eine Lady, die einem Typ einen Kuß schenkt, dabei aber an einen anderen denkt. Violettas Kuß kam mir in den Sinn. Hatte sich angenehm angefühlt. Trotzdem vermißte ich sie nicht, und wenn sie dabei an irgendeinen Lennart gedacht haben sollte, wars auch recht.

Toivo Kärkis und Reino Helismaas *Kohtalon leikki/Spiel des Schicksals* folgte, wo Esko Rahkonen singt:

Spiel des Schicksals immer bloß,
Spiel des Schicksals gnadenlos.

Aufrüttelnd. *Spiel des Schicksals.* Anjas Bild stand vor mir, mit ihr war ich zum Spielball des Schicksals geworden, die Erinnerung rieb an mir. Hier war der Grund für mein seltsames Befinden. Ich wollte sie sehen. Bloß, ich hatte es nicht kapiert!

Trotz der roten Ohren, weil ich neulich ausgerissen war: Ich mußte zu ihr. Diesmal klingelte ich wie ein ordentlicher Mensch an ihrer Tür. Keine Antwort. Ich klingelte noch mal. Nichts. Unruhe überkam mich. Wo ist sie? fragte ich mich, als ob sie mir über ihr Kommen und Gehen Rechenschaft schuldig wäre. Beunruhigt verließ ich das Haus und wartete auf der Straße. Die Zeit verstrich, ungefähr drei Stunden, und keine Anja zu sehen. Noch beunruhigter drehte ich ein paar Runden um den Block und kam zurück, um erneut an ihrer Tür zu klingeln. Nichts.

Ich beschloß, mich am Riemen zu reißen und zur Vernunft zu kommen. Um irgendwie locker zu werden, verfügte ich mich ins Hämäläinen-Haus, genannt Hämis, wo es von zwölf bis sechzehn Uhr Nachmittagstanz gab. Eigentlich ist das Hämis kein richtiger Tanzschuppen. Bekannter unter dem Namen Tavastia-Club ist es ein Mekka der Rockmusik in Helsinki. Man ist allerdings auf die gute Idee gekommen, das tagsüber leere Haus zu nutzen, indem man gelegentlich Nachmittagstanzereien anbietet. Auch am Nachmittag hat es die vollen Schankrechte wie ein ganz normales Restaurant, aber die Leute gehen da nicht hin, um sich einen – noch nicht mal Mut – anzutrinken, sondern um zu tanzen. Es handelt sich beim Hämis also um eine kulturelle Begegnungsstätte in der Art des Feuerwehrhauses in Turku.

Bei meiner Ankunft war der Tanz in vollem Gange. Weil gerade Humppa gespielt wurde, stellte ich mich an die Bar. Im Hämis ist es nicht so intim wie in normalen Tanzlokalen, dafür ist der Saal zu hoch. Und das paßt ja gut zu Rockmusik. Weil ich mit meinen Gedanken beschäftigt war, beachtete ich das Publikum nicht weiter. Als der Tango *Satu ruskeista silmistä/Das Märchen von den braunen Augen* losging, verbeugte ich mich geistesabwesend vor der nächsten Lady. Erst als wir auf dem Weg zum Parkett waren, kriegte ich zu meinem nicht geringen Erstaunen mit, wen ich mir da angelacht hatte: Es war Sinikka, mit der ich mal im Alten Keller zu Gange gewesen war. Sie hatte sich nicht zu erkennen gegeben, womöglich innerlich amüsiert.

– Wie hast du dich denn befreit? fragte ich sie, erfreut über das Wiedersehen.

– Mein Mann ist bei der Arbeit, die Kinder sind in der Schule, also kann ich tanzen gehen, antwortete Sinikka.

– Bist du öfter hier? wollte ich wissen.

– Öfter geh ich nirgendwohin. Vielleicht erinnerst du dich, daß mein Mann eifersüchtig ist? Ich nickte. Jetzt bin ich eigentlich beim Einkaufen, aber dann dachte ich mir, ich könnte für ein Stündchen oder zwei mal hier reinschauen und eine kleine Sohle aufs Parkett legen. Ein bißchen Trotz lag in ihrer Stimme.

Sinikka sieht klasse, ich wiederhole: klasse aus. Kein Wunder, daß ihr Mann ein scharfes Auge auf sie hält, soweit ihm das möglich ist. Sinikka ist sozusagen der Traum aller Männer: schönes Gesicht, gute Figur, angenehme Stimme, gutes Auftreten. Ich fands dufte, sie nach langer Zeit mal wiederzusehen.

– Man hat sich ja kaum gesehen, bemerkte ich.

– Und du weißt warum, sagte sie in aller Ruhe, jede unerlaubte Abwesenheit von zu Haus ist ein waghalsiges Unternehmen. Ich weiß nicht, was mein Mann machen würde, wenn er wüßte, wo ich mich rumtreibe.

– Du bist doch eine moderne freie Person, oder?

– Bin ich nicht. Für mich spielt sich die Befreiung der Frau in den Spalten der Frauenzeitschriften ab. In Wirklichkeit kann davon keine Rede sein, äußerte Sinikka, als wärs die größte Selbstverständlichkeit.

– Wenn ich verheiratet wäre, dann könnte meine Frau gehen, wohin sie will, und ich würd es genauso halten, behauptete ich voll überzeugt.

– Na, da warten wir mal, bis es soweit ist, sie lächelte bei ihrer Antwort.

Und wirklich wagte sie nicht länger zu bleiben als bis halb vier. Da verschwand sie mitsamt ihren vollen Einkaufstüten.

Ich fragte mich, wie erwachsene Menschen heutzutage anderen solche Vorschriften machen dürften, daß die ihren unschuldigen Vergnügungen nur insgeheim nachgehen konnten. Ob das wohl auch umgekehrt so wäre? Ob Sinikkas Mann sich ohne Wissen seiner Frau anderswo amüsierte? Ob Sinikka ihn am Arbeitsplatz kontrollierte? Weiß ich nicht. Aber natürlich glaub ich, daß nur Sinikka unterdrückt wird.

Ich tanzte nur noch einen Tangodurchgang, zu mehr war ich nicht aufgelegt. Zufällig war meine Partnerin eine frühere Bekannte, aber ich konnte mich um keinen Preis an ihren Namen erinnern. In ihrem Gesicht stand geschrieben, daß ich ihr vermutlich mal einen ihrem Namen gewidmeten Tango ins Ohr gesungen hatte. Ich wollte unsere Bekanntschaft nicht erneuern.

Ich ging zurück nach Ullanlinna und klingelte ohne Umschweife an der Tür. Anja öffnete. Wir wurden beide rot. Das Blut schoß mir in den Kopf und von dort in die Beine. Anja!

Sie wurde mit der Überraschung schneller fertig als ich und bat mich rein. Ich setzte mich und guckte sie an mit Hummeln im Bauch, wie ältere Leute das ausdrücken. Es war einfach niemand auf der Welt anziehender für mich als Anja. Ich hatte ja noch nicht mal einen ordentlichen Grund, hier zu sein. Außer daß ich eben bei ihr sein wollte. Anja sagte auch nicht gerade viel, irgendwas Gleichgültiges, was ich nicht mitkriegte. Ich guckte sie nur an.

Warum war ich denn nun hier? Warum wollte ich hier sein? Ich war ja keinesfalls ruhiger, nachdem ich bei ihr war. Vielmehr wuchs der Druck. Meine Augen folgten ihr auf Schritt und Tritt. Alles an ihr war über die Maßen anziehend. Wieso faszinierten mich die Bewegungen von anderen nicht so? Klar find ich das Weibliche an sich irgendwie gut, so als interessante Naturerscheinung. Wie kommts, daß Frauen sich so viel gefühlvoller und weicher und geschmeidiger bewegen als Männer?

Anja brachte ein Tablett mit Tee und lecker belegtem Salzgebäck.

– Bist du sauer wegen neulich? fragte sie.

– Sauer? Ich und sauer! Du bist es doch, die meinetwegen sauer sein müßte.

– Überhaupt nicht, ich hab nur aus irgendeinem Grund die Nerven verloren, und was am Ende passiert ist, weiß ich nicht mehr, sagte sie friedfertig.

Wie konnte sie nur so ruhig bleiben. Was mich betraf, ich war gespannt wie ein Flitzebogen.

– Natürlich hätte ich . . . begann Anja.

– Sag jetzt nichts, Anja, ich find dich so unglaublich anziehend, daß mich all das nur unruhig macht, bat ich.

– Werd bitte nicht sauer, aber ich bin wirklich ganz nüchtern, wenn ich das sage, Anja blickte mir in die Augen, ich liebe dich.

Ich fiel aus allen Wolken. Liebe, was ist das? Das Gefühl, das ich gerade hatte? Das zwanghafte Verlangen, das mich zu Anja gebracht hatte, auch wenn die Welt voll ist von interessanten Frauen und von schöneren als Anja – das heißt, eigentlich, für mein Gefühl war Anja die absolut schönste Frau der Welt.

Ich schluckte.

– Du liebst mich? fragte ich vorsichtig.

– Ich liebe dich. Du bist für mich der wunderbarste Mensch, dem ich je im Leben begegnet bin, sie meinte es aufrichtig.

– Bist du vielen Menschen, ich meine Männern begegnet? meine Stimme zitterte.

– Bin ich nicht, wenn du damit meinst, intim begegnet. Ich hab dir erzählt, daß ich verlobt war. Das war das einzige Mal, daß ich näher mit einem Mann zusammenwar, und das ist über fünf Jahre her, sagte Anja ernst.

Es haute mich um. Ich hatte immer geglaubt, daß alle

Frauen im richtigen Tanzalter jede Menge Erfahrung haben. Obwohl ich mir geschliffene Umgangsformen anerzogen habe, hatte ich offensichtlich keinen blassen Schimmer von Frauen. Einen Augenblick überlegte ich, was ich sagen sollte. Ich entschloß mich zu dem tapferen Bekenntnis:

– Ich war überhaupt noch nie mit einer Frau zusammen.

Keine Ahnung, woher ich den Mut dazu genommen hatte. Widerspricht es nicht allen Regeln, allen Gesetzen der Taktik, wenn man einer fast Gleichaltrigen bekennt, man wäre noch nie mit einer zusammengewesen? Das ist doch völlig behämmert! Alle Karten auf einmal aufzudecken!

– Wie wunderbar! rief Anja. Wie wunderbar für mich, deine Frau zu werden!

– Meine Frau? entfuhr es mir als Schrei des Entzückens. Du meine Frau?

– Ich, ja ich! Jetzt und für immer! sagte Anja und fiel mir um den Hals.

Sie küßte mich auf den Mund. Ich driftete ab ins Nirwana. Violetta war sicher eine bessere Küsserin, aber ihr Kuß – der erste, den ich je von einer Frau gekriegt hab – war nur ein Schatten von dem, den ich jetzt erlebte. Die Knie hätten mir versagt bei Anjas Kuß, wenn ich nicht gesessen hätte. Kraftlos sanken meine Hände nach unten. Ich schloß die Augen, zum ersten Mal in meinem Leben einem anderen völlig hingegeben. Anja drückte mich in den Lehnstuhl und küßte unentwegt weiter. Ich zitterte, mir wurde schwarz vor Augen, es hob mich wie ein körperloses Wesen.

Als Anja abließ von mir, sank ich zurück in den Sessel und sah sie an mit mattem Blick.

– So ist das also, wenn man liebt? wollte ich wissen.

– So ist es sicherlich, versicherte sie, nun liebst du, und wie wunderbar, daß ich es bin, die du liebst!

Ich weiß nicht, wieviel Zeit verging, ich fuhr jedenfalls plötzlich hoch, da Anja Tee in die Tassen einschenkte und mir vom Gebäck anbot. Es war, als wenn ich aus einem Traum aufgeschreckt wäre.

– Was ist passiert? fragte ich in Panik.

– Nichts Schlimmes, erwiderte sie, ich hab dich geküßt, und davon bist du wohl ein bißchen benommen geworden.

– Das war das Glück! Ich hab das zwar noch nie erlebt, aber es war sicherlich das Glück, sprach ich leise.

– Du bist wunderbar, sagte Anja mit der weichsten Stimme der Welt, und was willst du jetzt machen?

– Bei dir sein, so lang es geht, antwortete ich und ließ mich in den Sessel zurückfallen.

Ich erwachte in Anjas Sessel. Keine Ahnung, wieviel Zeit vergangen war, jedenfalls genug für Anja, um ein Kleid anzuziehen, so umwerfend wie man sichs nur vorstellen kann, etwas Rouge aufzulegen, den Lidstrich über den sonst schon so schönen Augen nachzuziehen. Sie war ein Engel.

– Gehn wir ins Kalastajantorppa? fragte sie.

– Ins Kalastajantorppa? Gibts da heute was Besonderes? erstaunt rieb ich mir die Augen.

– Weiß ich nicht, aber es ist doch ein schickes Tanzlokal, oder? erkundigte sich Anja in einem Ton, als wär ich der Fachmann für sämtliche Restaurants in Helsinki.

– Das ist es. Wir können die Zehn ins Zentrum nehmen, in die Vier umsteigen und direkt bis in den Stadtteil Munkkiniemi fahren, sagte ich ohne zu bedenken, daß man mit einer derart feingekleideten Dame eigentlich im Taxi beim Hotel Kalastajantorppa vorfahren müßte.

– Gute Idee! rief Anja, noch bevor ich meinen Vorschlag korrigieren konnte.

Anjas feiner Aufzug war irgendwie aufsehenerregend, denn sie kriegte jede Menge zustimmender Blicke von Männern wie Frauen. Ich war seit der Kindheit nicht mehr im Kalastajantorppa gewesen. Damals hatte der Onkel zum Dinner eingeladen. Schon da war ich, also als Kind, schwer beeindruckt von der Vornehmheit des Hauses. Vornehm wirkte es immer noch, so daß ich – nicht ganz in sicheren Gewässern – Anja vorschlug, in der Bar im Foyer erst mal einen Aperitif zu nehmen.

Wir fühlten uns super, und ein paar Geschäftsleute machten Anja Komplimente, sogar mir wegen meines guten Geschmacks, was Frauen betrifft. Ich selbst war überzeugt, den weltbesten Geschmack zu haben. Zum Glück war es schon spätabends. Als nächstes konnte man in den Nachtclub gehen.

Der – ganz in Dunkelrot – paßte ausgezeichnet zu unserer Verfassung. Die Band war überhaupt nicht in der traditionellen Art einer Tanzkapelle besetzt, aber sie hatte trotzdem internationale Moll-Tangos drauf wie *Asunción* und *Tulisuudelma/Feuerkuß*.

Wir tanzten. Ich klebte an Anja.

Wir hatten zwei oder drei Gläser Champagner getrunken und uns im Kalastajantorppa wie im Himmel gefühlt. Ich hatte all meinen Mut zusammengenommen und sie auf der Tanzfläche geküßt. An einer großen Säule hatten wir einander gegenübergestanden und uns in die Augen geschaut. Meine Hand hatte auf Anjas Hüfte gelegen, die anderen Paare waren im Tanz an uns vorübergewirbelt, aber für uns hatte die Zeit stillgestanden . . .

Als wir zu Anja zurückkamen, fragte sie, ob ich sie entkleiden wollte. Mein Herz hüpfte. Welche Erregung, welche Spannung! Hoffentlich hat meine Stimme nicht gezittert, als ich antwortete, daß mit Freude. Mit Frauenkleidern kenn ich mich nicht aus, aber ich ging mit Vergnügen ans Werk. Weg mit dem phantastischen, ziemlich weiten Rock. Weg mit der prächtig gezierten Bluse. (Vielleicht andersrum, aber ich war so geblendet von Anja.) Anja führte meine Hände an ihr Haar, ich löste den Knoten und ließ ihre Locken fallen. Knöpfte den Büstenhalter auf und hielt inne, um ihre Brüste zu bewundern: stolz, aufrecht mit harten Spitzen. Anja genoß meine Bewegungen. Schließlich entfernte ich das Höschen und tat einen tiefen Atemzug. O welche Schönheit!

Nun kam Anja zu mir, löste die Krawatte, öffnete die Hemdknöpfe, zog mir das Hemd aus, löste den Gürtel, zog mir die Hose und schließlich die Unterhose aus. Mit einem Seufzer zog sie mich aufs Bett.

Mein Kopf war ein einziges Durcheinander. Irgendwo im Hintergrund dämmerte eine letzte kleine Ahnung von meinem Grundsatz. Ich küßte Anja, sie erwiderte den Kuß. Schüchtern streichelte ich ihre Brust, und sie ermutigte mich. Schließlich faßte ich mir ein Herz und ließ meine Hand abwärts wandern. Bei der Berührung ihres Pelzes schien es mir, als sei der ganz feucht. Das erregte mich ungeheuer. Mein Finger glitt in sie ein, mein Kopf versank im Kissen, das naß wurde von meinem Speichel.

– Leg dich auf mich, forderte sie.

– Das wage ich nicht, war meine Antwort, ich bin eh schon ganz durcheinander.

– Küß mich!

Das tat ich mit Hingabe. Meine Glieder waren gleichzeitig schlaff und gespannt. Anja nahm das eine in die Hand. Ich schrie in Lust und Angst.

Beim Aufstehen fand ich einen Zettel auf dem Bett: »Bin um 16 Uhr zurück. Ich liebe dich. Anja«. Eine Woge von Wärme durchflutete mich. Im Bett zusammengerollt wollte ich ihre Rückkehr erwarten. Ich schnüffelte an ihren Laken, preßte den Kopf in ihr Kissen und atmete tief ihren süßen Duft. Lange lag ich so da, ab und an in tiefen Zügen ihren Geruch inhalierend.

Als die Gedanken sich ordneten und mein Verstand anfing zu funktionieren, durchfuhr es mich: Hatte ich Anja beigelegen in der Nacht? Mit den Händen tastete ich das Bett ab auf der Suche nach härteren Stellen, Spuren getrockneten Samens. Ich wußte genau, wonach ich suchte, denn, obgleich bisher noch unberührt, waren mir nächtliche Ergüsse nicht fremd. Ich untersuchte die naheliegenden Stellen, und mir schien, als sei es in der Bettmitte noch feucht. War ich endlich doch noch meinem Grundsatz untreu geworden?

Meine Gedächtnislücken waren schwerlich auf Alkohol zurückzuführen, davon hatte ich nur so geringe Mengen konsumiert, daß mein Erinnerungsvermögen nicht gelitten haben konnte. Hatte ich unter Schock gestanden? Wenn ich nun nach dem Akt das Bewußtsein verloren hätte und mich darum an nichts erinnern konnte? Angst würgte mir einen Kloß in den Hals. Meine Liebe zu Anja war unbestreitbar, aber kein Grund zur Aufgabe meines Grundsatzes. Liebe kann man sehr unterschiedlich zum Ausdruck bringen.

Ich zog mich an und beschloß, Anja vor allem geistig zu lieben. Weiter als bis zu einem Kuß durfte es förderhin nicht gehen.

Ich ging in die Bibliothek und griff nach Francesco Alberonis Buch über die Liebe. Zu meinem Erstaunen fand ich darin Stellen, die mich angingen – womöglich auch Anja. Wie ist es möglich, daß ein italienischer Professor weiß, was mit mir los ist? Im fünften Kapitel heißt es:

»Der Liebende hat auch schon früher Versuche gemacht, war aber da noch nicht reif oder fand keine Gegenliebe. Wenn er dann aber Gegenliebe erfährt, so kann er nicht wissen, ob diese aufrichtig und echt ist – das gilt für ihn selbst und noch viel mehr für den anderen.«

An einer späteren Stelle im gleichen Kapitel sagt Alberoni:

»Im Zustand der Liebe begeben wir uns bewußt in diese schreckliche Gefahr. Eigensinnig beharren wir nun auf etwas, dem wir bis dahin mit aller Kraft Widerstand geleistet, dem wir uns wiederholt verweigert haben. Die Liebe erscheint, wie gesagt, plötzlich und fegt alles beiseite.«

Wie kann ein mir bis dahin unbekannter italienischer Professor der Soziologie so genau gerade mein Leben beschreiben? Als wäre er mir begegnet und hätte mich als Musterbeispiel in seinem Buch angeführt. Oder ist es doch so, daß ich einer von Hunderten von Millionen bin, bei denen sich die Liebe nach dem gleichen Schema abspielt?

Mehrere Stunden hatte ich in der Bibliothek verbracht und dabei in verschiedenen Werken nachgeschlagen. Ein besonders seltsames war ›Masken des Lebens und Liebens‹ von einem gewissen Hanns Sachs, sprachlich einfacher als das Buch von Alberoni, der manchmal mit wissenschaftlichen Begriffen um sich wirft, die ich nicht ganz kapiere. Aber der Text von Sachs ist absonderlich. Wiederholt wird die Liebe da als etwas dargestellt, was mit dem christlichen Glauben zusammenhängt. Stört mich an sich nicht, auch wenn ich selbst eigentlich mehr von Theologie halte als vom Glauben. Ich pickte mir trotzdem die beiden wichtigen Begriffe raus, nämlich ›Eros‹ und ›Agape‹. Beim ›Eros‹ gehts um die Liebe zwischen Mann und Frau, sicher auch um Homosexualität. Mit der ›Agape‹ meint Sachs »Liebe ohne den Stachel der Lust«.

Das war wichtig.

Es müßte doch möglich sein, Anja im Agape-Stil zu lieben, bis ich sechsunddreißig geworden bin. Danach würde ich (als Sieger über Platon) dann genießen, was Eros so an Geschenken bringt, ich würde Anja heiraten und eine Familie gründen. Erst mal müßte man sich allerdings in Geduld fassen. Dafür schmeckt nach langer Enthaltsamkeit die Frucht dann um so süßer.

Ganz erfüllt von neuer Sicherheit, gewonnen aus der Weisheit der Bücher, beschloß ich, Anja eine Freude zu machen, und begab mich in das Antiquariat, wo ich schon früher gelegentlich Kassetten gekauft hatte. Dort gab es, wie ich wußte, ziemlich neue Sachen viel preiswerter als normalerweise; wenn Leute was satt hatten, dann brachten sie es dem Besitzer, oder sie tauschten es gegen eine andere Platte. Ich kramte in den Kassettenständern.

Mein Auge fiel auf eine ganz frische Aufnahme von Reijo Taipale! Ein paar von diesen Tangos hatte ich wohl schon früher gehört, aber die komplette Sammlung war nicht unter meinen Aufnahmen. Was da vor mir stand, war *Saapuko hän/Ob er-sie kommt?*, den Titeltango der Sammlung hab ich, ebenso wie *Sokea rakkaus/Blinde Liebe*, ein Stück, das auch auf der Kassette ist. Auf dem Weg zu Anja hüpfte ich vor Begeisterung. Ich hatte mir vorgenommen, auf die Minute genau um sechzehn Uhr da zu sein. Wir trafen uns unten an der Haustür, Anja strahlte wie gestern.

Während sie in der Küche zugange war, legte ich die neue Kassette ein. Ich summte ein bißchen mit und hörte, wie auch Anja den einen oder anderen Ton von sich gab. Sie kam mit dem Tablett aus der Küche.

– Für mich sind diese alten finnischen Tangos einfach

wunderbar, seufzte sie. Hast du *Die Besten von Reijo Taipale* gekauft?

– Ganz und gar nicht, sondern seine neueste CD auf Kassette. Da drauf sind nur drei von den alten Nummern, ich lächelte Anja an.

– Das sind neue Tangos? Mir kams so vor, als hättest du eine Kassette von Taipale mit Unto-Mononen-Tangos mitgebracht, wunderte sich Anja.

– Du liegst ganz richtig, antwortete ich, all die neuen Tangos sind wie von Mononen komponiert.

– Aber in Wirklichkeit sind sie nicht von ihm? fragte Anja. *Ob er-sie kommt und meine Sehnsucht stillt* . . ., als ich das gehört habe und auch das andere Stück *Du siehst die Tränen des Wanderers nicht* . . ., also für mich klingen beide wie von Unto Mononen.

– Ach Anja, du hast wirklich ein gutes Gefühl, ich war voller Bewunderung. Das erste ist von Timo Kosonen und das zweite von Erkki Fridman komponiert, aber beide klingen ganz wie Mononen.

– Eins steht fest, es lohnt sich, Mononen zu imitieren, konstatierte Anja, das verkauft sich immer.

– Stimmt. Außerdem sind die Sachen wie für Reijo Taipale gemacht, hör dir bloß mal den hier an: *Olit nousussa auringon/Im Sonnenaufgang standest du*!

– Die Einleitung ist ein einziger Mononen! jubelte Anja. Und fängt an wie . . . wie . . . Wie war noch mal der Titel von dem Tango mit dem *Es war in jener Sommernacht*?

– Das war die Aufnahme mit Eino Grön von Mononens *Suvesta syksyyn/Vom Sommer zum Herbst.*

– Aber dieses *Im Sonnenaufgang* ist doch genau das gleiche, wunderte sie sich.

– Der letzte Ton ist anders, ergänzte ich. Aber ist das nicht toll, daß es Nachfolger von Mononen gibt?

Sie konnte mich vollkommen um den Finger wickeln. Abgesehen davon, daß sie die schönste und wunderbarste Frau der Welt ist, versteht Anja was vom Finn-Tango. Jedenfalls weiß sie Bescheid über Unto Mononen.

Ich lebte praktisch bei Anja. Nur ganz gelegentlich schaute ich mal in meiner Wohnung vorbei. Am allerwichtigsten war Anjas Nähe. Oft beschäftigte mich die Frage: Was ist Liebe? Wie ist Liebe? Worum gehts dabei? Wie früher versuchte ich mich abzulenken, indem ich gelegentlich nachmittags tanzen ging. Was Anja mir nicht übelnahm. Sie fragte, ob ich mich amüsiert hätte. Und ich antwortete aufrichtig, es wäre überhaupt nichts, wenn sie nicht dabei ist. Oder genauer gesagt andersrum, weil sie nicht dabei wäre, und ich mich die ganze Zeit nach ihr sehnen würde.

Ein paarmal war ich tagsüber im Hämis und im Fêtenmeister, mußte aber feststellen, daß es mich kalt ließ, wenn ich mit anderen tanzte. Vorher gabs Schwierigkeiten mit dem Bengel in der Hose und mit seinem eigenartigen Benehmen. Inzwischen rührte er sich nicht mehr. In der Hinsicht hätte ich mich aufführen können wie jeder normale Mann.

Bei Anja wars anders, da hatte ich es schwer, das Glied im Zaum zu halten. Anfangs gab ich ihm auf dem Klo die Peitsche, um es schlaff zu machen, aber dann stellte ich fest, es half nichts, wie sehr mans auch bestrafte. Der Junge stand, wann immer es ihm paßte. Und das war ziemlich oft. Anja gefiel das Betragen des Penis. Sie fands super zu sehen, wie er sich in der Hose erhob, und oft strich sie über die Stelle, wo er emporragte. Und wie das Gemächte entzückt war!

Zuerst wars mir peinlich, und ich genierte mich wegen der Dickköpfigkeit des Organs. Mit Anjas natürlicher Einstellung gab sich das.

Im Lauf der Zeit gaben wir die Gewohnheit auf, daß ich immer gleichzeitig mit Anja vor der Haustür ankommen mußte, wenn sie aus der Stadt zurückkam, wo sie gerade mal wieder ihrer Stiefschwester zur Hand gegangen war. Sie ließ mir einen eigenen Schlüssel machen, und ich konnte kommen und gehen, wann ich wollte. Allmählich fühlte ich mich bei ihr wie zu Haus. Seit der Kindheit hatte ich so was nicht mehr erlebt; bei Anja fühlte ich mich wohler als in den eigenen vier Wänden. Dorthin ging ich nur noch, um Klamotten und Tangokassetten zu holen. Sie kümmerte sich um meine Wäsche und ich mich mit Hingabe – zum ersten Mal in meinem Leben wirklich gern – um den Abwasch, den Hausputz und das Bett, eigentlich ein großes Sofa, man konnte es aber zu einer Doppelschlafgelegenheit ausklappen.

Wenn ich Anja eine Augenweide bereiten wollte, erwartete ich sie bei ihrer Rückkehr aus der Stadt, nackt mit aufgepflanztem Bajonett.

Nachdem ich bei ihr eingezogen war, hatte ich ihr von meinem Grundsatz berichtet. Gleichermaßen amüsiert und verwundert versprach sie, sie würde das knappe Jahr bis zum Fristablauf gern warten.

Wenn ich mich richtig erinnere, war es Mittwoch. Anja hatte für den Rest der Woche keine Verpflichtungen, und wir beschlossen tanzen zu gehen. Wir begannen am Nachmittag mit dem Alten Keller, wo, selten, aber wahr, eine ausländische Band spielte. Genauer gesagt war der Solist ein Ausländer, die anderen Musiker waren Finnen. Der Sänger war wohl Italiener, aber so genau weiß ich das nicht mehr. Seinetwegen waren mehr Leute im Keller als gewöhnlich. Den größten Teil des Repertoires brachte er auf finnisch, aber einiges trug er auch in italienischer Sprache vor.

Toivo Kärkis *Lilie* erkannte ich bereits beim Vorspiel. Der Italiener sang es in der italienischen Version von Umberto Marcato aus den sechziger Jahren. Der Name der *Lilie* auf italienisch ist *Resterá*. Vor langer Zeit hatte ich den italienischen Text gelernt, aber nach wenigen Versen komme ich durcheinander. Bei meiner Aussprache bin ich mir ebenfalls nicht so sicher, weil ich nur nachgesprochen habe, was Marcato auf der Platte singt. Jetzt machte ich einen neuen Versuch. Gemeinsam mit dem Solisten setzte ich ein und sang Anja ins Ohr: »Rähsterah, skolpiehto nelmio kuor, ßieh rähsterah il rikordo deltuoamor . . ..« Danach wußte ich nicht mehr weiter, aber Anja war beeindruckt von meiner Vorstellung.

Ich applaudierte so stürmisch vor der Bühne mit dem Solisten, daß der sich in meine Richtung verbeugte und einen zweiten Tango auf italienisch versprach. Auch ein Kärki-Tango, aus den vierziger Jahren, nämlich *Siks oon mä suruinen/ Drum bin ich traurig*. Umberto Marcato hat ihn 1964 unter dem Titel *Domani* aufgenommen.

Während wir tanzten, sang ich:

Drum bin ich traurig,
wenn ich an dich denk . . .

Da blieb Anja stehen.

– Du brauchst nicht traurig an mich zu denken, ich bin doch hier.

– Trotzdem hab ich dauernd Angst, ich könnte dich verlieren, bekannte ich. Du bist hier, stimmt, und trotzdem hab ich Sehnsucht nach dir.

– Aber ich bin hier und liebe dich, Anja preßte sich so eng an mich, wie es irgend ging.

Ich konnte mir dieses seltsame Verlangen selbst nicht erklären. Es war nur so, daß ich mit meiner Liebe zu Anja immer auch Unruhe und Trauer empfand. Ohne sie wäre es schrecklich.

Wir wechselten ins Maestro, wo Esko Rahkonen mit seiner Truppe spielte. Ich war hingerissen. Von Esko, wie ich ihn zu nennen wagte, hätte ich ein Autogramm, berichtete ich Anja. Anja wollte wissen, ob ich ihn kenne. Ich schüttelte den

Kopf, ich kenn keinen berühmten Menschen. Zum Gesang von Esko Rahkonen habe ich unzählige Male getanzt, aber ich bin nur einer von seinen vielen Bewunderern, die immerzu *Syvä kuin meri / Tief wie die See*, *Marja*, und *Tallinnan laulu / Lied von Tallinn* oder *Yön hiljaisuudessa / In der Stille der Nacht* von ihm hören wollen. Anja meinte, sie fände Esko Rahkonen auch gut, er wäre schon seit ihren Teenagerjahren einer ihrer Favoriten.

Wir ließen keinen Tango aus. Ansonsten waren wir ineinander versunken. Ich erinnere mich, daß ich zwei-, dreimal ein Glas Champagner bestellte, das wars. Wir waren uns selbst genug.

Wir gingen zu Fuß zu Anja. Bevor sie Tee machte, legte sie Rauli Badding Somerjoki auf. Gottseidank eine Kassette, auf die seine Tangos überspielt waren, und nicht die Platte – andernfalls hätte ich zuviel rockmäßige Musik ertragen müssen.

Vor allem die *Orientalische Liebe* und die *Zigeunergeige,* beide als rechtschaffene Tangos gespielt, nahmen mich gefangen. Klar vertrage ich auch Esa Pulliainens Arrangements von Mononens *Stille der Nacht* und *Kaipuuni tango / Tango meiner Sehnsucht*, bloß der unpassend moderne Schritt stört enorm. Wenn er wollte, könnte Pulliainen Tangos wie Tangos arrangieren. Aber sein Ehrgeiz scheint in eine andere Richtung zu gehen, was ich nicht verstehe.

Und dann kam Rauli Badding Somerjokis eigene Komposition *Sterne, Sterne.* Mich packte Entsetzen.

– Wieso hast du das auf dem Band? fragte ich düster.

– Na mein Gott, ist eben ein schönes Lied, antwortete Anja. Ich hörs oft.

– Aber es handelt doch von Todessehnsucht.

– Auf die Art hör ich mir das nicht an, beruhigte sie mich. Für mich ist es eine gute Melodie mit einem schönen Text.

– Trotzdem. Ich krieg schon wieder Angst, daß ich dich verliere, bemerkte ich verzweifelt.

– Unsinn, Schätzchen, ich bin hier, und jetzt wird Tee getrunken.

Nach dem Tee gingen wir ins Bett. Ich war wieder hocherregt. Anja war es auch. Sie küßte mich von oben nach unten und von unten nach oben, im Gegenzug streichelte ich ihren Bauch, und in meinem Kopf hämmerten erneut die tausend Hämmer.

– Und du kannst deinen Grundsatz nicht aufgeben? fragte sie. Nur noch ein gutes halbes Jahr, was bedeutet das schon?

– Es ist wichtig, stöhnte ich in ihr Ohr, nahm es in den Mund und küßte es mit der Zunge so tief im Gehörgang, wie es nur ging.

Ich liebte Anja über alles, aber meinen Grundsatz konnte ich nicht mehr aufgeben. Nur noch ein gutes halbes Jahr. Danach würden wir uns den weltlichen Freuden hingeben, so sehr wie menschenmöglich.

Virtanen redet gern über Komponisten und Arrangeure. Doch auch die Texte einer Masse von Tangos kann er auswendig. Worte haben für ihn außerordentliche Bedeutung, in der Hinsicht ist er ein typischer Finne.

In den Fünfzigern gab es eine Befragung, was die Finnen an der populären Musik besonders interessiert. Mehr als die Hälfte gab an, die Wörter wären wichtiger als die Musik. Sicher, auch die Musik hat ihre Bedeutung – ohne sie wäre ein Schlager kein Schlager –, aber um tatsächlich volkstümlich zu werden, braucht ein Lied einen guten Text.

Was Virtanen bis an den Rand der Tränen in Entzücken versetzt, ist ein guter Text, wenn er mit einer super Melodie unterlegt ist. Zum Beispiel hat Tatu Pekkarinen (1892–1951) nach Virtanens Meinung mit seinem Text zu Walter Raes Evergreen *Pieni sydän/Kleines Herz* einen prima Text geschrieben. Pekkarinens allerletzter Text entstand 1951 zu Toivo Kärkis Tango *Minä soitan sulle illalla/Ich ruf dich am Abend an*; Reino Helismaa hat das dann zu Ende geschrieben, und Matti Luohivuori 1952 die Platte aufgenommen.

Der Text zu Toivo Kärkis *Lilie* ist, wie eine ganze Reihe weiterer Evergreens von Kerttu Mustonen (1891–1959), die außerdem auch viele Stücke ins Finnische übertragen hat, wie etwa Rixners *Gitarren in der Nacht*, bzw. *Nächtliche Gitarren.*

Reino Helismaa (1913–1965) ist inzwischen als Texter eine Legende wie Olavi Virta als Sänger. Die Zusammenarbeit zwischen ihm und Toivo Kärki begann 1948 mit der Jenkka *Suutarin tyttären pihalla/Auf dem Hof vom Schustermädchen* und dauerte über sechzehn Jahre bis zu Reino Helismaas Tod. Helismaa war ein wirklich produktiver Texter. Gemeinsam mit Kärki machte er Hunderte von Stücken für Tourneen, Platten, Filme, Revues, Radiosendungen und Singspiele.

Alles in allem zweiunddreißig Filmdrehbücher und über fünftausend Liedertexte.

Helismaa und Kärki mußten von den Vertretern der sogenannten Hochkultur einiges an Kritik und Verachtung einstecken. Vor allem das Juchheissa-und-trallala-Phänomen, das die beiden in ihren Filmen und Schlagern kultivieren, um das pralle Leben des Volkes darzustellen und gegen die gekünstelte Welt der sogenannten Herren zu meiern, wurde ihnen um die Ohren gehauen. Die Kritiker übersahen vollkommen die ganz subtilen Balladen, in denen Helismaa und Kärki den finnischen Volkscharakter beschreiben. Alles, was schlecht war, wurde den beiden Männern ans Bein gebunden, kein anderer Vertreter der leichten Musik hat Ähnliches aushalten müssen wie Helismaa und Kärki. Keiner sonst mußte mit so aggressiver, offener Böswilligkeit fertigwerden.

Besonders augenfällig wird das am Beispiel des Singspiels *Rakkaus ja ruoska/Liebeslust und Peitschenknall*, das Helismaa und Kärki unter Pseudonym verfaßten. Kriegte nämlich gute Kritiken. Als die Autoren sich zu erkennen gaben, wurde das Stück in Bausch und Bogen verdammt.

Dennoch hat Reino Helismaa beispiellos subtile und anrührende Texte geschrieben – klar, auch lustige, spöttische und satirische. Zu seinen Texten gehören etwa die Spitzentangos von Kärki wie *Täysikuu/Vollmond*, *Hiljainen kylätie/Stiller Dorfweg* und *Tulenliekki/Feurige Flamme*. Von dem, was er ins Finnische übertragen hat, sollte man *Kylmät huulet/Tango Roulette* und *Hurmio/Ecstasy* nicht vergessen.

Dem Publikum unter dem Künstlernamen Juha »Watt« Vainio bekannt wurde der Entertainer und Darsteller Juha Vainio (1938–1990), der zu den großen lyrischen Liedermachern des Landes gehört. Als besonders vielseitiger Autor textete er Lieder, schrieb Sketche, übertrug fremdsprachige Singspiele. Juha Vainio arbeitete als Texter ebenfalls mit Toivo Kärki zusammen. Tangotexte hat er dagegen mehr für Reino Markkula geschrieben, wie zum Beispiel *Sä kuulut päivään jokaiseen/Du bist ein Teil von jedem Tag* und *Ilon kyyneleet/Freudentränen*. Auch viele Unto-Mononen-Erfolgstangos wurden von Vainio getextet, etwa *Onnen maa/Land des Glücks* oder *Jos nähdä voisin/Könnt ich nur sehn*.

Sauvo Puhtila, 1929 geborenes Multitalent, ist in erster Linie als Tangotexter bekannt. Meist schreibt er unter dem eigenen Namen, gelegentlich unter dem Pseudonym Saukki, Pekka Saarto oder Solja Tuuli. Vermutlich hat er mehr Liedertexte verfaßt als sonst jemand. Von den heute gängigen Tangos sind die meisten Texte von ihm. Schlägt man beispielsweise in den beiden Notenheften ›Goldene Tangos 1‹ und ›Goldene Tangos 2‹ nach, die jeweils hundert Stücke enthalten, dann sieht man, daß jeder fünfte Tango von Sauvo Puhtila getextet ist.

Von Puhtila sind die Worte zu Arvo Koskimaas *Vaaralliset huulet/Gefährliche Lippen*, von seiner Hand stammt Reino Markulas *En tuntenut sua silloin/Ich hab dich damals nicht erkannt.* Er schrieb die Texte zu den postum veröffentlichten Mononen-Tangos *Sammunut nuotio/Erloschnes Lagerfeuer, Kukkani lumen alla/Meine Blume unterm Schnee* und *En sulle kaikkea voinut mä antaa/Nicht alles konnte ich dir geben.* Von Saukki sind die Wörter zu Rauni Autios Erfolgstango *Humiko*, von ihm stammen die Übertragungen zahlreicher ausländischer Sachen – *Asunción, Liekki/Passion, Liebe war es nie, Romanesca, Tango Desirée* und *Tango Poésie.*

So wie es aussieht, hat Sauvo Puhtila jeden Tango ernst genommen. Das hängt vielleicht damit zusammen, daß ihm echte Poesie sehr am Herzen liegt. Schon in den sechziger Jahren hatte er eine Rundfunksendung unter dem Titel ›Club der Dichter‹, wo er ziemlich unbefangen mit dem Begriff Dichtung umging. In der Sendung waren Vertreter der elitären Kultur, aber auch Schlagertexter, sogar Radikale jener Jahre, die man nicht einordnen konnte.

Sauvo Puhtila hat auch eigene Platten rausgebracht. Anfang der Sechziger und noch mal in den Siebzigern machte er die Aufnahmen *Saukki und die kleinen Eichhörnchen*, mit denen er sich insbesondere an Kinder richtete. Vor dem erwachsenen Publikum trat er jahrzehntelang als populärer Moderator auf.

Richtig bemerkenswert ist schließlich Unto Mononen, wenn er zu seinen Kompositionen selbst getextet hat. Er ist eine so große Legende als Komponist, daß man von seinen Texten so gut wie nie spricht, aber das Volk hat ein instinktives Gespür für sie.

Ganz vereinzelt sind Mononen-Tangos von Reino Helismaa, Sauvo Puhtila oder anderen getextet worden. In den fünfziger Jahren benutzte Mononen ein paarmal den Namen eines Vetters als Pseudonym und figurierte als Kalevi Artell.

Es gibt in Finnland auch weitere bemerkenswerte Schlagertexter, stimmt, aber die haben nun mal kaum Tangotexte geschrieben.

Das Leben war ein Tanz auf Rosen, jedenfalls auf Parkett. Wir gingen jeden Abend aus. Es gibt nur wenige Plätze in Helsinki, wo alte Tanzmusik, das heißt älter als Rockmusik, gespielt wird. Und alte Tanzmusik heißt vor allem Tango und Humppa, auch Tänze, die noch älter sind. Rockhaltige Musik gibt es zwar in diesen Lokalen ebenfalls, jedoch in abgemilderter Form. Rockmusik gilt weitgehend immer noch als Sache der Jugend. Man hat mir mal erzählt, daß wenn ein über Dreißigjähriger sich mit Rockmusik abgibt, man ihm zu verstehen gibt, es wäre nun allmählich Zeit für Humppa.

Manchmal forderte ich das Schicksal heraus. Eines Abends gingen wir ins Brückentor, und ich nahm dabei wissentlich und willentlich das Risiko in Kauf, daß Irja uns erneut die Festlaune verderben könnte. Diesmal war ich wild entschlossen, das durchzustehen. Anja gab mir eine solche Überlegenheit, daß keine Macht der Welt mich aus der Fassung bringen konnte. Irja sollte nur auftauchen – ich würde hochnäsig an ihr vorüberschweben, Arm in Arm mit Anja.

Andererseits reizte mich der waghalsige Gedanke: Wenn Irja im Brückentor erscheinen würde, dann wären beide Frauen hier, die ich nackt gesehen hatte – die einzigen seit meiner Kindheit, die einzigen nach meiner Mutter.

Irja kam nicht. Das Risiko, in den Fêtenmeister zu gehen, wollte ich nicht eingehen, dort war Irjas Heimvorteil zu groß.

Als ob das Schicksal es besonders gut mit uns meinte, spielte die Gruppe von Kaija Pohjola. Frau Pohjola ist die Tangokönigin von 1991 und eine meiner Favoritinnen unter den heutigen Tangosängern. Unter anderen hat sie auch *Onnen maa/Land des Glücks* von Unto Mononen und Juha Vainio sowie *Rannalla/Am Ufer* von Vesa Tuomi und Tuula Heikkilä aufgenommen. Der Tango war Sieger 1989. Als Kaija Pohjola die Worte von Juha Vainio vortrug

In weiter Ferne irgendwo
das Land des Glück uns winkt.

da sang ich Anja ins Ohr:

Ganz nah, in aller Seelenruh
das Land des Glücks uns winkt

Anja war über meine Variation höchst beglückt. Ich hätte das Zeug zum Dichter, meinte sie. Ein Bekenntnis, das mir sehr gefiel, trotzdem wagte ich noch nicht, ihr meine eigenen Tangoverse vorzutragen, die mir mal eingefallen waren. Beim Tanzen im Maestro.

Virtanen im Glück. Als es sich wie aus Versehen ergab, daß wir uns an den gleichen Tisch setzten, an dem ich neulich mit Violetta gesessen hatte, bestellte ich uns »I Love You«-Cocktails. Diesmal im Ernst.

Am anderen Tag verbrachten wir die vollen vier Stunden beim Nachmittagstanz im Hämis. Absolut Spitze. Im Anschluß wollte ich im Kaufhaus Anttila eine Tangokassette kaufen. Beim Eintreten hörte ich ein Akkordeon-Vorspiel, das mir bekannt vorkam. Und dann die Verse: *»Ich und meine Braut saßen in dem Park von unserm Parlament . . .«*

Ich war geschockt und versuchte Anja mit mir rauszuzerren. Sie störte sich nicht an dem Stück und raunte mir ins Ohr, daß die Sache in fünf Minuten ausgestanden wäre. Wir könnten in eine andere Abteilung gehen. Ich beruhigte mich, wir begaben uns zwei Stockwerke höher, wo man die Musik nicht hören konnte.

Ich hab nie verstanden, welcher Hafer den von mir so bewunderten großen Unto Mononen gestochen hat, daß er eine derartige Version in die Welt setzte. Einen komischen Tango für M. A. Numminen. Schon dessen Kieksstimme geht mir auf den Geist. Wahrscheinlich hat Mononen seinem ehemaligen Musiker-Bekannten im Zustand der Trunkenheit ein Stück versprochen und konnte sich später nicht dazu aufraffen, das Versprechen zurückzunehmen. Keine Ahnung, ich hab mir nie die Mühe gemacht, rauszufinden, was genau da vor sich gegangen ist.

Anja machte den Vorschlag, wir sollten eine Kassette der jüngeren Generation kaufen. Wir einigten uns auf Eija Kantola, die Tangokönigin von 1992, die wir beide sehr mochten, und kauften *Das Beste von Eija Kantola.* Da war nämlich *Yön kuningatar/Königin der Nacht* drauf, die Anja genauso liebt wie ich, die übrigen Stücke kannten wir beide nicht. Eija Kantola hat wie Kaija Pohjola eine ungekünstelte, ehrliche Tangostimme. Weils ja bei der Königs- und Königinnenwahl auf dem Tangomarkt um einen Gesamteindruck geht und nicht nur um eine gute Stimme, freu ich mich, daß die beiden es auch mit ihren sonstigen Qualitäten, außer den Stimmen, zum Titel einer Königin gebracht haben.

Mit der kleinen Einkaufstüte in der Hand liefen wir die Straße entlang. Die ganze Welt sollte sehen, was für eine zauberhafte Frau ich habe und wie glücklich ich bin. Um nichts konnte ich meine Hand von ihrer Taille lösen, quetschte sie, so eng es ging, an mich und gab ihr in aller Öffentlichkeit einen Kuß auf die Wange. Von mir aus konnten wir Aufmerksamkeit erregen. Ich war durch und durch von Stolz auf sie erfüllt. Eine solche Frau – und gehört mir!

Anjas Hand auf meinem Hintern fühlte sich absolut wahnsinnig an. Sie meinte, wir sollten zurück nach Haus gehen. Schon beim Eintreten konnte ich nicht anders, ich mußte sie sofort entkleiden. Zog mich auch selbst aus. Wir legten die Kassette ein und uns ins Bett. Streichelten einander. Anja fühlte sich ganz feucht an. Das erregte mich fürchterlich. Tief atmete ich den Duft ihres Geschlechts ein. Sie strich mir übers Glied, das so hart war, daß die Blutgefäße an seiner Oberfläche pulsierten.

– Darf ich ihn nicht mal in den Mund nehmen? fragte sie.

– Tu das nicht, ich bin so schon viel zu erregt, erwiderte ich. Du bist so unglaublich sinnlich.

– Und warum willst du mich dann nicht ganz besitzen?

– Du weißt, daß ich das will. Aber erst warten wir noch ein halbes Jahr.

– Warum ein halbes Jahr? Das hört sich so schrecklich lang an, jammerte sie.

– Aber nein doch, versicherte ich, es ist nicht lang, wenn wir uns nur liebhaben.

– Ich habe dich doch so sehr lieb. Ich will dich einfach ganz und gar, deine Seele und deinen Körper, sagte sie voller Ernst. Ich habe ein so großes Verlangen, dich in mir zu haben.

– Noch ein paar Monate Geduld. Auf die Sekunde genau mit meinem sechsundreißigsten Geburtstag stürze ich in dich, ich schwörs dir.

Eija Kantolas Kassette war abgelaufen, und wir hatten nicht ein einziges Stück mitgekriegt.

– Laß uns etwas Radio hören, schlug Anja vor, auf Radio Suomi gibts gute Musik.

Ich war einverstanden. Ein Wunschkonzert lief; viele schöne Melodien. Wenn ich nur zuhöre, laß ich mir auch andere Sachen gefallen außer Tango, vor allem wenns finnische Musik ist. Risto Nevala, Tangokönig von 1989, sang prachtvoll den *Sinitaivas/Blauen Himmel.* Wieder mal ein besonders gelungenes Arrangement. Von Kalevi Olli, hört sich an wie eine unterhaltungsfilmmäßige Version vom Tango. Er, beziehungsweise der Dirigent Ari Rasila, drosseln das Tempo, wie sichs gehört, so daß mans richtig gut genießen kann. Es gibt in dieser Fassung sogar zwei kleine Ritardandos, wo man das Gefühl kriegt, jetzt gehts zur Sache.

Grade wie ich mich in der Illusion wiege, daß dieses feine Wunschkonzert mich beruhigt, kommt Martti Innanens *Elsa, kohtalon lapsi/Elsa, Schicksalskind.* Ich faß es nicht, bin fast unter der Decke. Aber ich beherrsche mich und bitte Anja, das Radio auszuschalten.

– Warum um alles?

– Ich hasse diese Nummer, sprach ich mit Nachdruck.

– Okay, okay, machen wir das Radio eben aus, sagte sie, tats und küßte mich.

– Was hast du gegen humorvolle Tangos? erkundigte sie sich vorsichtig.

– Erstens: daß sie nicht humorvoll sind, zweitens: daß ich nicht will, daß man sich über den Tango lustig macht, ging ich hoch.

– Aber Schätzchen, die werden doch überall getanzt. Früher waren es sicher mal komische Stücke, aber heute tanzen alle Leute danach wie zu ganz gewöhnlichen Tangos, versicherte Anja.

– Weiß ich bestens. Aber es sind Karikaturen! schrie ich.

Virtanen ist eines der seltenen Exemplare unter den Finnen, die strikt dagegen sind, daß man sich auf Kosten des Tangos lustig macht. Trotzdem sind Tango-Parodien seit dem ersten Jahrzehnt des zwanzigsten Jahrhunderts Teil der Geschichte der finnischen populären Musik. 1915 stellte Iivari Kainulainen, Verfasser etlicher guter Couplets und seinerzeit ein begnadeter Spottvogel, sein *Tanko Laulu/Stango-Lied* vor, in dem er sich über die neue Modeerscheinung Tango lustig machte und absichtsvoll auf Stange, Stock und Stab anspielte.

In den dreißiger Jahren wurde bereits Komik in Tangoform kultiviert, die berühmteste Parodie war *Anoppi tanssii tangoa/Schwiegermuttertango* aus dem Jahr 1938 von F. Voitto und U. Hurmerinta. 1949 kam Reino Helismaas *Parodiatango* raus und 1952 Veikko Lavis *Hunajainen/Honigreicher Tango*. Die eigentliche Blütezeit der Tangoparodien waren aber die sechziger Jahre: 1963 wurden *Tango Amerikkalaisittain/auf amerikanisch* und *Tango metsässä/im Wald*, 1964 *Tango keittiössä/in der Küche* aufgenommen.

Kari Kuuva, ein eingefleischter Rocker, brachte 1964 unter dem Titel *Tango Pelargonia* einen als Parodie gemeinten Tango raus. Der erfuhr das gleiche Schicksal wie die ursprünglich ebenfalls komisch gemeinte Humppa Ende der Fünfziger: Klar, man begriff, daß die *Pelargonie* parodistisch gemeint war, aber am Ende schob die Nation ganz im Ernst dazu übers Parkett. Das Ding war so erfolgreich, daß es 1965 vier Monate lang ununterbrochen die Nummer eins unter den Top-Hits blieb, und Kari der Rocker mußte unentwegt die Tanzböden abtouren und sein Stück vortragen.

Ein Pförtner beim finnischen Rundfunk namens Martti Innanen nahm 1967 die Tangos *Elsa, kohtalon lapsi/Elsa, Schicksalskind* auf und im gleichen Jahr noch *Esteri, tyttö sadepisarain/Esther, meine Regentröpfchenmaid*. Diese von Innanen selbst getexteten und gesungenen und von Erik

Lindström vertonten Parodien wurden ein Riesenerfolg. Innanen konnte seinen Pförtnerjob aufgeben und Ganztagskünstler werden. Hier das gleiche wie bei Kuuvas *Pelargonie*: erst Komik, inzwischen Musik zum täglichen Gebrauch.

Ebenfalls in den sechziger Jahren hat eine Reihe Intellektueller kritische und komische Tangos geschrieben. Der Finn-Tango eroberte neues Terrain. Er war nicht länger auf den Sektor der Unterhaltungsmusik beschränkt, sondern wurde von Jazzern, Rockern und in Kreisen der E-Musiker mit den unterschiedlichsten Absichten genutzt.

1974 entstand Kaj Chydenius' *Nuoruustango/Jugendtango*, von dem schon die Rede war. Der Text stammt aus dem Schauspiel ›Tangokuningas/Tangokönig‹ von Anu Kaipainen. Der Tango wurde in parodistischer Absicht in Peter von Baghs Film *Kreivi/Graf** verwendet. Der Film selbst riß die Nation nicht vom Hocker, aber der Tango tat es. Die leidenschaftliche Interpretation von Kiti Neuvonen beseitigte jede Spur von Parodie. Und so wurde *Nuoruustango* zu einem jener finnischer Evergreens, die immer wieder neu arrangiert und aufgenommen werden.

* Unter diesem Künstlernamen trat in den sechziger und siebziger Jahren ein von Aussehen und Repertoire her besonders schmalziger finnischer Schlagersänger auf.

Anja war ihrer Stiefschwester helfen gegangen, und ich hatte Gelegenheit, Betrachtungen über den Lauf der Dinge anzustellen. Ich versuchte mir eine rationale Argumentation für das Festhalten an meinem Grundsatz zurechtzulegen, es fiel mir nichts Einleuchtendes ein. Wenn einem Menschen ein solches Glück beschert wird, warum sollte er nicht auch der Geliebten erlauben, mit ihm auf jede nur denkbare Art glücklich zu sein? Wir waren in unseren gegenseitigen Liebesbeweisen so weit gegangen, daß eine Vereinigung in jeder Hinsicht stattgefunden hatte, ausgenommen das Eindringen des Penis in die Vagina. Wenn Platon dem Mann erst mit fünfunddreißig Geschlechtsverkehr zugesteht, dann hatte ich seine Forderung erfüllt. Nach allen Regeln der Vernunft kann er das, was ich praktiziere, nicht gemeint haben. Ganz bestimmt wäre ich in seinen Augen an einem Punkt angekommen, wo ich ihn nicht mehr besiegen kann.

Angenommen, Platon würde mich als seinen Schüler betrachten, dann würde er zu mir sagen:

»Du bist fünfunddreißig, mach was du willst!«

Würde ich meinerseits ihm erwidern, daß ich die Absicht hätte, ihn mit einer Jahreslänge zu schlagen, dann würde er bestimmt feststellen:

»Geht nicht. Du bist bereits so weit gegangen, daß es unentschieden steht.«

Ich würde dagegensetzen, daß ich mein Glied noch nicht in Anjas Scheide versenkt und auch noch keine Reibungsbewegungen gemacht hätte. Darauf würde Platon sagen:

»Ich habe mit meiner Empfehlung gemeint, daß ein Mann vor seinem fünfunddreißigsten Lebensjahr eine Frau überhaupt nicht berühren soll. Du hast dich, und das ist in der Tat lobenswert, bis zu deinem fünfunddreißigsten Lebensjahr von den Frauen ferngehalten. Aber was du jetzt treibst, gehört bereits zum dem, was man den Liebesakt nennt. Der Nichtvollzug des abschließenden Teils bringt dir keinen einzigen zusätzlichen Punkt.«

So würde ich meinem ehrwürdigen Gesprächspartner, der im übrigen die Sprache des Volkes spricht, noch die eine Frage stellen, ob ich gesündigt hätte? Platon würde darauf antworten:

»Gesündigt? Wenn das nach den Gesetzen deiner Gesellschaft bedeutet, einem anderen Schaden zuzufügen, dann hast du nicht gesündigt. Hast du gegen deine eigenen Moralprinzipien verstoßen?«

Ich wäre gezwungen zu antworten, daß nein.

»Dann stell mir gefälligst keine weiteren Fragen«, und damit würde Platon in die Unsichtbarkeit entschwinden.

Der eingebildete Dialog mit Platon hatte mich erleichtert. Er hatte mich jedoch nicht davon überzeugt, daß die Wartezeit nicht von geistigem Nutzen sein könnte. Eine innere Stimme flüsterte mir zu, daß ich trotzdem der Sieger wäre, wenn ich mich noch bis zum sechsunddreißigsten Lebensjahr gedulden würde.

Ich ging in die Bibliothek und las Ratgeber in Sachen Sexualleben. Einige der interessanteren betonten die Bedeutung der geistigen Seite. Es wurde dargelegt, wie der Mann der Frau geistigen Halt geben müßte, bevor sies bringen. Nach dem geistigen Halt wären erst mal die Vorspiele dran, weil viele Frauen überhaupt nicht so aus dem Stand bereit wären für den Geschlechtsakt wie die Männer. Diese Vorbereitungen wären wichtig, es gäbe nämlich viele Frauen, die würden eine sexuelle Befriedigung erst nach monatelangem Üben kriegen.

Ich fand, das traf auf Anja nicht zu. Sie war mir voraus.

Obwohl tugendhaft – vor mir nur ein Mann, und mit dem war sie sogar verlobt –, schien sie doch richtig leicht entzündbar. Also war ich es, den man monatelang unterweisen und überreden muß, bevor es zur Befriedigung kommt? Wohl kaum! Anja löste so viel Lust in mir aus, daß ich davon fast verrückt wurde. Außerdem, wenn ich meine Reaktionen so ansehe, die schon da waren, als ich Anja noch nicht liebte, dann kann man jedenfalls nicht sagen, daß der Bengel saumselig ist. Der wäre praktisch bei jeder bereit gewesen zu einer Forschungsreise.

Ich blätterte in den alten Ratgebern, abgefaßt vor Jahrzehnten. In scharfen Worten verurteilten sie die Selbstbefriedigung, das würde zu Gehirnschäden führen. Glaub ich nicht, weil erstens: Ich hab mich nie selbstbefriedigt, weil ich rechtzeitig Platons Rat gelesen hab (Masturbation ist, wie ich finde, eine Variante des Geschlechtsaktes), zweitens: Auch wenn ich aus irgendeinem Grund Selbstbefriedigung hätte praktizieren wollen, dann hatte ich schon als Schüler aus modernen Ratgebern erfahren, daß das vollkommen ungefährlich ist.

Ein kleiner Ratgeber für Eheleute von Professor E. G. Gulin – später war er Bischof der Diözese Tampere – fiel mir in die Hände. Gulin empfiehlt den Ehepartnern am Bett kniend zu Gott zu beten, bevor sie sich ans Werk machen. Soweit ich weiß, wird dieser Rat des Herrn Gulin aus den dreißiger Jahren in einigen gläubigen Kreisen auch heute noch befolgt. Gottseidank bin ich nicht gläubig.

Zufrieden mit dem, was ich gelernt hatte, verließ ich die Bibliothek. Noch mehr als bisher würde ich auf Anjas Wünsche eingehen müssen. Ich würde mein Bestes versuchen, ein ordentlicher Mann zu sein.

Bei meiner Ankunft war Anja zu Haus. Als erstes küßte ich sie, und innerhalb kürzester Zeit hing ich ihr praktisch um den Hals. So leidenschaftlich freute mich das Wiedersehen. Nach einer Tasse Tee machten wir uns auf in die Stadt. Überall, wo in den Schaufenstern Inneneinrichtung gezeigt wird, verlangsamten sich ihre Schritte etwas. Ich fands ergreifend, wollte aber derartigen Dingen noch keine Aufmerksamkeit schenken. Wir sollten tanzen und das Leben genießen.

Der Nachmittagstanz im Maestro paßte uns bestens. Die Band war die von Kai Gideon, dem Mann, den ich aus der 1997er Tango-Dynastie am meisten schätze. Er ist, wenn man so sagen kann, geistig den übrigen voraus, und seine innere Ausgeglichenheit kommt auch in seiner nuancenreichen, teils sogar mystischen Stimme zum Ausdruck. Hat vermutlich damit zu tun, daß er im Kloster Valamo am Ladogasee war und heute als orthodoxer Religionslehrer arbeitet. Gideons Stimme hat alles, was ein guter Tangosänger braucht, find ich. Er hat kein Problem mit der Artikulation irgendwelcher Buchstaben – l, r und s bereiten auch einigen der berühmtesten Sänger Schwierigkeiten –, und sein weicher Bariton hat selbst in den höheren Tonlagen ein erstaunliches Volumen. Vielleicht trat er im Wettbewerb zu anspruchslos auf – Stichwort Gesamteindruck. Auf Band habe ich seinen *Haavetango/ Traumtango* von Raimo Kero und Kari Tapio, auf den ich jetzt wartete.

Das Programm war ganz nach meinem Geschmack. Wenn er keinen Tango sang, dann brachte Kai Gideon Musik zum Zuhören so, wie ich sie liebe. Anja und ich tanzten die Tangos. Sie wollte mit keinem anderen tanzen, auch keine Nicht-Tangos, obwohl ich ihr das gern gestattet hätte. Ich hätte am Tisch gesessen und ihr zugesehen: So was von einer Superfrau, was ich da habe.

Es folgte *Haavetango*. Wir wetzten aufs Parkett und preßten uns aneinander. Kai Gideon sang:

Du zündetest mein verloschnes Licht wieder an;
Traumtango, der nicht enden kann,

und ich leise in Anjas Ohr:

Du zündetest mein verloschnes Licht wieder an;
Traumtango, dessen Erfüllung begann.

Anja lächelte glücklich.

– Hab ich dein Licht angezündet?

– Hast du. Ich hab bis jetzt nicht gewußt, was es heißt, verliebt zu sein.

– Du hast tatsächlich noch nie jemand geliebt? wunderte sie sich.

– Noch nie, antwortete ich ehrlich.

– Warst du nie verschossen? Nicht mal in der Schule?

– Keine Ahnung, was verschossen ist. Sicher habe ich Interesse an der einen oder anderen gehabt, aber meine Hobbys nahmen all meine Zeit in Anspruch.

– Du bist wirklich sonderbar, wunderte sie sich und bewunderte sie mich.

Als wir wieder am Tisch waren, hatte ich das Gefühl, daß wir beobachtet würden. Ich sah mich um und bemerkte Marketta, die Redselige. Sie kam an unseren Tisch und faßte uns ins Auge.

– Ach Gottchen, was haben wir denn hier für Turteltäubchen. Da hast du dir ja ein Prachtexemplar angelacht. Gratuliere. Entschuldige, ich komm um keinen Preis auf den Namen ...

– Virtanen.

– Genau, Virtanen wars ...

– Und ists, betonte ich.

Meine Spitze blieb unbemerkt. Sie konzentrierte sich auf Anja.

– Das ist Anja, sagte ich schnell.

Anja stand auf und gab Marketta zur Begrüßung die Hand.

– Also Anja. Hat Virtanen schließlich und endlich doch

noch angebissen? Warst ja hier schon lange nicht mehr zu sehen. Aber Anja, Sie haben wirklich einen hübschen Rock. Wo haben Sie den gekauft? Und ich, ich renn in der Stadt durch die Schlußverkäufe und finde keinen so hübschen Rock. Und gucken Sie sich das an, mit was für Schuhen an den Füßen ich rumlaufen muß, nachdem letztes Mal der Absatz abgebrochen ist. Haben Sie eine Idee, wo man anständige Schuhe herkriegt? Man hats heutzutage wirklich nicht leicht, sag ich Ihnen, kein Verlaß auf die Schuhe. Und wenn da noch so oft ›Made in Finland‹ draufsteht, das garantiert noch gar nichts. Wie meine alte Oma immer gesagt hat, daß sie nie was Einheimisches kauft, sondern nur das, wo draufsteht ›Made in Finland‹. Ist das nicht köstlich?

Marketta mußte eine Atempause einlegen und bedeutete Anja, sie sollte sich setzen. Ich blieb stehen.

– Hören Sie, Anja, also da haben Sie wirklich einen guten Mann erwischt. Meiner macht sich nichts aus Tanzen. Auch jetzt ist er irgendwo in einer Hütte beim Angeln. Angelt Maränen und kommt nicht nach Haus. Wochenlang nicht. Ich bin immer noch in bester Form. Echt, mir täte ein Mann auch gut. Aber hier sind so viele junge Frauen. Und die werden von den alten Hutzelmännern ständig aufgefordert. Vielleicht sollte ich mir einen Flachmann anschaffen? Das wissen Sie doch, daß eine alte Frau einen Flachmann in der Handtasche haben sollte. Anders setzt man sich gegen die Küken ja nicht durch. Aber wenn man ein bißchen was anbieten kann, das macht son Mann doch an.

Das Orchester spielte Rauno Lehtinens *Elämäni nainen/ Frau meines Lebens*. Ach, wie hatte ich mir das gewünscht, ich weiß nicht, in wie vielen Lokalen. Lehtinen hatte es für seine eigene Frau komponiert, und die hieß auch Anja. Aber für mich war die *Frau meines Lebens* meine Anja. Meine! Marketta kriegte offenbar aus meiner Bewegung mit, daß mir nach

Tango war. Sie machte eine Handbewegung Richtung Parkett und wünschte weiter gute Verrichtung.

Danke, du mich auch, rief ich ihr mit dem Zitat eines alten Fotografenfreundes nach.

Ich konnte mit keinem Wort einen Kommentar zu Marketta abgeben, weil ich mich auf diesen Tango konzentrieren mußte. Kai Gideon sang, was Rauno Lehtinen geschrieben hatte:

Anja, du Frau meines Lebens,
hast vom Schicksal viel erwartet . . .

und ich drückte Anja jedes Mal, wenn ihr Name fiel, fest an mich. Sie genoß es in vollen Zügen.

Der Nachmittag verging, es wurde Abend. Wir hatten es nicht bemerkt, weil wir mit Feuereifer Tango tanzten und uns in den Pausen unterhielten.

Es war Mitternacht, als wir aus unserer Trance aufwachten und feststellten, daß es Zeit war zu gehen. Die Fredrikstraße schien mir noch mehr zu glänzen als sonst. Es handelt sich um eine bedeutende Einkaufsstraße von Helsinki, und sie strahlte gewissermaßen.

Bei unserer Ankunft stellte Anja das Radio an und machte den Gutenachttee. Das Radio brachte eine Sendung mit Maarit Niiniluoto – sie ist Expertin für finnische leichte Musik – über die Nach-Sechziger-Schlager. Sie hat eine sympathische Art, spricht ganz natürlich und macht von sich und ihren Kenntnissen kein großes Wesen. Sie formuliert die Dinge eingängig und einfach, und kommt damit beim Volk gut an. Ilpo Hakasalo ist auch so ein Moderator, der unbeschwert vom Ballast seiner Kenntnisse sprechen kann, ein Mann wie du und ich. Ich mag beide.

Maarit Niiniluot legte *Musta tango/Schwarzer Tango* auf als abweichendes Beispiel der siebziger Jahre. Komponiert von Jorma Panula, aufgenommen mit Ritva Oksanen. Anja kam zu mir.

– Wie findest du den Tango?

– Etwas eigenartig, geht aber, sagte ich.

– Du kennst ihn?

– War wahrscheinlich irgendwann Anfang der Siebziger im ›Herbstmelodie‹-Wettbewerb, aber damals waren wir Kinder.

– Dann kann ich ihn gar nicht kennen, ich war damals erst zwei oder drei, überlegte sie.

– Dafür war ich ungefähr zehn, aber ohne Ahnung von Tangos, berichtete ich, der Tango trat erst in mein Leben, als ich etwa fünfzehn war.

– Mit fünfzehn? Warst du denn kein Rock-Fan? Anja war verwundert.

– War ich nie. In der Schulzeit mußte ich einiges aushalten, weil ich für die alte finnische Tanzmusik war. Ich galt als Sonderling. Ich dachte an den Hohn und Spott von damals.

– Du bist ja scheints seit deiner Kindheit eine Ausnahme, meinte Anja bewundernd. Für mich ist Tango erst seit knapp zehn Jahren interessant, weil man dazu schöner tanzen kann als zu Rockmusik. Aber sicher ist auch, daß ich eine ganze Menge Rocknummern gut finde und daß ich vielerlei tanzen kann.

Das ist mir allerdings aufgefallen, sagte ich ehrfürchtig, du kannst sogar Tango auf argentinische Art.

– Na ja, bloß ein Hobby. Am liebsten mit dir auf finnische Art.

Wir waren verliebt ineinander wie immer. Was der eine sagte, war dem andern Offenbarung. Wir stellten das Radio aus und rutschten ins Bett. Ich wollte es Anja so schön wie möglich machen. Ich dachte an die geistige Vorbereitung. Ich dachte an die Hinweise bezüglich des Vorspiels. Mit verschiedensten und wohlgewählten Wendungen bewunderte ich Anjas Körper, und alles kam von Herzen. Dann fing ich an, sie schrittweise zu erregen, beginnend mit dem Nacken, dann die Augenbrauen, von dort zu den Brüsten, zum Bauch. Schließlich streichelte ich ihre Schamhaare. Anja war heiß und voller Entzücken. Sie berührte und küßte mich überall voller Leidenschaft.

– Darf ich nicht ein bißchen deine Hoden anfassen? fragte sie zärtlich.

– Etwas, wirklich nur ganz etwas, erlaubte ich vorsichtig.

Sie nahm die Hoden in die Hand. Ein Freudentaumel erfüllte mich, ich stand in Flammen. Ekstase. Anja beugte sich nach unten und küßte ganz leicht das Glied. Blitze schlugen in meinem Kopf ein.

– Darf ich es wirklich nicht in den Munde nehmen, Anja beherrschte mit Mühe die Erregung in ihrer Stimme.

– Bitte nicht! sagte ich, und meine Gefühle sagten genau das Gegenteil. Noch ein paar Monate, dann kriegst du alles.

– Noch nicht mal die Eichel ein ganz kleines bißchen? kam es vorsichtig.

– Nein, auf keinen Fall! Das erregt doch am allermeisten.

– Und das ist was Schlimmes? lockte sie.

– Bring mich bitte nicht in solche Versuchung! flehte ich. Ich lieb dich über alles, aber wir müssen uns gedulden!

Es war nicht zu übersehen, daß Anja von meinem seltsamen Enthaltsamkeitswunsch gereizt war, aber sie verbarg es hinter dem Ausdruck von Verständnis. Hin und wieder erschien sogar etwas wie Zorn in ihrem Blick, schmolz jedoch augenblicklich wieder dahin in glückseliger Zärtlichkeit. Ich lag über ihr und küßte auf sie ein in dem Versuch, sie zu vollständiger Befriedigung zu bringen.

Musta tango/Schwarzer Tango vom Dirigenten Jorma Panula nahm 1974 am Wettbewerb ›Herbstmelodie‹ teil. Dramatisch interpretiert von der Schauspielerin Ritva Oksanen. Jorma Panula ist einer von den Klassik-Meistern mit einem ganz sachlichen Verhältnis zur leichten Musik. Während seiner Europa-Tourneen als gefragter Orchester- und Operndirigent komponierte er Schlager, die es in Finnland zu einiger Popularität brachten. Die Volksmusik stand seinem Herzen ebenfalls nahe.

Eine kritische Auseinandersetzung der finnischen E-Musik-Kreise mit dem Tango begann damit, daß man ihn aus der argentinischen Perspektive betrachtete. 1984 gab eine argentinische Tangogruppe ein Gastspiel beim Kammermusikfestival in Kuhmo, und die Presse war der Meinung, daß auch der Finn-Tango argentinisiert werden müßte.

Der Tangomarkt in Seinäjoki hat, außer daß er sich zu einem riesigen Volksfest entwickelt hat, auch das Verdienst, die Mauer zwischen klassischer Musik und Tango eingerissen zu haben. Das Sinfonieorchester der Stadt war von Anfang an dabei und hat mit Begeisterung Tango gespielt. Damit wurde das Interesse von Dirigenten klassischer Musik geweckt, auch mal einen Tango zu spielen. Beispielsweise waren Atso Almila und Ari Rasilainen seit dem Ende der achtziger Jahre mit von der Partie.

Ein ganz interessanter Tango-Arrangeur aus der klassischen Abteilung ist Yrjö Hjelt. Es macht ihm Spaß, sowohl leichte wie ernste Musik zu arrangieren und zu komponieren. Außerdem hat er ein Händchen für das, was man auf italienisch *pasticcio*, auf französisch *pastiche* nennt, also den Stil bestimmter Komponisten zu kopieren. Seine Tangos aus den Achtzigern klingen noch ganz traditionell, aber in den Neunzigern hat er Arrangements mit eigenwilligen, kühnen Ouvertüren und Intermezzi geschrieben. Als Beispiel kann man die Einleitung zu Unto Mononens *Onnen maa/Land des Glücks* anführen. Wie die Ouvertüre zu einer Oper. Es beginnt mit einem mächtigen Rubato-Thema der Streicher, das von den Hörnern aufgenommen wird, dann folgt ein kraftvoller Lauf der Streicher, am Ende durch die Posaunen und das Schlagzeug effektvoll gesteigert, die Holzbläser, Klarinetten und Oboe spielen ein zierliches Motiv, in das die Hörner einstimmen, und schließlich fällt das gesamte Orchester in einen heißen Tangoschritt.

Künder der neuen Stilrichtung im Tango-Arrangement war wohl bewußt oder unbewußt Henrik Otto Donner. Es läßt sich fragen, ob dieser ewige Avantgardist auch heute noch zu modern ist. Oder ist seine Zeit gekommen? Jedenfalls scheinen die Arrangements für die erste Topi-Sorsakoski-LP *Hurmio/Ekstase* von 1985 ihrer Zeit weit voraus zu sein.

Außer dem Stadtorchester von Seinäjoki begeistern sich inzwischen auch andere E-Musik-Ensembles für den Tango. Avanti!, eine Gruppe für experimentelle Musik, spielt ebensogern Tangos wie die in der Stadt Espoo beheimatete Tapiola Sinfonietta. Diese begleitet die mittlerweile weltberühmte Opernsängerin Karita Mattila auf der Platte *Wonderful*, auf der es auch einen Tango gibt, und zwar *Tango d'amor* von L. Leandros und K. Munro; Karita Mattila singt ihn auf deutsch. War im Erscheinungsjahr 1995 der von Classic FM, einem auf klassische Musik spezialisierten Privatsender, meistgespielte Clip.

Lemmen virtaa/Ein Strom der Liebe heißt eine Platte mit leichter Musik, die der Opernsänger Raimo Sirkiä 1997 herausbrachte. Sie ist weitgehend dem Tango gewidmet, zwar dem internationalen, aber mit finnischen Texten. Raimo Sirkiäs Weg auf die Opernbühne verlief in ungewöhnlichen Bahnen. Als Zehnjähriger begann er seine Musikerlaufbahn in der Gruppe seines Vaters. In den sechziger und siebziger Jahren spielte er in vielen Orchestern berühmter Schlagersänger und gewann in dieser Zeit viermal die finnische Jugendmeisterschaft der Akkordeonspieler. Noch in den Siebzigern wandte er sich dem klassischen Gesang zu und gewann 1981 den national bedeutenden Timo-Mustakallio-Wettbewerb für junge Opernsänger. Damit fing seine Opernkarriere an, die ihn in einer Reihe von Tourneen auf europäische und nordamerikanische Bühnen geführt hat.

Lemmen virtaa enthält Stücke, mit denen Olavi Virta – *virta/Strom* ist identisch mit dem Namen des Sängers – seinerzeit bekannt wurde. Die Arrangements der Platte stammen von Markku Johansson und Pertti Haverinen, die auch beide bei den Aufnahmen dirigiert haben. Johansson ist einer der besten finnischen Jazztrompeter und hat den Tango *Hernando's Hideaway* von Richard Adler und Jerry Rossi auf eine besonders spannende Art arrangiert. Er spielt selbst ein Solo auf der gedämpften Trompete, in dessen Verlauf Baß und Schlagzeug in einen Latino-Rock-Rhythmus wechseln. Das aufregendste Haverinen-Arrangement ist *La Cumparsita*. Darin singt Raimo Sirkiä abweichend von der Originalversion die einleitende Melodie als Parallelthema. In den meisten Stücken hat er Gelegenheit, seinen Tenor von der glänzendsten Seite zu zeigen.

Um mit ihrem guten und facettenreichen Klangregister zu brillieren, wählen die Sänger für ihre Aufnahmen eben die internationalen Tangos. Beim Finn-Tango verläuft die Melodie in relativ gleichförmigen Bahnen.

Anja war in der Stadt, ich hörte Kassetten. Schon immer hab ich mich seelisch zu den Roma hingezogen gefühlt. Seit Jahrzehnten gehören sie zur Finn-Tango-Kultur. Die Roma haben den Tango sofort zu ihrer Musik gemacht, schon im Ausland, noch vor Finnland.

Wieder und wieder hörte ich Taisto Ahlgrens Aufnahme des *Pettäjän tie/Weg des Verräters*. Eindeutig ein Tango, wenn auch rhythmisch zu Beginn vor einem Rubato-Hintergrund, dann mit leichtem Beat, und wieder rubato, fortgeführt als schneller werdender Fox, am Schluß erneut freies Rubato. Die Platte kam 1970 raus. Schon als Kind fuhr ich, wie die übrige tangoliebende Nation, echt ab auf den *Weg des Verräters*. Es gibt auch Aufnahmen von anderen Roma-Sängern, zum Beispiel dem von mir heißgeliebten Taisto Tammi, aus dem Jahr 1975. Das war die Zeit, als meine Tango-Begeisterung erblühte.

Aber keine Aufnahme hat die Glaubwürdigkeit wie die von Taisto Ahlgren. Seine Stimmqualität ist ganz einmalig. Nimmt man die Produktion seiner Anfangszeit, dann kann man ihn mit Fug und Recht als den Olavi Virta der Roma-Kultur bezeichnen. Welch klare Stimme, welch rückhaltloser Einsatz! Jaakko Salo mit seinem großartigen Arrangement und Pauli Granfelt als Geiger-Primas – einfach ein Genuß!

Schauer des Behagens liefen mir über den Rücken, während ich vom *Weg* nicht genug kriegen konnte. Den Text finde ich nicht ganz echt, er paßt aber genau zu der alten Melodie. Wegen des Liedes gabs sogar mal eine rechtliche Auseinandersetzung, aus der Erkki Laurokainen als Sieger hervorging. Trotzdem ist er nicht der Komponist, weils nämlich ein altes Zigeunerlied ist.

Diese Hintergrundgeschichte hab ich vom Onkel. Mich interessieren urheberrechtliche Auseinandersetzungen nicht. Für mich ist es einfach ein absolut feines Stück und Taisto Ahlgren ein großer Sänger. Mitten in seiner Laufbahn traf ihn eine Krankheit, von der er sich zwar erholte, bei der aber seine Stimme soweit auf der Strecke blieb, daß er nicht wieder der alte wurde. Immer und immer wieder hör ich mir seine alten Sachen an.

Auch Anneli Saris gefühlvolle Tangos hab ich auf Band. Bei denen stehe ich ganz besonders auf die Aufnahme von Toivo Kärkis *Sirpale onnea/Eine Scherbe vom Glück*. Noch zwei andere Kärki-Tangos greifen mir bei der Anneli-Sari-Platte ans Gemüt, nämlich *Poski poskea vasten/Wange an Wange* und *Tuhat tarinaa/Tausend Geschichten*. Sie, also Anneli Sari, machte später in Paris ihren Weg. Und gar nicht so schlecht.

Der Onkel war gleichzeitig mit Markus Allan in der Armee und hat erzählt, was für ein besonders angenehmer Mensch der war. Sie waren in der gleichen Garnison und hatten verschiedentlich gemeinsame Aufträge durchzuführen. Der Onkel war in irgendeinem Komitee, das in Joensuu ein Wohltätigkeitskonzert zur Unterstützung der Kriegsinvaliden organisierte. Markus Allan gehörte zu den Solisten, und der Onkel flog sogar in der gleichen Luftwaffenmaschine mit ihm zurück nach Helsinki.

Markus Allan ist ein Tangosänger. Find ich. Die frühesten von seinen Tangos in meiner Sammlung sind *Liljankukka/Lilie*, *Mustalaistyttö/Zigeunermädchen* und *Sokeripala/Zuckerstückchen* aus den Sechzigern. 1995 hatte Markus Allan ein großes Comeback in Aki Kaurismäkis Film *Kauas pilvet karkaavat/Drifting Clouds*. Der Filmtitel stammt von einem Lied, das Jani Uhlenius zu einem Text von Jarkko Laine komponiert hat. Im Jahr drauf, also 1996, wurde Allans CD *Tangon kotimaa/*

Heimat des Tangos veröffentlicht, zu der Taisto Wesslin die modernen, ehrgeizigen Arrangements geschrieben hat. Markus Allans künstlerische Souveränität zeigt sich daran, daß er ohne Probleme auch mit seltsamen Tonfolgen fertig wird. Ich selbst steh am meisten auf Rauno Lehtinens Tango *Kiiltokuva/Glanzbild*, weils irgendwie mystisch ist.

Sebastian Ahlgren wurde 1993 Tangokönig. Schon vor seiner Wahl hatte er die CD *Sebastian Ahlgren* rausgebracht, auf der Matti Ruohonens und V.-P. Lehtos wunderhübscher Tango *Öinen tuuli valvoo/Der Nachtwind wacht* das erste Stück ist. Tangokultur in Reinform sind auch *Vain taivas voi kosket-taa/Nur der Himmel kann berühren*, die Tangobeguine von Jukka Koivisto, die in jüngster Zeit von sich reden gemacht hat, genauso wie *Rakkauden rikkaus/Reichtum der Liebe* aus der Hand der Altmeister Kärki und Helismaa. Ich erinnere mich, wie ich Zeuge der Königswahl in Seinäjoki war. Die Wahl traf den richtigen. Sebastian Ahlgren sang wirklich mit Hingabe.

Ein Liebling des Publikums und gewiß auch der Medien ist der Sänger Rainer Friman. Sein Leben steckt so voll von Überraschungen, daß er immer wieder im Mittelpunkt des Interesses steht. Aber zum Glück ist nicht nur sein schillerndes Leben spannend. Vor allem ist er ein anerkannter Sänger. Zu meinem Bedauern hat er eine Platte gemacht, auf der es nicht einen anständigen Tango gibt, obwohl der Titel lautet *Die populärsten Lieder*. Es gibt zwar den *Jäähyväistango/Abschiedstango*, aber Jukka Koivisto hat der Band eine rockige Hintergrundbegleitung erlaubt. Gottseidank habe ich viele von seinen anderen Tangos auf Band.

Als Anja gegen vier, wo sie normalerweise kommt, noch nicht zur Stelle war, machte ich mich auf in die Stadt, um ihr entgegenzugehen. Ich wußte, welche Strecke sie nimmt. Ich war schon fast im Zentrum, aber sie war nirgendwo zu sehen. Sehr ungewöhnlich. Indem ich meine Körperertüchtigung etwas ausdehnte, setzte ich meinen Weg, wenn auch ohne genaues Ziel, bis ganz ins Zentrum fort. Von einer Telefonzelle rief ich bei Anja an. Keine Antwort. Das war beunruhigend, trotzdem dachte ich, ich schau mal im Alten Keller vorbei. An der Bar bestellte ich einen Tee. Angesagt war gerade ein Moll-Rock, ich konnte also in Ruhe die Lage peilen. Warum wir uns nur selbst betrügen müssen? Das Stück *Kauas tuuli kuljettaa/Weit trägt der Wind* ist eigentlich ein getarnter Tango, aber arrangiert wie eine Mischung aus Humppa und schnellem Beat. Ich kannte die Nummer, weil Arja Koriseva sie in eine ihrer neuen Sammlungen aufgenommen hat. Deshalb wurde das Ding hier auch gespielt.

Mindestens die jungen Sänger haben offenbar Angst davor, Tangosänger zu sein, obwohl sie als solche besonders gut wären. Pop muß es sein, damit die Platten sich verkaufen. Die Plattenläden innerhalb der Umgehungsstraße drei, die gewissermaßen die äußere Grenze des Großraums Helsinki bildet, nehmen nicht gern Künstler in ihr Angebot, die nichts als Tango singen. Vielleicht gilt das auch für die jüngeren Komponisten, die nicht als Tangomacher abgestempelt werden wollen, auch wenn sie grade das am besten können.

Ich war so in Gedanken, daß mir der Anfang des Tangos entgangen war, nämlich Toivo Kärkis und Reino Helismaas altes, fast vergessenenes Stück *Ei täällä kaertaa/Diesmal nicht.* Paßte gut zu meiner Stimmung. Ohne Anja hatte ich keine Lust zum Tanzen.

Der Mann neben mir hatte schon leicht einen in der Krone, war aber noch so weit in guter Verfassung, daß der Türsteher ihn reingelassen hatte. Er bestellte sich einen doppelten Whisky. Als er sein Glas in Empfang genommen hatte, drehte er sich zu mir und hob es. Ich hob die Teetasse.

– Tschuljung, habn klein sitzn, sagte er.

– Stört mich nicht, war meine Antwort.

– Ich sag dir, kann doch du zu dir sagn . . . Ich nickte.

Also, ich sag dir, mir gehts echt beschissn. Alles weg. Die Alte abgehaun, Bude weg wegn Schuldn, Einrichtung, Boot, Mauntenbaik, Kleinkalibagewea, weg, alles weg. Heut hat der Gerichtsvollzir sAuto geholt. Jezzisses Faß voll. Weissu, wie dassis, wennse dich kasdriert habn. Der Mann hatte sich in Rage geredet.

– Nee, weiß ich wirklich nicht, bin nicht kastriert, sagte ich nachdrücklich.

– Du wills mich doch nich verarschn? fragte er mißtrauisch.

– Ganz und gar nicht, ich sags nur, wies ist, erwiderte ich.

– Na schön. Mir hamse auch nix abgeschnittn, aber weisse, issen echt beschissnes Gefühl, wennde siehs, wiese mit deiner Karre abfahrn. Wiech noch jung wa, da binich mitn Motorrad durch Europa. Und weisse, beide Rotarier war ich, und sone schöne Meritnliste – Schule, Schtudium, Titel, alles – hilft aba heutzutage nix, wennde von annan übaholt wirs.

Sicher hätte der Mann mit seiner Litanei gern weitergemacht, aber da sah ich Anja in fröhlicher Frauengesellschaft reinkommen. Sie lachte herzlich.

Ich hob die Hand, entschuldigte mich bei meinem Nachbarn und eilte Anja entgegen.

– Kinder, das ist mein Typ! sagte Anja und zeigte auf mich.

Mein Typ, das machte mich echt an. Am liebsten hätte ich sie sofort in den Arm genommen und geküßt, aber ich beherrschte mich.

– Ich hab kurz nach vier versucht, dich anzurufen und zu sagen, daß ich mit den Mädchen herkomme. Und ich wollte dich bitten, daß du auch herkommst, schnurrte sie zufrieden.

Ich begrüßte Anjas Freundinnen, Hanna und Sofia.

– Also, da haben wir nun den Knaben, von dem Anja so viel erzählt, sagte Sofia.

– Du hast von mir erzählt? ich drehte mich zu Anja um.

– Sicher, sagte Anja, sicher, ich mußte doch von dir erzählen.

– Ein echt netter Knabe, wie man hört, ergänzte Hanna.

Ich kriegte vor Freude und Verlegenheit rote Ohren. Wir setzten uns zusammen an einen Tisch, und ich bestellte Schaumwein für alle. Die Mädchen hatten einander viel zu erzählen. Störte mich nicht. Ich genoß Anjas Anblick, ihren Gesichtsausdruck, ihre Gesten, ihre Stimme. Obwohl Tango gespielt wurde, fand ich, daß es nicht der richtige Augenblick war, mit Anja zu entschweben. Man mußte sich einige Zeit miteinander unterhalten. Als *Unikuva/Traumbild* angestimmt wurde, konnte ichs aber nicht mehr aushalten.

Aus Höflichkeit betanzte ich auch die Freundinnen, aber mit Anja außer Reichweite hatte ich ständig Sehnsucht nach ihr. Weil sie in ihrem Leben vor mir viel in Gesellschaft gewesen war, ging es ihr wohl nicht so. Um neunzehn Uhr war der Gratis-Tanz zu Ende. Sofia und Hanna gingen ihre eigenen Wege und wir zu Anja. Ich gestand ihr, daß ich wegen ihrer Verspätung in Sorge gewesen wäre. Anja war deutlich belustigt, aber sie beruhigte mich.

– Wenn es wirklich mal einen Grund geben würde, daß ich später kommen müßte, dann würde ich dir rechtzeitig Bescheid sagen. Das heute war ein spontaner Einfall. Deshalb hab ich auch erst nach vier versucht, dich zu erreichen. Ich dachte, du wärst zu Haus und würdest auf mich warten.

– Zu Haus, das klang auch besonders gut in meinen Ohren. Bestätigte, daß wir in Anjas Augen ein Paar waren. Zufrieden ging ich an die Kassetten und meinte, wir sollten jetzt *Das Beste von Eija Kantola* hören, weil wir das letzte Nacht nicht mitgekriegt hatten. Ich legte die Kassette ein. Als erstes kam *Yön hiljaisuus/Stille der Nacht*, schönes Stück, aber kein Tango. Auch danach kam kein Tango und danach nicht und als viertes auch nicht.

Ich war leicht vergrätzt. Die Kassette hatte ich als Tango-Experte gekauft, und jetzt war ich nicht Manns genug, Anja meinen Irrtum zu gestehen. Wo ich überzeugt war, daß auf der Kassette vor allem Tangos wären. Bei *Tuuleen/In den Wind* konnte die Künstlerin zeigen, was sie draufhatte. Aber schließlich und endlich war die *Königin der Nacht* der einzige Tango, außerdem modern arrangiert.

Ich zog mich hinter den Vorwand zurück, daß ich auf Tangos der sechziger Jahre konzentriert gewesen wäre. Bei den neuen könnte man den einen vom anderen kaum unterscheiden. Ich behauptete, ich wäre fest überzeugt gewesen, daß die *Stille der Nacht* ein Tango wäre, sicher hätte mich Unto Mononens **In** *der Stille der Nacht* durcheinandergebracht, und bei *In den Wind* hätte ich wohl an Reino Markkulas Tango *Tuuleen kirjoitettu/In den Wind* **geschrieben** gedacht, den Eino Grön 1966 aufgenommen hat. *Stille der Nacht* und *In den Wind* sind vom jungen Mika Toivanen. Ein guter Nachwuchs-Tango-Komponist, aber gezwungen, immer wieder auch anderes zu schreiben.

Anja akzeptierte meine Erklärung – vielleicht tat sie auch nur, als glaubte sie daran. Wir lauschten der *Königin der Nacht* und waren zufrieden. Die Überlegung von heute nachmittag im Alten Keller verdichtete sich fast zur Gewißheit: Die jungen Komponisten und Sänger haben Angst, als altmodisch zu gelten, und deshalb nehmen sie keine Tangos auf. Ganz sicher trauen sich außer Radio Suomi auch die Rundfunksender innerhalb der Umgehungsstraße drei nicht, so viele Tangos zu spielen, wie die Leute das eigentlich wollen. Man könnte den Sender ja für rückständig und nostalgisch halten. Und weil die sogenannte öffentliche Meinung in den Grenzen der Umgehungsstraße drei gemacht wird, kann man das Risiko nicht eingehen, als Tangosänger abgestempelt zu werden. Was ein Glück, daß meine Oberfavoriten Rejo Taipale, Eino Grön und Esko Rahkonen diesem Druck nicht ausgesetzt sind.

Es wurde Abend, und ich wollte vernünftig sein. Ich liebte

Anja, trotzdem, wenn ich unnötige Spannungen vermeiden wollte, durfte ichs mit ihr nicht zu weit treiben. Als wir im Bett lagen, küßte ich sie zärtlich und wünschte gute Nacht. Sie auch. Dann war Stille. Ich bedachte unser Verhältnis. Es hätte gar nicht idealer sein können, fand ich. Hab eine Frau, die ich liebe und die mich liebt, und noch ein paar Monate, dann werden wir heiraten. Verloben könnten wir uns eigentlich schon früher. Ich stellte mir vor, wir wären verheiratet, würden Kinder kriegen. Alles wäre wie in einem glücklichen Märchen.

– Liebst du mich nicht mehr? vernahm ich auf einmal von nebenan. Anja war noch gar nicht eingeschlafen.

– Aber gewiß doch. Über alles. Ich lieb dich über alles.

– Und warum führst du dich auf wie ein alter Ehemann, ders schon satt hat? quengelte sie.

– Alt, satt hat? wiederholte ich erstaunt. Nicht die Andeutung von satt hab ich dich. Wir haben doch grade erst angefangen.

– Genau, und schon ist es soweit, und du drehst mir den Rücken zu und fängst an zu schlafen, sagte sie mit Enttäuschung in der Stimme.

– Ich dreh dir überhaupt nicht den Rücken zu! Nur weißt du sehr gut, daß wir ein paar Monate warten müssen, und ich hab gedacht, ich machs uns beiden leichter.

– Für mich ist es jedenfalls nicht leicht, in Anjas Stimme schwang etwas Bitterkeit, endlich hab ich den Mann meiner Träume gefunden, schon führt er sich auf wie ein Ehekrüppel nach zehn Jahren.

– Aber Anja-Schatz! rief ich und setzte mich auf. Ich und Ehekrüppel! Ich liebe dich, wie nur jemand jemand anderen lieben kann. Eben noch hab ich davon geträumt, daß wir heiraten würden.

– Heiraten, davon hast du geträumt? das klang etwas fröhlicher.

– Hab ich. Ich dachte, wir würden gleich nach meinem sechsundreißigsten Geburtstag heiraten. Und vorher könnten wir schon die Ringe kaufen.

– Schön, was du sagst, kam es weich von ihr, aber warum machst dus mir nicht auch schön und hast mich ein bißchen lieb?

– Weil ich Angst habe, daß ich zu weit gehe, antwortete ich gereizt, ich hatte ihr doch alles klipp und klar erklärt.

– Wenigstens ein kleines bißchen, drängte sie.

– Na gut, ein kleines bißchen.

Über ihr liegend küßte und streichelte ich sie, darauf bedacht, sie nicht zu sehr zu erregen. Half nichts. Sie schob ihre Hand in meine Pyjamahose und ergriff meinen Penis, der auf der Stelle lebendig wurde und eifrig anschwoll. Ich redete ihr liebevoll zu, sie sollte sich gedulden, es wären doch nur noch wenige Monate, und dann könnten wir uns Tag und Nacht miteinander wälzen. Sie lockerte ihren Griff.

– Was um alles ist das eigentlich mit deinem Grundsatz? Hast du eine Geschlechtskrankheit oder was? verlangte sie zu wissen.

– Hab ich ganz sicher nicht! Ich war noch nie mit einer Frau zusammen, mit gar keiner.

– Und mit einem Mann? Wenn du dich bei einem Mann angesteckt hast! sie machte große Augen.

– Um Himmels willen! Ich treibs nicht mit Männern! Noch nicht mal getanzt hab ich jemals mit einem Mann, versicherte ich gequält.

– Also irgendwas ist mit dir nicht in Ordnung – sprachs und zog die Decke über die Ohren.

In meiner Not ging ich ins Café Kalervo. Ein Gespräch unter vier Augen mit einem Freund mußte geführt werden, die anderen brauchten davon nichts mitzukriegen. Der Rat des Älteren und Weiseren war vonnöten in einer heiklen Angelegenheit. Was macht Frauen und Männer so unterschiedlich? Warum haben Frauen keine ähnlichen Grundsätze wie Männer? Worum es tatsächlich ging, wagte ich nicht zu offenbaren, es wäre nur so ganz allgemein.

Das Gespräch bewegte sich also im Allgemeinen, weil ich mich nicht blamieren wollte, indem ich mein Verhältnis zu Anja direkt ansprach. Der Freund machte mich mit einer Tatsache von grundsätzlicher Bedeutung vertraut, nämlich daß man aus Büchern, die von Männern geschrieben sind, nichts über die männliche Natur erfährt. Das war mir neu, denn ich hatte immer geglaubt, daß gerade Männer Männer am besten über deren Probleme erhellen könnten. Aber so wars nicht, über Männer erfährt man am meisten aus Texten, die von Frauen sind. Dem Freund zufolge ist das Leben des Mannes ziemlich unerotisch, ungeachtet allem anderslautenden Gerede, und bei den erotischen Phantasien der Männer handelt es sich im allgemeinen um eine seltsame Mischung aus hohen Gefühlen und niedrigen Trieben. Was man ja besonders in der Pornographie sehen könnte. Zugespitzt könnte man sagen, daß der Mann körperloser Geist wäre.

Aufgrund der eigenen Erfahrungen sah das für mich anders aus. Mir wäre im ganz realen Leben was passiert, berichtete ich, was man sonst nur im Film sehen oder in Büchern lesen könnte, und ich legte Wert auf die Feststellung, daß ich diese wirkliche Begebenheit nicht in einen Tagtraum verwandelt sehen wollte. Mir reichte das, was mir passiert wäre, völlig aus.

Der Freund wollte wissen, ob ich Angst vor Frauen hätte. Was ich heftig bestritt. Warum sollte ich Angst vor Frauen haben? Im Gegenteil, aufs höchste bewundern würde ich sie. Zu meiner Überraschung fragte der Freund mich nach den Frauen, mit denen zusammen man mich in der Stadt gesehen hatte. Ob ich mit ihnen zusammengewesen wäre, wie ein Mann normalerweise mit einer Frau zusammen ist? Darauf wollte ich nicht antworten, ich kam zurück aufs Grundsätzliche. Ob mit mir was nicht stimmt, weil ich Prinzipien hätte? Nach Meinung des Freundes wäre das davon abhängig, was für Prinzipien. Um keinen Preis traute ich mich, ihm was von meinem Grundsatz zu sagen. Das hätte mich bei ihm in ein schiefes Licht gebracht, befürchtete ich. Über so was spricht man nicht mit einem Mann. Also sollte er mir eben so im allgemeinen was über Frauen erzählen.

Der Freund meinte, wir würden in unserer Unterhaltung nicht sehr weit kommen, wenn ich nicht sagen würde, worum es tatsächlich ging. Und vor allem wollte er wissen, wozu ich den Rat gerade des Älteren und Weiseren brauchte.

Vermutlich machte ich einen bedrückten Eindruck. Auf keinen Fall konnte ich mein wirkliches Problem beim Namen nennen. Der Freund zuckte mit den Schultern und stellte fest, der größte Fehler der Männer wäre, daß sie nicht in der Lage wären, seelisch ganz aufzugehen. Sie würden nicht zulassen, daß ihnen was unter die Haut geht. Ich schüttelte den Kopf. Es war ersichtlich, daß ich den entscheidenden Schritt nicht tun würde, damit ich Hilfe oder wenigstens einen Rat kriegte.

Der Freund tröstete mich und schlug vor, daß wir beim nächsten Mal wieder über Tango reden sollten. Jedenfalls in der Hinsicht könnte der Ältere und Weisere meinen Wissensdurst vollkommen stillen. Ob ich wissen wollte, welche Bedeutung der Produzent für eine Platte hätte? Wollte ich sicher, nur gerade jetzt hätte ich dafür keine Zeit.

Ich war zerstreut und mit den Gedanken ganz woanders als beim Tango, was vermutlich einen ziemlich eigenartigen Eindruck machte. Sonst war ich ja immer ins Kalervo gekommen, um über Tango und auch sonst Musik zu sprechen. Die Clique dort war überzeugt, mich würde außer Tango alles kaltlassen. Es ist wohl so, daß ich nie zuvor so gewirkt habe wie bei meinem heutigen Auftritt.

Ich stand auf, bedankte mich und spazierte zur Tür hinaus. Der Freund rief mir hinterher, er würde mir empfehlen, im Secondhand-Plattenladen die Harmonika-Tangos von Aaro Kurkela von 1974 zu kaufen. Da war ich froh. Die anderen würden jetzt wieder denken, wir hätten über Tango gesprochen.

Verunsichert wie ich war, wanderte ich die Straße entlang und überlegte, ob ich in die Falle geraten wäre, von der ich früher hatte reden hören: daß nämlich die Liebe zum Mühlstein wird. Die Zeit vor dem nächtlichen Verhör durch Anja war ungeheuer ergiebig gewesen. Wieso forderte sie auf einmal eheliche Pflichterfüllung von mir, wo wir übereingekommen waren, daß wir warten wollten? Sie wußte doch, daß es nur noch wenige Monate dauern würde, bis wir den Gipfel des Glücks besteigen könnten.

Nach langer Zeit ging ich mal wieder zu mir nach Haus, nahm das Plastikgerippe aus dem Schrank und fing gedankenverloren an zu tanzen. Aufgelegt hatte ich den Tango *Tumma orkidea/Dunkle Orchidee*, eine Aufnahme von 1953 mit Veikko Tuomi. Stimmte mit meinem Gemütszustand überein.

Wenn der Augenblick sich wandelt,
ist er doch nicht fort und hin:
Zur Vergangenheit zurück geht dem Sehnenden der Sinn

Anja war wunderbar und liebenswert, warum aber zweifelte sie an meiner Aufrichtigkeit? Ein unheimlicher dunkler Schatten war über uns gefallen. Und doch: Kaum dachte ich den Gedanken, Anja nicht mehr wiederzusehen, zerriß mich ein schneidender Schmerz.

Ich mußte unbedingt den alten Tango *Rakkauden vanki/ Gefangener der Liebe* von Walter Rae spielen, aufgenommen von Arvi Hänninen 1935. Aber die Erinnerung hatte mich betrogen – gefangen war ja nicht der Protagonist, sondern der Gegenstand seiner Liebe:

Dich meine schönste Gefangene bewach ich am Abend nun . . .

Direkt danach lauschte und tanzte ich Orvokki Itäs Tangobeguine *Rakkauden arvoitus/Rätsel der Liebe.*

Wer weiß, was Liebe ist?
Mir immerdar ein Rätsel . . .

sang Eila Pienimäki.

In Selbstmitleid zerfloß ich nicht, aber ich steckte in der Klemme. Wie konnte ich Anja nur klarmachen, daß ich für uns beide nur das Beste wollte? Meine philosophischen Motive waren ihr nicht zu erklären, die hätte sie schwerlich ernst genommen. Mir war nicht mal klar, ob ich mit Anja über solche Sachen überhaupt reden konnte. Entweder würde sie gar nicht schnallen, wovon ich eigentlich sprach, oder sie wüßte alles besser. Eins so unangenehm wie das andere. Ich wollte meine männliche Würde bewahren, so unauffällig wie möglich.

Vermutlich hatte ich in der falschen Stellung mit dem Gerippe getanzt, vielleicht hatten auch meine Gedanken mich körperlich belastet, jedenfalls mußte ich mich ausruhen. Ich legte mich aufs Bett.

Plötzlich fuhr ich hoch. Ich hatte etliche Stunden geschlafen, und jetzt war es Abend. In größter Eile sauste ich los, um Anja von einer Zelle aus anzurufen. Niemand melde sich.

Panik. Ich machte mich auf, um in allen gemeinsamen Lokalen nachzusehen. Zuerst im Alten Keller. Dem Türsteher – wir kannten uns – sagte ich, daß ich nur eben mal einen Blick reinwerfen wollte. Er nickte Zustimmung und legte meinen Mantel bloß auf den Garderobentisch. In aller Eile untersuchte ich sämtliche Nischen und verbrachte eine schätzungsweise angemessen lange Zeit in der Nähe der Tür zur Damentoilette. Nein, im Alten Keller war sie nicht. Auf qualmenden Socken zum Maestro. Der Türsteher war nicht der altbekannte, jemand anderes stand an seiner Stelle. Man mußte also ordnungsgemäß den Mantel abgeben. In großen Sätzen nahm ich die Treppe nach oben. Möglichst unauffällig versuchte ich mit Höchstgeschwindigkeit den Saal von einem Ende zum anderen zu durchqueren. Flüchtige Bekannte lächelten mich an, wohl sehend, daß ich auf der Suche nach jemandem, mit anderen Wort nach Anja, war. Sollten sie. Ich verließ das Maestro und setzte meinen Weg an einen ziemlich unwahrscheinlichen Ort, nämlich das Budapest fort. Hier hatten wir mal gefeiert. Noch eine Garderobenabgabe, und unverrichteter Dinge raus.

Anja war in keinem unserer Stammlokale. Wieder rief ich aus einer Zelle an. Wieder meldete sich niemand. Noch mehr Panik. Hatte sie die Nase voll von mir? Weil ich mich wie ein Ehekrüppel nach zehn Jahren aufgeführt hatte, wollte sie nichts mehr von mir wissen. Sie war losgezogen, um einen ordentlichen Mann aufzureißen, der im Bett nicht so knausrig ist. Genau in diesem Moment tanzte sie mit irgendeinem Schleimer, Wonne im Auge und Kopf an der Schulter. Der Schleimer würde sie noch ein bißchen abfüllen und dann in sein ekelhaftes Hotelzimmer abschleppen, wos grauenhaft stinkt. Aber Anja macht das nichts aus, sie gibt sich dem Schleimer auf der Stelle hin, endlich hat sie einen, mit dem sie richtig bumsen kann.

Meine Phantasie bewegte sich in gestrecktem Galopp, und ich wurde fast wahnsinnig. Ohne zu wissen, was ich eigentlich unternehmen sollte, enterte ich die Dreier-Straßenbahn und fuhr nach Hakaniemi. Mit Weißwein wollte ich mich bis an den Rand meines Fassungsvermögens vollaufen lassen, saufen wollte ich, was reinging, ohne daß ich krank würde. Im Brückentor marschierte ich auf kürzestem Weg an die Bar und orderte Weißwein und Tee. Beides stürzte ich runter, obwohl ich mir den Mund verbrannte, und bestellte unverzüglich dasselbe noch mal. Zur Verwunderung des Kellners, der ganz unbeteiligt feststellte: »Meinen Sie nicht, es wäre besser, wenn Sie sich an den Tisch zu Ihrer Frau setzen würden?«

Zu wem? War Irja gemeint? Ich sah mich um. Von Irja keine Spur. Womöglich hätte ich auf dem Umweg über sie mein Herz erleichtern können. Ich guckte mir die tanzenden Paare an. Und da war Anja. Gottseidank!

Eine Woge der Eifersucht schwappte über mich und durch mich durch. Der Typ, der mit ihr tanzte, sah genauso aus wie der Schleimer in meiner Einbildung. Aha! Anja war auf dem Weg ins Hotel mit diesem glitschigen Angelwurm!

Ich duckte mich hinter eine Säule. Von da sah ich, wie der Typ Anja an ihren Tisch brachte, selbst aber nicht dablieb. Anja war allein! Tausend Kilo Blei fielen mir von der Schulter oder vom Herzen oder von was auch immer. Auf ein Neues. Ganz ruhig ging ich auf sie zu. Sie sah mich kommen, erhob sich und winkte mich heran. Wir waren das glücklichste Paar auf Erden. Was gings mich an, was die Leute dachten. Mit Leidenschaft küßte ich sie auf den Mund und knutschte sie nieder.

Der Tango *Saapuuko hän?/Kommt er-sie?* von Timo Kosonen erklang. Was hätte besser passen können? Wir flogen auf die Tanzfläche, ich preßte sie an mich und sang ihr den Refrain ins Ohr:

Kommt sie und löscht die Sehnsucht mir aus
wie der Morgen die Tropfen des Taus?

Sie war glücklich und strahlte vor Wiedersehensfreude.

– Wo warst du bloß den ganzen Tag?

– Bei mir zu Haus. Da bin ich eingeschlafen, und dann wars Abend. Ich hab dich überall gesucht, ich stöhnte erleichtert und glücklich.

– Warum bist du nicht nach Haus gekommen?

Nach Haus. Wieder klangs mir wie Schalmeien im Ohr.

– Hab zu lange geschlafen. Danach habe ich versucht dich anzurufen. Mehrmals.

– Ich war dich suchen, sagte Anja, nachdem du um vier nicht gekommen bist. Ich war in allen Lokalen. Zu dir kommen, konnte ich ja nicht, weil ich nicht weiß, wo du wohnst.

Wir waren im siebten Himmel. Sahen und hörten nichts außer einander.

Schließlich waren wir wieder bei Anja. Ich spielte Kassetten. Reijo Taipale mit *Sokea rakkaus/Blinde Liebe*, dem Tango von Jukka Koivisto, Text von Jorma Toiviainen.

Nie hab ich gedacht,
daß ein Blick so berühren mich könnt . . .

War unsere Liebe blind? Hatten wir den Kontakt mit der Wirklichkeit verloren? Darauf hatte ich keine Antwort.

Und nun wollte ich sie ausziehn, mit Vergnügen läßt sies zu. Jedesmal macht sie mich beben, und ich stöhne in Bewunderung, zieh ich ihr das Höschen aus. Ach, wie wunderwunderschön kann ein Frauenkörper sein!

Und auch sie wollt mich entkleiden, Streß wars mir, doch gab ich nach. Alles gleitet leicht vom Körper, nur am Schluß gibts ein Problem. Denn das Glied, das erigierte, hemmt die Hose, die nicht fällt. Ich muß helfen, und sie stöhnt.

Mein Verlangen, in Anja einzudringen, war übermächtig. Was bedeuten einige Monate noch groß, dachte jetzt auch ich. Trotzdem hatte ich mich in der Gewalt. Mit aufgerissenen Augen erklärte ich ihr, daß, ja doch, ich könnte über ihr liegen, aber im übrigen würden wir noch bis zum vorbestimmten Tag warten. Sie nickte, nahm den Penis in die Hand und streichelte ihn. Ich bemühte mich, nicht die Fassung zu verlieren. Streichelte sie überall, achtete allerdings peinlich darauf, daß der Finger nicht entglitt.

– Könntest du nicht kommen? fragte sie.

– Schatz, Goldstück, noch ein bißchen Geduld, flehte ich, gespannt am ganzen Körper.

– Ich hab solche Lust auf dich, sagte sie liebevoll und verlangend.

– Und ich auf dich, versicherte ich. Wenn es soweit ist, wirst du sehen, wie sehr.

Wir waren gespannte Bögen auf glühenden Kohlen. In beiden brannte das Verlangen, doch ich hatte meinen Grundsatz. So waren wir vielleicht zwei oder drei Stunden einander nah, als Anja um Entschuldigung bat und Tränen aus ihren Augen wischte. Ich zeigte all mein Mitgefühl und forderte Geduld. Sie sah mich an, von oben bis unten, und Tränen stiegen ihr erneut ins Auge.

– Verzeih mir, daß ich dich so liebe, sagte sie und drehte den Kopf ins Kissen.

Verzweifelt überlegte ich, wie ich es schaffen könnte, daß die Zeit schneller verging. Ins Ausland reisen? Völlig undenkbar. Außerdem würde ein romantischer, uns beiden unbekannter Ort den Liebesdurst noch größer machen. Beispielsweise in einer belgischen Kleinstadt, im dortigen schmucken Gasthaus, das würde es mir nur schwerer machen, auf die Vereinigung mit Anja zu verzichten. In den Frauen schlummert der Wunsch, eine Prinzessin zu sein, und der moderne Prinz hat natürlich seine männliche Pflicht zu erfüllen.

Auch irgendwohin in Finnland konnte man nicht fahren. Nur im Hotel leben, ist teuer. Und außerdem liefe es aufs selbe raus wie im Ausland. Helsinki verlassen könnte gefährlich werden. Ich war noch nie in Imatra, hab aber vom dortigen Staatshotel gelesen. Aus den Beschreibungen zu schließen, ist es ein großes romantisches Schloß. Da würden wir garantiert vom Weg der Vernunft abkommen.

Ich wollte Anja einen ausgedehnten Spaziergang vorschlagen. Ausgiebige Aufenthalte im Freien würden uns vielleicht zu Menschen mit anständigem Lebenswandel machen. Pflege der Gesundheit und Gymnastik könnten uns davon abbringen, zu eng miteinander zu kuscheln. Glücklich würden wir uns auf den Pfaden des Zentralparks umarmen und uns auf der Brücke zur Insel Seurasaari küssen. Abends wären wir so müde, daß wir ruckzuck einschlafen würden.

Am folgenden Tag begaben wir uns auf die Wallfahrt, wie ich meinen Vorschlag genannt hatte. Wir stapften Stunden dahin. Zuerst eine lange Strecke durch den nördlichen Zentralpark, ein ausgedehnter Waldstreifen, der praktisch im

Zentrum von Helsinki anfängt und ohne Unterbrechung weitergeht bis in die Randgemeinden. Auf dem Gebiet von Helsinki selbst ist es ein natürlicher Freizeitpark mit breiten Wegen. Von da machten wir eine Runde durch Haaga und weiter auf die Insel Seurasaari. Ein großes Freiluftmuseum, wo man alte Gebäude aus verschiedenen Gegenden Finnlands wiedererrichtet hat. Die Eichhörnchen sind zutraulich und kommen ganz nahe, wenn man was Leckeres für sie in der Tasche hat.

Die Wanderung hatte Stunden gedauert, und wir waren ziemlich geschafft, als wir bei Anja ankamen. Liebesspiele kamen uns nicht in den Sinn. Ein Tag war gewonnen.

Als ich das gleiche Mittel am folgenden Tag erneut anwenden wollte, weigerte sie sich. Solch lange Strecken ungewohnt, war sie immer noch erschöpft. Aber den Vorschlag, ans Meer zu gehen, nahm sie an. Wir gingen in den Park Kaivopuisto, und dann die Uferstraße entlang und freuten uns an der Landschaft. Dabei sang ich für Anja:

Der Tango auf dem Meer erklingt
und trägt die Sehnsucht fort
dahin, wo mein Mädchen ist . . .

Es gefiel ihr.

– Du findest für jede Gelegenheit den passenden Tango.

– Gestern hätte ich dir den *Tango metsässä / im Wald* vorsingen können, als wir im Zentralpark waren, begeisterte ich mich.

Damals der Tango im Wald
hat auch uns zusammengebracht . . .

Beides sind Produktionen unserer Altmeister Toivo Kärki und Reino Helismaa.

– Ich hab den *Tango auf dem Meer* in der Aufnahme mit Taisto Tammi, sagte Anja voller Eifer.

– Ein glänzender Tango, bestätigte ich.

Wir machten eine Pause im Strandcafé und genossen den Anblick des Meeres. Da kam mir eine Idee. Wir könnten doch auf die Festungsinsel Suomenlinna fahren. Anja war begeistert, sie war noch nie auf Suomenlinna gewesen, was hätte sie dort auch gewollt. Ziemlich verständlich. Die wenigsten Bewohner der Hauptstadt kommen aus ihrer Nachbarschaft raus. Ich empfand Stolz, daß ich mit meiner gar so wunderbaren Frau auf der Fähre stehen und die kurze Reise unternehmen konnte. Und außerdem sieht Helsinki vom Meer aus einfach großartig aus. Da kommt man im Alltag gar nicht drauf.

Anja beeindruckten die alten Festungsanlagen. Es gibt auf Suomenlinna Reste von alten Kanonen, die heute aussehen wie ein Teil der Landschaft. Man hat die alten Gebäude renoviert, Geschichte zum Anfassen. Zwar war ich an Geschichte noch nie sonderlich interessiert, aber der Anblick des Alten und Ehrwürdigen erhebt einen irgendwie.

– Phantastisch, wenn man hier wohnen könnte, rief Anja.

– Das wärs sicher, aber es ist praktisch unmöglich. Immer wenn auch nur eine einzige Wohnung frei wird, stehn die Bewerber Schlange, wußte ich vom Hörensagen.

– Scheint eine besonders feine Gegend zu sein, überlegte sie.

– Eigentlich nicht, aber hier herrscht Ruhe, und man fühlt sich vermutlich wie auf dem Land, obwohl man mitten in der Stadt lebt, spekulierte ich.

Einige Stunden später kehrten wir zurück. Von der Fähre aus ist Helsinki wirklich ein schöner Anblick.

Für ein paar Tage hatte ich eine Normalisierung der Situation zuwege gebracht, als Anja anfing, sich zu wundern, und fragte, was mit mir los wäre, warum ich mit ihr nicht tanzen gehen wollte. Eine richtig brauchbare Erklärung hatte ich ja nicht, also machte ich den kecken Vorschlag, daß wir in den Fêtenmeister zum Nachmittagstanz gehen sollten. Meine Verwegenheit hatte einen einfachen Grund, Irja würde tagsüber nicht da sein.

Wir fuhren mit der Linie acht, und als wir ankamen, war es erst so gegen zwei. Aber im Fêtenmeister waren bereits genügend Leute und die Stimmung damit okay. Wir gingen an die Theke, und ich bestellte Weißwein. Mit dem ersten Tango waren wir auf dem Parkett. Es war Jukka Koivistos *Tanssitko kanssani?/Tanzt du mit mir?*, Text von Jorma Toiviainen. Das andere Stück in diesem Durchgang war ebenfalls von Jukka Koivisto und Jorma Toiviainen, nämlich *Joka ilta/Jeden Abend.* Wie für uns und unsere Situation gemacht. Anja hatte sich gefragt, warum wir nicht mehr tanzen gingen, und ich jeden Abend überlegt, welche Entscheidung ich zwischen meiner Liebe und meinem Grundsatz treffen sollte.

Ich versuchte, so zu sein wie immer. Sicher liebte ich Anja, das war nicht das Problem. Aber dieses Warten, das wirkte sich ganz seltsam auf uns aus. Anja wurde vorsichtig, versuchte besonders rücksichtsvoll mir gegenüber zu sein, verlangte keine enge körperliche Nähe. Ich war lieb zu ihr und küßte sie, versuchte alles, um es ihr schön zu machen. Sie wiederum bemühte sich, so natürlich zu sein, wie es ging.

Etwas fehlte. In Anjas Augen konnte ich lesen, daß sie mich liebte. Und doch war da jetzt auch etwas anderes. Zeichen von Ungeduld und manchmal etwas Aggressivität. Die kleine Zornesanwandlung verflog jedoch schnell und machte der reinen Liebe Platz, und sie kam mit ausgestreckten Händen auf mich zu, küßte und umarmte mich wunderbar und besitzergreifend.

Eines Tages schlug ich vor, daß wir uns eine Zeitlang nicht sehen sollten. Ich würde in meine Wohnung zurückkehren und Anja in der ihren bleiben. Sozusagen zur Klärung unserer Beziehung, meinte ich.

Anja war überhaupt nicht meiner Meinung. Für sie wäre es eine schreckliche Vorstellung, wenn ich in meine Wohnung zurückziehen würde. Sie hätte sich daran gewöhnt, mit einem Mann zusammenzuleben, den sie lieben und für sich haben könnte. Mit dem sie durch die Stadt gehen könnte wie mit einem Ehemann.

– Denk nur mal, wie man mich auslachen würde, wenn bemerkt wird, daß ich wieder allein bin, sagte sie außer sich.

– Wer würde lachen?

– Na, die Bekannten, auch die Mädchen, die du im Alten Keller getroffen hast, Sofia und Hanna.

– Also sind das gar keine Freundinnen? wunderte ich mich.

– Freundinnen! Freundschaft gibts in diesen Kreisen nur, solange es mit der Beziehung gutgeht, oder wenn alle Singles sind, klärte sie mich auf.

– Dann hast du deine Freundinnen also betrogen, weil du mich liebst und mit mir zusammen bist? fragte ich.

– So könnte man es sehen. Wir waren immer viel zusammen. Klar waren sie auch manchmal dabei im Maestro, damals als du angefangen hast, mich öfter zu betanzen. Es scheint nur, als hättest du sie nicht bemerkt, sagte sie und sah mich an.

Sie kam zum Thema zurück und verlangte, ich sollte nicht in meine Wohnung zurückziehen. Das wäre eine Schande für sie.

– Ist es nicht eher eine Schande, daß ich bei dir wohne? Was sagen denn die anderen Hausbewohner, staunte ich.

– Darauf, mein Lieber, gebe ich einen feuchten Kehricht, antwortete sie ein bißchen trotzig, weil ich nämlich auf dich stolz bin. Ich genieße es, wenn ich mit dir zusammen in aller Öffentlichkeit gesehen werde.

Diese Himmelsklänge ließen mich dahinschmelzen. So eine Superfrau, und war stolz auf mich! Auf mich!

Überwältigt zog ich sie aufs Sofa, drückte sie gegen das Kissen und knutschte sie von Kopf bis Fuß ab. Anja geriet in Begeisterung, hob den Rock und schob die Hand durch meinen Hosenbund nach unten. Der Penis war auf der Stelle bereit. Er hat keinen Grundsatz, und Anja war sehr angetan von seiner Unabhängigkeit.

Ich stellte mir vor, auf einem grönländischen Gletscher von einem Eisbären angegriffen zu werden: Der Eisbär sollte auf keinen Fall meinen Penis zu fassen kriegen. Fehlanzeige, half nicht. Dann stellte ich mir vor, ich wäre als Kind zusammen mit der Mutter in der Sauna, und die Mutter würde mich waschen. Half auch nicht. Anjas Griff um das Organ hielt es steif. Die Alten hatten mal empfohlen, an Holzhacken zu denken, damit man keine Ejakulation kriegt. So sehr ich mich anstrengte, ich konnte mir kein Holzscheit vorstellen.

Nachdem ich einige Zeit die Zähne zusammengebissen hatte, teilte ich mit, ich müßte mal aufs Klo.

– Verletz dich nur nicht! rief Anja in Erinnerung an ein gewisses Ereignis hinter mir her.

– Ich paß auf, versprach ich.

Im Minikabinett zog ich die Gliedpeitsche raus und schlug den Schlingel schlaff. Dabei ließ ich das Wasser laufen, damit Anja nicht mitkriegte, was vorging. Beruhigt kehrte ich zurück. Anja saß am Tisch, wo sie uns ein Glas Wein eingeschenkt hatte. Sie wollte ein grundsätzliches Gespräch führen und begann mit der Frage, warum es für mich so irrsinnig wichtig wäre, bis zu meinem sechsunddreißigsten Geburtstag zu warten, bevor ich mich ihr hingeben könnte. Ich berichtete von Platon und seiner Empfehlung.

– Aber wir leben doch in einer vollkommen anderen Zeit! sagte sie mit Nachdruck. Sicher, ich erinnere mich auch, daß wir in der Schule was von Platon gehört haben. Es gab so was wie eine Ideenlehre bei ihm. Auch davon weiß ich bloß noch den Namen.

– »Die Unvollkommenheit der Welt der sinnlichen Wahrnehmungen ruft in uns das Verlangen nach den Ideen hervor«, zitierte ich auswendig. Den Satz hab ich schon als Schüler gelernt.

– Eben, und dann die platonische Liebe, das gehört doch auch zu Platon. Und du willst, daß wir uns nur platonisch lieben sollen? bedrängte sie mich.

– Natürlich nicht. Ich möchte dich geistig und körperlich lieben, versicherte ich. Platonische Liebe ist frei von aller Sinnlichkeit. Ich will alles von dir. Aber erst müssen wir warten.

– Aber weshalb bloß, Schatz, weshalb? fragte Anja mit ihrer zärtlichsten Stimme.

– Deshalb, weil ich Platon besiegen will. Er findet, daß die Frau mit vierundzwanzig bereit ist für den Geschlechtsverkehr, der Mann mit fünfunddreißig. Ich will besser sein als er.

– Aber Lieber, Herzchen, wenn ich nur irgendwas von Geschichte weiß, dann war es doch so, daß in Platons Zeit die Männer, bis sie erwachsen waren, es mit Männern getrieben haben, um anschließend ganz normal zu heiraten. Woher willst du wissen, daß Platon nicht weiß Gott wie früh schon Homobeziehungen hatte?

Anjas Frage hatte einen sehr herausfordernden Unterton.

– Ach, meine wundervolle Anja, das ist mir doch völlig egal, was Platon möglicherweise seinerzeit getrieben hat. Für mich war es eine Empfehlung zur Läuterung, sagte ich und kam mir ganz geläutert vor.

– Du bist völlig unmöglich, aber bleibs von mir aus noch ein paar Monate, sagte sie zu meiner großen Genugtuung.

Am folgenden Morgen war Anja ihrer Stiefschwester helfen gegangen, ohne daß ich aufgewacht war. Sie hatte einen Zettel hinterlassen, daß sie um sechzehn Uhr wieder da sein wollte. Ich überlegte, was zu tun wäre; ich mußte Zeit gewinnen, egal wie sehr ich Anja liebte.

Auch ich schrieb einen Zettel, auf dem ich dreizehn Uhr dreißig als Zeitangabe notierte:

Mein Freund Dr. Mattila hat mich wissen lassen, daß er mich ein paar Tage in Turku braucht. Wohne im Gasthaus Brahe. In Liebe.

Mit dem Nachmittagszug fuhr ich nach Turku und stieg im Gasthaus Brahe ab. Verloren hatte ich in Turku nichts, ich hatte keine Lust, mich zu amüsieren, tanzen zu gehen und auch sonst auf nichts. Um dennoch für den Bedarfsfall gerüstet zu sein, ging ich in die Uni-Zentralklinik und fragte nach Mattila. Mattila stammt aus Helsinki, ist ein früherer Klassenkamerad von mir und nach dem Abschluß seines Medizinstudiums nach Turku gegangen. Sein erster Arbeitsplatz war das Zentralkrankenhaus, und da ist er geblieben. Mattila war in der Schule mein einziger Freund. Er selbst stand auf Punkrock, trotzdem übte er sich in Toleranz, was meine Tango-Besessenheit betraf. Wir wechselten gewissermaßen die Seiten. Er hörte sich bei mir Tangos und meine Vorträge dazu an, und ich ließ mich herbei, seinen Punk-Platten zu lauschen und von ihm zu erfahren, was für hervorragende Leute die Sex Pistols und Pelle Miljoona waren. Als er älter wurde, stieg er von der Rockmusik um auf Jazz.

Doktor Mattila hatte noch den ein oder anderen Patienten. Ich erwartete ihn in der Halle. Dann gingen wir ins Vanha

Portti, wo er Bier trank und ich Tee. Ich beichtete ihm, daß ich ihn schon kürzlich mal als Vorwand benutzt hätte, was er gut verstand und akzeptierte. Falls er mal ähnlichen Bedarf in Helsinki hätte, stünde ich zur Verfügung.

Mattila ist etwas verspielt. Häufig wandelt er seinen Namen ins Ausländische. Schwedisch nennt er sich Dr. Matsby, deutsch Dr. Mattsdorf, englisch Dr. Matthewplace. Als er die Wortgebilde erläuterte, kriegte selbst ich mit, daß das ganz lustig war. Ansonsten vergnügten wir uns damit, daß wir unsere unterschiedlichen musikalischen Geschmacksrichtungen Revue passieren ließen.

Nach dieser Pflichtübung wollte ich im Gasthaus bleiben, um telefonisch für Anja erreichbar zu sein.

– Eine Frau hat sich erkundigt, ob Sie hier wohnen, sagte der Wirt, als ich zurückkam, ich hab mitgeteilt, Sie wären in der Stadt. Sie haben ja nicht verboten zu sagen, daß Sie sich hier aufhalten.

– Ganz und gar nicht. Es handelt sich um meine Frau, sagte ich sachlich und genoß es außerordentlich, wie ich die Wörter *meine Frau* unterstrich. Ich werd sie später zurückrufen, setzte ich hinzu.

Das tat ich zwar nicht, aber ich war zufrieden, daß Anja mich kontrollierte. Ich hätte nie gedacht, daß ich jemals jemand gestatten würde, nach mir zu fragen. Hätte mich geärgert. Jetzt machte es mich glücklich. Den Abend und den folgenden Tag blieb ich im Brahe. Dann nahm ich den Nachmittagszug zurück nach Helsinki.

Um sechzehn Uhr war ich bei Anja. Sie kam gleichzeitig mit mir an. Wir fielen uns um den Hals. Es war, als wäre endlos viel, viel zuviel Zeit vergangen, seit wir zusammengewesen waren. Wir hatten einander so heftig vermißt, daß uns ein melancholischer Rausch überfiel, ohne sexuelles Verlangen. Nur Romantik, nur Wärme.

Ich meinte, wir sollten in ein Café gehen, und wir gingen

ins nahegelegene Café Succés. Irgendwie fein, im Café zu sitzen. Das Succés gehört zu einer anderen Kategorie als das Kalervo, in gewisser Weise vornehmer, aber für meinen Geschmack noch nicht von der befremdlichen Sorte. Wir fühlten uns extrem wohl. Anja erzählte, wies ihr ergangen war, und ich beschrieb ihr meinen Freund Mattila und seine Musik.

Unser Beisammensein war ungewöhnlich. Es hatte was von den Begegnungen wie die ersten Male, wenn ich sie nach Haus begleitet hatte. Damals hatte noch keine Sexualität sich störend eingemischt. Unser friedliches Gespräch ergab, daß ich erneut einen Tag gewonnen hatte, insgesamt also drei, ohne Anja zu verletzen.

Erneut war ich im Kalervo. Mein Problem ließ mir keine Ruhe. Vermutlich wirkte ich noch bedrückter als vorher. Aber mit jemandem reden, wenn auch nur um die Sache herum, war besser als alles nur in sich reinzufressen. Ich ärgerte mich über mich selbst, daß ich damals nicht Psychologie und auch nicht Philosophie studiert hatte. Wäre doch heute wenigstens eine kleine Hilfe, um sich von seinen Schwierigkeiten loszureißen, mein ich. Aber als ich an meiner Bildung hätte arbeiten sollen, da wollte ich nur tanzen.

Der Freund saß in der üblichen Runde, ich aber mußte ihn unter vier Augen sprechen. Er löste sich aus der Gruppe und wechselte mit mir an einen Tisch in der Ecke. Ich wollte über Moral sprechen. Er stutzte, brach in Gelächter aus und sagte, Moral gehöre zu den schwächsten Seiten des Älteren und Weiseren. Ob man nicht einfach nur über Tango sprechen könnte? Wollte ich nicht. Er forderte mich auf, *ganz ich selbst zu sein* – genau diese alte Redensart wählte er. Das war kein guter Rat. Ich war so ich selbst, wies nur möglich war. So ein Satz hat keine Allgemeingültigkeit, konnte ich ihm direkt ins Gesicht sagen, weil: Alte Freunde darf man auch schon mal kritisieren.

Zweiter Versuch. Moral ist von Gesellschaft zu Gesellschaft verschieden. Zum Beispiel verbitten es sich Staaten in Asien, daß sich der Westen in ihre Menschenrechte einmischt, weil im Osten andere Bräuche herrschen als im Westen. Darauf hatte ich zu bemerken, daß auch die westliche Moral nicht von Anfang an das war, was sie heute ist. Allein schon die Kultur der Umgangsformen hätte die moralischen Werte verändert. Der Freund sah überrascht aus: Wo ich das denn her hätte? Soweit er wüßte, hätte ich nicht Philosophie studiert. Das gab ich angenehm berührt zu, aber ich wäre ein eifriger Bibliotheksbenutzer. Tatsächlich hatte es in letzter Zeit ein bißchen nachgelassen, weil anderes mich in Anspruch genommen hatte.

– Also diese Anja, sagte der Freund.

Ich zuckte zusammen und merkte, wie ich rote Ohren kriegte:

– Ist das überall bekannt?

Er nickte und stellte fest, man hätte mich in meiner Gegend schon länger nicht mehr gesehen. Dagegen hätte jemand berichtet, daß ich zur Zeit häufig in Ullanlinna anzutreffen wäre.

– Bist du umgezogen?

– Nein! Bin ich nicht! antwortete ich schnell.

– Hat diese Moral-Befragung was mit der Frau zu tun? wollte er wissen.

Ich gab zu, sie hätte.

– Du brauchst dir heutzutage um die Moral nicht so viel Sorgen zu machen, vor allem, wenn du damit das Zusammenleben mit einer Frau meinst, beruhigte er mich.

– Das meine ich nicht, war meine Antwort.

– Und wie wärs dann mit: Verlaß dich immer auf dein Gewissen! – wie paßt das zu deinem Problem?

– Paßt auch nicht. Bei mir ist die Sache viel komplizierter, sagte ich bedrückt und setzte hinzu:

– Es handelt sich gewissermaßen um ein gespaltenes Gewissen.

– Ach so, dein Gewissen sagt dir nicht eindeutig, was du tun sollst? fragte er.

– Genau, sagt es nicht, bestätigte ich.

– Das ist schlecht, ist das. Gewissen ist nämlich immer verbunden mit Autorität. Und eine gespaltene Autorität zerstört leicht die Beziehungen zwischen den Menschen und der

Menschen zu ihrem Gewissen. Hast du darüber in der Bibliothek was gelesen? forschte er.

– Hab ich in der Tat. Brauchbare Antworten auf solche Fragen hab ich in den Büchern von unabhängigen Theologen gefunden, konnte ich ihm mitteilen.

Wieder sah mich der Freund überrascht an:

– Du hast was für Theologie übrig?

– Hab ich sicher, sehr viel sogar! begeisterte ich mich. Sieht man mir gar nicht an, oder?

– Aber wirklich nicht! Na, dann findest du ja viel bessere Antworten in den Büchern der echten Weisen. Ein Laie hat einem wie dir nichts zu raten, sagte der Freund.

Der Besuch im Kalervo war entspannend gewesen. Man fühlt sich immer wieder erleichtert nach einem Gespräch mit einem alten Bekannten, der schon wegen seiner Lebenserfahrung eine ganze Menge weiß. Man kann über Musik sprechen, speziell über Tango, aber man kann auch sein Herz erleichtern, indem man von anderem erzählt. Es war mir nie eingefallen zu fragen, woher all die Tango-Kenntnisse stammen. Und sich vorzustellen, man wäre verwegen genug, direkt von Frauensachen zu reden. Das wäre doch ziemlich abartig gewesen, in solchen Sachen um Rat zu bitten. Auch zu einem Psychiater zu gehen, konnte ich mir nicht vorstellen. Selbst wenn er total unbekannt war, hätte ich meinen Grundsatz nicht offenbaren können. Ich glaube nicht, daß irgend jemand geschnallt hätte, was ich wollte. Schnallte ich ja selbst nicht. Nur eins begriff ich: Noch ein paar Monate, und das ganze Leben mit all seinen wunderbaren Dingen lag vor mir.

Ich ging in die Bibliothek. Nach einigem Suchen fand ich Paul Tillichs ›Auf der Grenze‹. Der Klappentext sagt, daß dieser deutsch-amerikanische Theologe einer der großen Deuter der westlichen Geistesgeschichte ist. Tillich spricht mich auch sozusagen direkt an, manchmal begrifflich ein bißchen schwerverständlich für mein Bildungsniveau, aber was solls. Es gibt Leute, die sagen, man könnte was in einer fremden Sprache begreifen, obwohl man nicht alles versteht. Vielleicht ist grade Tillich so einer, ein bißchen schwierig, aber doch zu begreifen. Er sagt: »Der Mensch ist in ein moralisches Universum hineingeboren, das aus der Erfahrung aller früheren Generationen hervorgegangen ist.« Dieses wäre vor allem eine Mischung aus den Zielen, die die herrschende Klasse verfolgt und der Weisheit der führenden Köpfe. Es wäre auch das Resultat von Erfahrung und natürlicher Weisheit und würde als Material für jede moralische Entscheidung bereitstehen. Später sagt Tillich, der erste und wichtigste Schritt wäre die »Einsicht, daß der Mensch allein schon mit dem Charakter der Unbedingtheit des moralischen Imperativs etwas Unbedingtes erlebt«.

Das wars! Ich bin gar nicht so abartig, wie ich geglaubt habe. Als Fünfzehnjähriger habe ich Platons Empfehlung als unbedingt gültigen moralischen Imperativ verstanden. Also geht es nicht allein darum, daß ich Platon mit einer Jahreslänge schlagen will, sondern ich nehme mit meiner eigenen privaten Entscheidung teil an der Vermehrung von kollektiver Erfahrung und Weisheit.

Außer Atem kam ich bei Anja an. Sie musterte mich mit Verwunderung und ein bißchen mißtrauisch.

– Wo bist du gewesen?

– In der Bibliothek. Da bin ich oft. Weil ich mir die Bücher, die mich interessieren, nicht leisten kann, les ich sie dort, antwortete ich.

– Hoffentlich kriegst du aus den Büchern was fürs Leben mit, sagte sie ein bißchen spitz.

– Wie ist das denn bitte gemeint? Schließlich geb ich mir alle Mühe, übers Leben was zu lernen, und vor allem will ich lernen, mit dir zusammenzuleben, versicherte ich.

– Wenn er doch nur kommen wollte, der Tag, seufzte Anja und verschwand in der Küche.

– Er wird kommen! Darüber haben wir doch schon x-mal gesprochen. Unser Glückstag kommt genau in einigen Monaten, schwor ich mit glühenden Backen.

– Wir werden ja sehen, ob du der Mann dazu bist, erwiderte sie rätselhaft.

Ich beschloß, das Gespräch nicht fortzusetzen. Paul Tillich hatte mich gestärkt. Was ich jetzt brauchte, war etwas

Entspannung. Ich stellte das Kassettengerät an und begann mit Jari Sillanpääs erster Platte. Anja hatte sie sich angehört. Ob sie ein Fan von Jari Sillanpää war? Ich hatte nicht den Mut zu fragen. Jedenfalls war sie in keinem Konzert gewesen. Eigentlich wollte ich die Kassette ja gleich an der richtigen Stelle abspielen, aber das traute ich mich nicht. Ich mußte mir einen Haufen Zeug anhören, bis sie endlich kam, meine Lieblingsnummer, *Siellä missä nyt oot/Da wo du jetzt bist.* Ein einziger Tango auf der ersten Platte eines Tangokönigs!

Jari Sillanpääs Stimme find ich gut. Einfach ein guter Sänger. Aber warum um alles wird ihm ein Gedudel zugemutet, bei dem der Umfang seines Registers überhaupt nicht zur Geltung kommt! Alles gleichförmig und noch mal gleichförmig. Da wunderts einen gar nicht, daß Sänger, die höhere Wertmaßstäbe bei sich selbst anlegen, gern internationale Tangos bringen. Bei aller Liebe zum Finn-Tango muß ich zugeben, daß gewisse ausländische Spitzentangos, wie zum Beispiel Josef Rixners *Nächtliche Gitarren*, für die Sänger die echten Herausforderungen sind.

Siellä missä nyt oot ist ein Tango mit glänzendem Material, und Sillanpää kann all seine Stimmregister ziehen. Das Arrangement ist ansprechend.

Ob aus mir mal ein Jari-Sillanpää-Fan wird? Sicher, falls er eine Platte aufnimmt, wo nur Tangos drauf sind und wo er seine Super-Stimme voll zur Geltung bringen kann!

Ob aus mir mal ein Mika-Toivanen-Fan wird? Sicher, falls er mehr Tangos komponiert. Im Augenblick hab ich nur drei Toivanen-Tangos. Zu allen hat Jorma Toiviainen die Texte geschrieben, ein echter Könner.

Ich mußte demnächst im Kalervo-Café ein vertiefendes Gespräch zu den neueren Tangomachern führen. Aber jetzt wollte ich Anja etwas zu Gefallen tun. Ich ging in die Küche. Anja war beim Geschirrspülen.

– Was würdest du heute abend gern unternehmen? erkundigte ich mich.

– Ich fänds schön, ins Maestro zu gehen. Da tritt Saija Varjus mit ihrer Gruppe auf, antwortete sie abwesend.

– Eine gute Idee! rief ich. Hast du schon mal zu Saija Varjus' Musik getanzt?

– Letzten Sommer hab ich sie im Helsinki-Pavillon gehört, war die Antwort.

– Aber zusammen haben wir sie noch nicht erlebt. Heute müssen wir die Tangokönigin von 1996 feiern, erklärte ich.

– Finde ich auch. Schließlich ist sie ja nicht allzu oft in Helsinki zu hören, meinte Anja. Und ich ergänzte:

– Sie hat eine aufregende, etwas mystische Stimme.

Während Anja sich umzog, hörte ich Tangos. Um uns für den Abend in Stimmung zu bringen, ließ ich erst mal Saija Varjus den Siegestango von 1997 singen: *Olet maailmani/Du bist meine Welt* von Katja Lampela. Eine feine Stimme hat auch der König von 1997, Matti Korkiala, der auf der gleichen Kassette vertreten ist mit *Jos minut vielä kohtaat/Wenn du mir noch mal begegnest*, einer Komposition von Erkki Rajamäki zu einem Text von Pirkko Arola. Dabei fiel mir ein, wie schwer es gewesen war, mich unter den fünf besten Sängern zwischen Matti Korkiala und Kai Gideon zu entscheiden. Beide haben eine persönliche Stimme. Korkiala hat die Krone sicher verdient. Vielleicht kriegt Gideon eine zweite Chance.

Ich hatte genug Zeit für eine ganze Reihe verschiedener Tangosänger. Vom Tangomarkt in Seinäjoki kann nicht jedes Jahr ein neuer Stern gen Himmel steigen. Wenns nichts Gutes gibt, wählt man das Mäßige. Im Interesse des Tangos und seines Ansehens fänd ichs besser, wenn nicht unbedingt jedes Jahr ein König bzw. eine Königin gewählt würde. Man könnte entweder nur einen von beiden oder gar keinen wählen, die begabteren Teilnehmer hätten für das folgende Jahr Gelegenheit, noch etwas an sich zu polieren. Aber nein. Eine

Idee wie diese ist in einer kommerzbestimmten Welt nicht umsetzbar. In der Zeitung hab ich gelesen, daß bei Wettbewerben im Bereich der Elitekultur so verfahren wird. Was das Prestige des Wettbewerbs selbst hebt. Der Vermarktungsapparat der leichten Musik verlangt jährlich nach einem neuen König und einer neuen Königin. Im Verlauf der Zeit bestimmt der Geschmack des Publikums, aus wem ein Stern vom Schlage Arja Korisevas oder Jari Sillanpääs wird.

Im Maestro wimmelte es. Saija Varjus ist eine schillernde Figur und erregt nicht nur als Sängerin Aufsehen, sondern auch sonst. Hin und wieder erscheint sie in den Schlagzeilen der Boulevardpresse. Anja und ich saßen an einem Seitentisch. Keiner wollte mit jemand anderem tanzen. Als schließlich Saija Varjus den Tango *Tuhon tietä kuljen/I Am a Fool to Want You* anstimmte, wanderten wir auf die Tanzfläche. Sie sang mit Hingabe. Ich hab den Tango auf Kassette, in der Aufnahme von Kaj Lind von 1964. Dramatisch. Die zweite Nummer war *Olet maailmani/Du bist meine Welt*, den wir zu Haus grade gehört hatten. Klang bekannt, obwohl Siegestango von 1997, geschrieben von der jungen Katja Lampela.

Beim Tanzen fiel mir auf, daß der Penis uns in keinster Weise störte. Ich kam ins Grübeln. Wieso verhält er sich friedlich? So sehr hatte ich mich an Anja noch nicht gewöhnt, daß wir wie Schwester und Bruder sein könnten, was ich früher mal gewünscht hatte. Hatte das Glied Angst vor Anja? Es war nicht lange her, daß es ungerührt von dem, was ich wollte, seine Standfestigkeit gezeigt hatte, und das bis an die Grenzen des Erträglichen. Ich kam noch tiefer ins Grübeln. Etwas später ergab sich die Antwort wie von selbst. Während ich auf dem Klo war, hatte jemand Anja zum Tango aufgefordert, und als ich zurückkam, beschloß ich ebenfalls das Parkett heimzusuchen. Ich verbeugte mich vor der nächstbesten.

Bei dem Stück handelte es sich um Börje Sundgrens *En enää vaieta mä voi/Ich kann nicht länger schweigen.*

Ich konnte feststellen, daß der Penis auch in Anwesenheit einer fremden Frau keinerlei Zeichen von sich gab. Ich schob mich näher an sie ran. Nichts. Das Glied ruhte. Sofort nach dem zweiten Tango eilte ich an unseren Tisch, wo Anja ebenfalls grade ankam. Wir lächelten uns an und nippten am Weißwein.

Ich begutachtete sie aufmerksam. Sie war besonders anziehend, meiner Meinung nach, unbedingt das Beste, was es auf der Welt gab. Warum zitterte der Zeiger nicht? Wir tanzten die beiden nächsten Tangos, *Hurmio/Ekstase* und *Taivas salamoi/Der Himmel blitzte.* In den unteren Regionen herrschte Flaute. Konnte es so sein, daß Anjas Drängen, nicht direkt – vielleicht doch direkt – jedenfalls immer wieder, das vorher so aktive Organ gelähmt hatte?

Das also war des Pudels Kern in Sachen Freiheit und Gemächte! So lange mich niemand bedrängt, führt der Penis sein eigenes, von meinem Willen unabhängiges Leben. Nun wo eine kleine Andeutung von Pflicht ins Spiel kommt, da hält er sich zurück. An und für sich genommen nicht schlecht. Vorbei mit der ewigen Quälerei.

Schon gegen eins waren wir zurück in Anjas Wohnung. Sie war gutgelaunt, meinte, wir sollten ins Bett gehen, und wollte von mir ausgezogen werden. Jedesmal ein atemberaubender Anblick, wenn ich das letzte Höschen weggezogen habe. Sie wartete gar nicht, bis ich mich ausgezogen hatte, sondern zog mich sofort über sich, schob die Hand in meinen Hosenbund. Das Glied war nicht steif.

– Liebst du mich nicht mehr? schrie sie heftig auf.

– Natürlich lieb ich dich, schwor ich.

– Und was soll das da bedeuten? fuhr sie fort und zog meinen Penis aus der Hose. Er war schlaff, zeigte jedoch in ihrer Hand Anzeichen von Wiederbelebung.

– Ich hab wirklich keine Ahnung, was das ist, erwiderte ich, obwohl ich schon im Maestro die Lösung des Problems entdeckt hatte.

– Du willst mich nicht! sprach Anja mit Nachdruck.

– Ich liebe dich mehr als irgend jemand. Sicher will ich dich, aber endgültig gebe ich mich dir hin, wenn ich mein sechsunddreißigstes Jahr vollendet habe, sprach ich, ebenfalls mit Nachdruck.

– Du hast was gegen mich, insistierte sie.

– Hab ich nicht, ganz und gar nicht, insistierte ich dagegen.

– Guck dich doch bloß an. Jetzt ist er schon wieder schlapp! Anja zeigte auf das Organ.

– Es ist sonnenklar, daß er diesen Streit nicht verträgt, sagte ich, als würde ich das Verhalten eines Dritten kommentieren.

– Aber ich will ihn, selbst wenn dus nicht willst, sagte sie trotzig.

– Du kriegst ihn, aber du mußt vorsichtig sein, willigte ich mit weicher Stimme ein.

Anja fügte sich in ihr Schicksal. Sie streichelte das Glied, aber Bitterkeit lag in ihrem Blick. Zwischendurch quetschte sie das Organ, was weh tat, ich sagte aber nichts. Schließlich nahm sie es zwischen die Finger und machte eine Bewegung wie mit der Schere beim Durchschneiden, dazu knurrte sie, ganz im Ernst.

Anja war schon weg, als ich aufwachte. Einen Zettel hatte sie nicht hinterlassen. Ließ auf Spannungen zwischen uns schließen. Ich hab noch nie was von Menschen verstanden, und auch Anja war mir ein unbekanntes Wesen, also war nicht rauszufinden, was man zur Besserung der Lage tun könnte. Ich hatte Schuldgefühle, weil ich es Anja nicht so schön machen konnte, wie sies erwartete. Andererseits wunderte ich mich über sie. Wenn sie mich nun wirklich liebte, warum hatte sie nicht Geduld genug, ein paar Monate zu warten? Das war doch nicht so lang. Die Schuldgefühle gingen mir gegen den Strich. Man kann doch die Preisverleihung nicht verlangen, bevor der Wettbewerb richtig vorbei ist. Um einen Wettbewerb ging es für Anja nicht, für mich aber.

Vernünftiger Rat war nicht zu kriegen, von niemand. Ein Psychiater würde mich zur Tür rauslachen. In der Praxis von einem Arzt müßte man was Vertrauenerweckendes über Angst von sich geben, dann kriegte man Beruhigungstabletten verschrieben. Weil ich so was noch nie genommen hab, wollte ichs jetzt auch nicht.

Ich ging ins Kalervo. Alles sollte dem Zufall überlassen bleiben. So würde ich mal wieder über Tangos sprechen. Die bekannte Herrenrunde war an ihrem Platz, und ausbrechende Lachsalven zeigten an: Lustiges war angesagt. Ich winkte meinem Gesprächskumpel zu. Er erhob sich, während die anderen zustimmend nickten, und wir setzten uns an einen Tisch in der Ecke.

Ohne Umschweife fing ich von neuen Tangos an. Der Kumpel betrachtete mich eine Weile nachdenklich, während er gleichzeitig meine Fragen beantwortete, aber schließlich nahm der Tango unsere ganze Aufmerksamkeit in Anspruch. Ich berichtete, ich hätte letztens ungewöhnlich viele neue Tangos gehört, und zwar solche, die für den Tangomarkt-Wettbewerb beziehungsweise überhaupt in den achtziger und neunziger Jahren komponiert worden sind. Echt neue gäbs darunter nur ziemlich wenig. Ein Finn-Tango müßte natürlich in den vertrauten Bahnen der leichten Musik verlaufen, aber immerhin könnte man dem Ganzen doch eine persönliche Note geben, meinte ich.

– Wer ist denn deiner Meinung nach ein bißchen anders als die anderen?

– Bißchen anders finde ich Mika Toivanen, nicht ganz so in den traditionellen Fesseln. Was sagst du selbst? erkundigte ich mich.

– Ich meine auch, der junge Mann ist gut. Okay, er hat bisher nur drei Tangos veröffentlicht, da kannst du dir noch kein abschließendes Urteil bilden.

– Aber die drei sind gut, ich war meiner Sache sicher. (Es handelt sich um *Mun aika mennä on/ Zeit für mich zu gehen* für Sauli Lehtonen, *Yön kuningatar/Königin der Nacht* für Eija Kantola und *Siellä missä nyt oot/Da wo du jetzt bist*, den Jari Sillanpää zum Andenken an Sauli Lehtonen singt.)

– Sind sie, ganz klar. Und Talent hat er, der Toivanen. Wenn dus noch nicht wissen solltest, er hat sein Handwerk in der Sibelius-Akademie gelernt; möglich, daß er immer noch dort eingeschrieben ist. Ich mein, er wär jetzt Freelance-Komponist.

– Meistens schreibt Toiviainen die Texte für Toivanen, jedenfalls für die drei Tangos hat ers getan.

– Jorma Toiviainen, genau. Kannst du dir denken, was der von Beruf ist?

– Schreiben ist nicht sein Hauptgeschäft? fragte ich.

– Ist es nicht, er ist Diplomingenieur, um die Fünfzig und arbeitet hauptberuflich bei der Eisenbahn.

– Eisenbahningenieur? wunderte ich mich.

– So ist es. Toiviainen ist verantwortlich für die Schieneninspektion der Finnischen Staatsbahn, schreibt aber schon seit mehr als zwanzig Jahren Texte für populäre Musikstücke und hat außerdem ein paar Jugendbücher veröffentlicht.

– Dieser Jorma Toiviainen scheint auch für Jukka Koivisto ganz wichtig zu sein, ergänzte ich.

– Stimmt. Die beiden haben viel zusammengearbeitet, und Koivisto seinerseits ist Grundschullehrer in Rauma, aber gleichzeitig auch Musikprofi. Da kann ich dir was Interessantes erzählen. Du kennst doch den Tango *Tanssitko kanssani/ Tanzt du mit mir.*

– Na sicher. Hab ich auf Band und grade neulich dazu im Fêtenmeister getanzt, ereiferte ich mich.

– Eigentlich haben Jukka Koivisto und Jorma Toiviainen das Stück als Walzer geschrieben. Bloß für den Tangomarkt in Seinäjoki mutierten sies zum Tango, und schon wars im Finale. Als Tango hats Jarkko Mäkilä 1993 aufgenommen, aber ein Jahr drauf brachte es eine Gruppe, die sich Foxtett nennt, auch als Walzer raus.

– Unto Mononen hat in den Fünfzigern die Jenkka *Petoselle ystävälle/An den-die treulose-n Freund-in* präsentiert, den er ein Jahrzehnt später zum Tango *Peturille/Für den-die Treulose-n* umgeschrieben hat, stellte ich fest, was der Kumpel wußte, selbstverständlich.

Mit Eifer gab ich mich der Vertiefung meines Wissen über die Bedeutung der Texter für den Finn-Tango hin.

– Manchmal werden zu alten Kompositionen neue Texte geschrieben. Olavi Virtas *Öiset kitarat/ Nächtliche Gitarren* sind dir sicher ein Begriff?

– Aber klar doch. Ich hab auch die frühere Version *Yön kitarat/Gitarren in der Nacht* auf Band, erklärte ich eifrig und fügte hinzu, daß es auch zum Boulanger-Tango *Ennen kuolema/Avant de Mourir* einen zweiten Text gibt, *Sydämeni toivomus/ Mein Herzenswunsch.*

– Übrigens bemerkenswert, wie ganz normale Leute merken, was ein gut durchdachter Text und was nur im Laufen gepißt ist, wie man so sagt, wenn irgendwas schnell zusammengezimmert wird.

– Bei dem, was mit der heißen Nadel genäht wird, gibts jede Menge Füllwörter, wie »ach« und »schon« oder »nur«, die man im Text gar nicht brauchen würde, verkündete ich kennerisch.

– Brauchen tut man die schon, aber der talentierte Schreiber kann auf sie verzichten. Andere setzen in ihrer Hast komplette Phrasen ein, die sich ständig wiederholen. »Wenn uns nun, ach, ein Wunder geschieht« oder »Wie in den schönsten Träumen gewiegt«.

– Trotzdem sollte ein Texter auch nicht allzu tief schürfen, erregte ich mich.

– Sag das nicht! Schürfen ist ein anspruchsvoller Job. Da erkennt man den Profi. Hast du nicht selbst auch geschürft?

– Bei der Armee, im Morast, antwortete ich, innerlich alle Tiefschürfer um Verzeihung bittend.

Schon tauchte meine Wehrdienstzeit aus der Erinnerung auf. In der Tat, damals hat man sich ausgiebig Bewegung an der frischen Luft verschafft. Bei Laufwettkämpfen war ich häufig in der Gruppe der ersten fünf. Ansonsten hatte man es aus irgendeinem Grund auf mich abgesehen. Ich hab nie begriffen, warum auch die Vorgesetzten mir mit so viel Begeisterung Extraaufträge gaben, die nichts mit der Sache zu tun hatten. Ich schreckte aus meinen Erinnerungen hoch und bat, die Frage zu wiederholen.

– Also, das wollte ich nur sagen, daß der Textzimmerer sein Handwerk verstehen muß wie jeder Zimmermann. Am Ergebnis siehst du, ob ein Profi am Werk war und vor allem, ob er ein ordentliches Stück Arbeit abgeliefert hat. Wenn du dich mit anderer Musik als Tango abgeben würdest ...

– Tu ich aber nicht, unterbrach ich ihn.

– ... dann würdest du sehen, was für unterschiedliche Suppen die Texter kochen müssen.

– Du meinst so was wie wortgewandt? warf ich dazwischen.

– Wortgewandt sein und Stimmung entstehen lassen, beides muß man können.

Im Kalervo wars gemütlich, aber ich konnte mich nicht weiter auf Tango konzentrieren. Wieder mal hätte ich meinen Horizont in Sachen neue Tangotexter erweitern können. Ich geb zu, der ist begrenzt. Das Krafttraining mit den Tangos der fünfziger und sechziger Jahre schränkt mein Gesichtsfeld ein. Andererseits gibts auf der Welt Leute, deren Spezialgebiet sich in überschaubaren Grenzen hält.

Beklemmung kroch in mir hoch trotz all dem interessanten Geplauder. Beklemmung war mir was Neues. Macht einen irgendwie unsicher. Ich hatte gedacht, ich wär immer mein eigener Herr und Knecht. Jetzt war dieses Gefühl mein Herr, und ich war nicht mal sein Knecht, sondern sein Sklave.

Wer liebt, ist im allgemeinen glücklich, es widerfährt ihm was Wunderbares. Er ist wie ein Abenteuerreisender, der verborgene Schätze findet. So wars auch mir bis vor kurzem noch gegangen. Inzwischen hatte meine Abenteuerlust mich in Gefahr gebracht. Nicht in eine alltägliche Gefahr, sondern bis an den Rand der Kapitulation. Wie um Himmels willen könnte ich irgendeinen vorübergehenden Kompromiß mit Anja schließen? Sie war verändert. Aus einer unbefangenen und als ungefährlich empfundenen Frau war eine schwere Bürde geworden. Je mehr ich darüber nachdachte, desto seltsamer wurde das Gefühl. Ich liebte nämlich diese Frau, also die Bürde, die mich in die Tiefe ziehen wollte.

Bis vor kurzem hatte ich meine Probleme gelöst, indem ich

zum Nachmittagstanz gegangen war – weg waren die Probleme. Es war auch noch nicht allzulange her, daß ich meine ersten Schwierigkeiten mit Anja hatte; ich hatte Violetta angerufen, und schon war alles wieder bestens. Der *Tango Rakasta, kärsi ja unhoita/Liebe, leide und vergiß* fiel mir ein.

Liebe, leide und vergiß; ist das Schicksalslos.
Liebe, leide und vergiß; kurz das Glück währt bloß.

War mein Glück schon vorüber? Oder war meine Liebe zum Leid bestimmt? Wandelt Leid sich dereinst in Freud und schließlich in Glück?

Ich dachte darüber nach, wie Anja sich verhalten hatte. Obwohl ich ihr meinen Grundsatz gebeichtet und versprochen hatte, alles würde schiere Wonne, wenn ich erst mal sechsunddreißig bin, fand sie alle denkbaren Vorwände, um meinen Willen zu brechen. Wollte sie mich dressieren, aus mir ein frommes Lamm machen, das immer nur ja blökt? War sie in der Tat weniger in mich verliebt als ich in sie? Es heißt, daß der, der weniger liebt, den Zweikampf gewinnt, den, der mehr liebt, unterwirft. Nein, so konnte es nicht sein, auf keinen Fall. Würde sie weniger lieben, hätte sie sich in jeder Lage im Griff gehabt.

Was mich anging, ich liebte garantiert nicht weniger.

Um sechzehn Uhr war ich bei ihr. Sie war zu Haus, flog mir an den Hals und preßte mich an sich mit der Kraft ihrer dünnen Arme.

– Du bist mir doch nicht böse, Liebster?

– Aber nein doch, antwortete ich, umgehauen vom Überschwang ihrer Liebesbekundung.

– Was letzte Nacht passiert ist, habe ich nicht so gemeint. Natürlich kann ich warten, bis du Platon besiegt hast, versicherte sie.

– Das bedeutet eine große Erleichterung, seufzte ich. Sicher, ich weiß, die Sache mit meinem Grundsatz ist ein totaler Verhau, seit ich eine so wunderbare Frau wie dich gefunden hab. Aber du verstehst doch, daß es mir irre schwerfällt, einen Grundsatz aufzugeben, an dem ich festhalte, seit ich fünfzehn bin, und wo noch dazu nur so wenig Zeit übrig ist?

– Versteh ich. Verzeih mir mein blödes Betragen. Ich weiß selbst nicht, was letzte Nacht in mich gefahren ist, wunderte sie sich über sich selbst.

– Und jetzt? Was würdest du tun wollen? fragte ich hoffnungsvoll.

– Laß uns wieder mal in den Fêtenmeister gehen, rief sie eifrig.

Der Blick auf die Uhr zeigte: Es war erst zehn nach vier. Wenn wir uns gleich auf den Weg machten, könnten wir in aller Ruhe zwei Stunden dort verbringen. Anschließend würde ich vorschlagen, ins Brückentor zu gehen.

In Rekordzeit war Anja soweit, der Bus von der Linie Siebzehn brachte uns fast an die Tür. Wies so geht, war gerade ein besonderer Tag im Fêtenmeister: Tomi Markkula, der Tangokönig von 1996 trat als Solist auf, und das schon so früh am Tage. In bester Stimmung zogen wir an die Bar, und ich bestellte zur Feier des Tages Schaumwein. Anja trank ihr Glas in einem Zug leer und wollte mehr. Was mich zwang, auch mein Glas runterzustürzen, bevor ich eine neue Lage bestellte.

Im Moment, als Tomi Markula *Kerro jos luoksesi tulla mä saan/Sag, wenn zu dir ich kommen darf* anstimmte, zog ich Anja auf den Tanzboden. Das Orchester war super drauf, ordentliche Profis mit der gehörigen Einstellung zum Tango. Glücklich sang ich Anja ins Ohr:

> *Sag, wenn zu dir ich kommen darf, dann*
> *sprich mir vom Glück, wenn ichs haben kann*

Anja zog mich an sich. Alles war gut.

So gut, daß auch das Organ aus seinem Dornroserichschlaf erwachte. Aufgerichtet stand es da.

Markkola und Co. brachten *Tango Illusion* als zweite Nummer, und ich machte mit meinem Gesangsvortrag weiter:

Wenn heimlich dein Bild mir wieder erscheint,
Hoffnung keimt: der Tag, er kommt, da wir vereint.

Anja war angetan.

– Du hast mich doch jetzt schon, da mußt du dir nichts mehr ausmalen.

– Eben drum wird mir so wonnevoll, erwiderte ich.

Sie wollte mehr Schaumwein. Ich bestellte uns mehr Schaumwein, dazu etwas Vichy, und fragte, ob sie auch was wollte. Nein, heute würde sie nur Champagner trinken. Wir reservierten einen Tisch. Anja war wirklich hinreißend. Die Zeit flog, sie hatte Flügel. Als wir uns nach den beiden nächsten Tänzen wieder gesetzt hatten, sah ich jemand zu uns kommen. Irja!

Gegen ihre Gewohnheit war sie noch während des Nachmittagstanzes in den Fêtenmeister gekommen. Sie war purpurrot gekleidet, das rote Tuch in ihren Augen waren allerdings wir. An die nächstgelegene Säule gelehnt, betrachtete sie uns hochmütig.

– Schau an, Virtanen! Daß es dich noch gibt. Ich dacht schon, du wärst gestorben, wo man dich so gar nicht mehr im Fêtenmeister sieht.

Anja warf mir einen erstaunten und Irja einen gereizten Blick zu. Irja war in Fahrt. Hatte schon vor ihrer Ankunft Kossuvissy getankt.

– So also. So also wechselt Virtanen die Frauen. Zuerst wird dem einfachen Volk im Brückentor ein naseweiser Grünschnabel vorgeführt, und jetzt hat man eine Dorfschönheit aufgerissen.

– Laß das, Irja, sagte ich unter Aufbietung all meiner Kräfte, so ruhig es ging. Laß uns in Ruhe. Das ist meine Verlobte, Anja.

Anja nickte, höflich, aber kühl.

– Ach nee, man segelt also auf den Hafen der Ehe zu. So geht das. Weiß deine Anja da – sie ist ja wohl nicht von Adel, keine von Landeboogie –, weiß sie, was du für einer bist, Virtanen?

– Seien Sie so gut und verschwinden Sie, sagte Anja eisig.

– Ist ja nicht zu fassen, die Schönheitskönigin aus den Wäldern will, daß ich abhaue? höhnte Irja. Bist so verschossen in unsern gemeinsamen Heiratsschwindler, daß ich nicht stehn kann, wo ich will?

Ich winkte dem Türsteher, der Irja entfernte. Sie behielt uns im Auge. Da half kein Tango, da half nichts. Wir erhoben uns und gingen. Anja war betroffen, rührte aber mit keinem Wort an dem Vorfall. Ich fragte, ob sie in ein anderes Lokal gehen wollte. Nein, wir sollten auf kürzestem Weg nach Haus. Dort hätten wir eine Flasche Weißwein und würden reden.

Die Busfahrt war eine der längsten, die ich je in Helsinki unternommen hab. Partout mußte an jeder Haltestelle jemand ein- oder aussteigen. Der Fahrer machte sicher absichtlich so langsam, daß er vor jeder Ampel anhalten mußte. Außerdem starrten uns alle an, besonders mich.

Wir kamen zu Anja. Sie verschwand in der Küche und kam mit einer Flasche Weißwein und Gläsern wieder, schenkte ein und hob ihr Glas.

– Das sollte der schönste Abend der Welt werden.

– Auch ich hätte mir gewünscht, daß wir noch lange gefeiert hätten, erwiderte ich. Diese Bekannte von mir, Irja, ist berüchtigt, weil sie nervt. Es ist nicht das erste Mal, daß sie andere Gäste gestört hat.

– Wer ist sie eigentlich? wollte Anja wissen.

– Nicht daß ich sie besonders gut kenne. Ich hab sie öfter im Fêtenmeister gesehen und im Laufe der Jahre gelegentlich mit ihr getanzt, erklärte ich.

– Aber warum hat sie dich Heiratsschwindler genannt und sich auch sonst aufgeführt, als ob da was zwischen euch gewesen wäre? Warst du mit ihr zusammen? Ist sie eine ehemalige Flamme? Anja bombardierte mich mit ihren Fragen.

– Ich hab dir doch gesagt, daß ich vor dir mit keiner Frau zusammen war, beteuerte ich.

– Sie hat aber mit dir so vertraut gesprochen, und mich hat sie eine Dorfschönheit genannt, insistierte Anja. Außerdem sieht sie gut aus. Läßt eine so gutaussehende Frau dich etwa kalt?

Ich mußte mich sehr anstrengen, die Sache zu erklären, wie sie war. Daß Irja eine Kossuvissy trinkende Schnapsdrossel ist und mich mitnichten interessiert. Und daß der naseweise Grünschnabel keine Adelige ist, sondern eine gewisse Violetta, die ich zufällig kenne. Daß ich auch mit ihr nie was gehabt hab. Sie hätte einfach mal das Leben in den Tanzlokalen von Helsinki kennenlernen wollen.

– Das weißt du ja nun wirklich, daß die Schwedischsprachigen in diesen Lokalen nicht verkehren, oder?

Anja nickte. Sie schenkte nach, trank ihr Glas auf einen Zug aus, nahm die Flasche und trug sie in die Küche. Wortlos wusch sie sich und ging ins Bett. Sie stapelte einen Haufen Kissen zwischen uns und schlief ein.

Ich fand so gut wie keinen Schlaf. In kurzen Abständen erwachte ich aus einem Albtraum von Irja, die uns weiter verfolgte und behauptete, daß ich schon oft nackt bei ihr gewesen wäre. Im Traum griff sie mir zwischen die Beine, hob mit der anderen Hand Anjas Rock hoch und lachte hämisch. Wenn ich hochfuhr, lag Anja friedlich schlafend neben mir. Bei mir dagegen dauerte es Stunden, bis ich wieder eingeschlafen war. Dann erwachte ich aus einem Traum, den ich sofort vergaß, war aber schweißgebadet. Um Anja nicht zu wecken, wagte ich nicht aufzustehen und trockene Sachen anzuziehen.

Anja war schon vor acht aus dem Bett. Schlich auf Zehenspitzen in die Küche, machte die Tür zu und kochte sich, so geräuschlos es ging, ihren Morgentee. Dann zog sie sich an und drückte vorsichtig von außen die Tür ins Schloß. Ich sprang sofort aus dem Bett. Meine Haut war schweißverklebt, und der Schlafanzug fühlte sich noch immer feucht an. Ich ging unter die Dusche, zog mich an und verließ die Wohnung.

Total aufgewühlt ging ich nach Haus, zog mich aus und ließ mich mit größter Erleichterung auf mein Bett fallen, wo ich sofort einschlief. Ich schlief so tief, daß ich erst am Nachmittag wieder aufwachte. Freiheit! Wie belebend! Niemand, der mich mit Blicken verfolgte, niemand, bei dem ich mich rechtfertigen mußte, daß ich so lange geschlafen hätte, niemand, der irgend etwas von mir verlangte. Ich stützte den Kopf in die Hände, lehnte mich aus dem Fenster und schaute raus. Unendliche Zärtlichkeit für Helsinki überkam mich. Da unten lebt es sein Leben und läßt mich sein, der ich bin.

Gutgelaunt schob ich eine Kassette ein: Jaana Lammi sang *Rannalla/Am Ufer* und *Yö saaristossa/Nacht in den Schären*, Jouni Raitio *Romanialainen kitara/Chitarra Romana*, Risto Nevala *Maailmantango/Welttango*. Bei Arja Korisevas *Sinun kanssasi tähtisilmä/Mit dir, mein Augenstern* durchfuhr es mich. Das Stück beginnt mit

Gemeinsam durch Täler und über Höhen . . .

– waren Anja und ich gemeinsam durch Täler und über Höhen gegangen? Doch ja. Aber war ich schon tief genug durchs Tal geschritten? Erst wer die tiefsten Tiefen durchschritten hat, darf den Rausch der Höhe genießen. Noch hatte ich nicht alle Proben bestanden. Ein Schwächling, der bei irgendeinem Widerstand nachgibt, das durfte ich nicht sein. Mutig wollte ich Anja entgegentreten und versuchen, eine harmonische Zukunft aufzubauen.

Ich ging in ein Blumengeschäft und schickte Anja fünf feuerrote Rosen.

Wieder in meiner Wohnung wollte ich mehr von Arja Korisevas Tangos hören. Und schon sang sie für mich *En enää vaieta mä voi/Nicht länger kann ich schweigen.*

Nun träum ich von dir Tag und Nacht . . .

Und dann hörte ich mir *Syvä kuin meri/Tief wie die See* an, besser als auf der Kassette singt Arja Koriseva den Tango sonst nirgendwo. Ich hab den zwar schon x-mal gehört, aber jetzt kams mir so vor, als wenn Arja – mutig duzte ich sie bei mir selbst – noch besser wäre als sonst. Wie konnte es nur in Finnland eine so gute Sängerin geben, einfach umwerfend. Schon immer bin ich ein Fan von Arja Koriseva gewesen. Eine ganze Platte nur mit Tangos hat sie aufgenommen, wie sich das für eine Tangokönigin gehört! Und auch jetzt, also bei *Sä olet mun tangoystäväin/Mein-e Tangofreund-in bist du* fängt sie gleich ganz oben an, und bei *Sä kuulut päivään jokaiseen/Du bist ein Teil von jedem Tag* geht sie noch höher rauf. War das womöglich das berühmte hohe c? Ohne jede Mühe. Phantastisch! Wie war ich froh, Arjas *Tango Illusion* zu besitzen.

Zu meinem Gemütszustand paßte Arja Koriseva besser als je zuvor. Ich brauchte ganz einfach ihren Beistand. Sogar die Stücke, die ich früher wegen ihrer allzu großen Fröhlichkeit kritisiert hatte, trösteten mich jetzt. Sie gaben mir Mut. Nun mußte ich meiner Liebe zu Anja ins Auge blicken.

Inzwischen war es Abend geworden. Gegen sieben war ich wieder bei Anja. Sie war nicht zu Haus. Die Rosen standen in einer Vase. Auf dem Tisch lag ein Zettel:

»Bin im Alten Keller und warte bis zum Lichtzeichen, wenn es sein muß. Deine Dich liebende Anja«.

Ein Gefühl der Wärme überkam mich: Also doch kein Abbruch der Beziehungen. Ich hatte den anderen Anzug angezogen, auch die Krawatte war eine andere als sonst. Mit raschen Schritten machte ich mich auf zum Keller des Alten Studentenhauses. Beim Eintreten sah ich Anja tanzen. Aber nicht hingebungsvoll. Vielmehr schaute sie die ganze Zeit suchend herum. Als sie mich sah, nickte sie eifrig in Richtung Bar: Dort sollten wir uns treffen. Als das Stück zu Ende war, riß sie sich mehr oder weniger von ihrem Tänzer los, der etwas verdattert auf dem Parkett zurückblieb. Anja stürzte sich praktisch kopfüber auf mich und umschlang mich mit Leidenschaft, ohne sich um die Leute zu scheren.

Und wieder drehte sich alles in meinem Kopf. Weg war jeder Zweifel an unserer Zusammengehörigkeit. Wir waren füreinander bestimmt, da war ich sicher. Nichts und niemand konnte verhindern, daß wir uns kriegen würden.

Ich bestellte Tee für beide, und wir wechselten an einen Nebentisch. Wortreich entschuldigten wir uns für unser Betragen. Anja schwor, mir zu glauben, wenn ich sagte, daß es in meinem ganzen Leben vor ihr keine Frau gegeben hätte. Und ich versuchte sie zu beruhigen, indem ich versicherte, daß wir von Natur aus gleich wären, weil wir doch geduldig auf den einzig richtigen gewartet hätten.

Wie auf Bestellung spielte die Band Rauno Lehtinens *Elämäni nainen/Frau meines Lebens*, und ich sang:

Anja, einst in einer Mondesnacht
hast im Glanze deiner Haare
du die Welt in deinen Bann gebracht.

Glücklich drückte sie sich an mich. Mit Rauno Lehtinens Worten besang ich meine eigene Anja. Jukka Ruusumaa/Rosenland und seine Four Roses spielten in diesem Durchgang keinen zweiten Tango, sondern sie brachten als nächstes Rami Sarmastos langsamen Fox *Sinun omasi/Ganz dein*. Dieser Fox hat mich als Schüler so beeindruckt, daß ich den Text immer noch kann, und so sang ich in Anjas Ohr:

Bin immer ich ganz dein,
darf ich es denn wohl sein?

und zog sie näher an mich ran. Vergessen war, daß ich keinen Fox tanze, noch nicht mal slow. Wir schmiegten uns aneinander, und als der Solist wieder zum Refrain kam, war es Anja, die mir ins Ohr sang:

Zart auf die Wange küß ich dich
und schließ dich in die Arm geschwind.
Wie schön, daß wir so nah uns sind . . .

Ich war verzaubert. Das erste Mal, daß Anja für mich sang! Was für eine süße Stimme, so weich, so intim und rührend!

Ich blieb mitten auf dem Parkett stehen, faßte Anja an den

Schultern und küßte sie auf den Mund. Anja seufzte. Wir sahen nur uns und bemerkten nicht, daß inzwischen ein neues Stück angefangen hatte. Als ich kurz darauf kapierte, daß die Leute Rock tanzten, zogen wir uns von der Tanzfläche zurück. Mit ineinander verschlungenen Fingern schauten wir uns in die Augen.

Nach einer Weile wurde Evert Taubes Tango *Min älskning/Mein Liebling* gespielt. Ich konnte Anja erzählen, daß es Reino Helismaa damals mit der Übersetzung aus dem Schwedischen in den sechziger Jahren recht eilig gehabt hat, als Henry Theel das Stück unter dem finnischen Titel *Rakkaani* aufnehmen wollte. Helismaa hatte sich mit Taubes feinem Text keine Mühe gegeben, und leider wird das Stück nun immer mit Helismaas Worten gesungen *Du bist schöner als das sommerliche La-a-and* . . . und dann *Nur ins Licht führt dein We-e-eg*, also mit gleich zwei undichten Fugen. In der Melodie kommen in der Tat drei Töne auf eine Silbe, so daß also La-a-and nicht falsch ist. Gottseidank habe ich die Version von Pentti Saaritsa, gesungen von Kim Floor, was – wie ich Anja berichtete – eigentlich eine Idee des Dirigenten Esko Linnavalli war, der zuerst bei Saaritsa einen neuen Text bestellt und dann einen Interpreten dafür gesucht hat.

Wie eine Rose, mein Liebling, bist du,
wie eine Knospe, halberblüht . . .

summte ich.

– Können wir dazu nicht tanzen? wollte Anja wissen. Und du singst dann den schöneren Text für mich.

Schon eilten wir aufs Parkett, und obwohl das Stück bereits zu Ende ging, konnte ich noch

wie ein Lied du singst und klingst
ach Geliebteste du mein

zustande bringen. Passenderweise schloß sich Carlos Gardels *Luokses jään/Ich bleib bei dir* an, und ich sang

nur eine Chance noch gib mir;
stoß, ach stoß mich nicht von dir....

Da blieb Anja stehen.

– Das meinst du doch wohl nicht, was du da singst?

– Aber natürlich nicht, ich sing doch bloß den finnischen Text von Aappo I. Piippo.

Der Abend verlief großartig, und ich trank drei Gläser Champagner. Dann gingen wir Hand in Hand zu Anja, und sie kochte Tee, brachte leckeres Gebäck und die angebrochene Flasche Weißwein.

Ich wollte über unsere Beziehung reden. Zeitweilig wäre es ganz natürlich, daß man leiden müßte, erklärte ich, wir sollten nur versuchen, das durchzustehen. Vor allem müßten wir uns gegenseitig vertrauen. Liebende würden vor allem gut voneinander denken, und keiner sollte Angst haben, den anderen zu verlieren. Immer wollten wir beide zusammensein. Keiner hätte doch bisher versucht, in die alten Kreise zurückzukehren, wie man das von so vielen anderen Fällen gehört hätte.

Anja verstand mich sehr gut. Es täte ihr leid, wenn sie die Geduld verlieren würde. Es würde ihr einfach so schwerfallen, noch monatelang zu warten. Sicher, sie wüßte meinen Grundsatz zu schätzen, und überhaupt würde sie einen Mann respektieren, der über zwanzig Jahre lang den Versuchungen der Welt standgehalten hätte. Ich sollte wissen, wie hoch sie meine Zurückhaltung achten würde, was Alkohol betrifft, und wie großartig sie findet, daß ich zu den Leuten Abstand wahre. Nur sie würde mich besitzen, nur sie wäre meine Frau.

Wir waren glücklich. Wir gingen nackt ins Bett und liebkosten uns, so weit es eben ging. Anja wollte, daß wir es auf französisch machen sollten, aber meiner Meinung nach war das zu erregend. Sie akzeptierte und begnügte sich mit Streicheln. Sie bewunderte mein Glied, das sich wieder stolz aufgerichtet hatte, ich ihren lieblichen Pelz, den schönsten Anblick der Welt. Ich lag über ihr und war aufs heftigste erregt. Anjas Augen waren Edelsteine, tief und leidenschaftlich ihr Blick. Ich war an meiner äußersten Grenze, mußte mich zurückziehen, sie küssen und ihr gute Nacht wünschen. Sie erwiderte meinen Kuß leidenschaftlich, und Tränen bedeckten ihr schönes Gesicht. Verlangend sah sie mich an und ich sie mit Wehmut und Zärtlichkeit.

Es vergingen zwei Wochen. Alles war in Ordnung. Wir nahmen uns nicht die Zeit, abends tanzen zu gehen; nachmittags schauten wir im Hämis oder im Alten Keller vorbei. Wir liefen in der Stadt herum und planten die Einrichtung der Wohnung. Gelegentlich saßen wir im Café und schauten den Leuten beim Leben zu, das ganz anders aussah als unseres. Manche waren in größter Eile und auch im Café mit Handy und Papier zugange. Andere schlugen eindeutig Zeitung lesend die Zeit tot. Manche waren zu zweit, aber wirkten entweder beide zerstreut oder taten offensichtlich nur ihre Pflicht.

Glückliche Menschen waren kaum zu sehen. Hin und wieder gab es ein paar jüngere Leute, die einander anhimmelten, aber auch da strahlte die Beziehung keine tieferen Gefühle aus. Der Alltag hatte, das war offensichtlich, alle fest im Griff. Keine Spur von Begeisterung in der Stadt und im Gewühl auf den Straßen. Das Gewimmel schien auf der Stelle zu stehen, so komisch sich das anhört.

Eines Tages waren wir früh aufgestanden und hatten die ganze Wohnung saubergemacht. Nach getaner Arbeit meinte Anja, wir bräuchten mal eine echte Erholung. Am preiswertesten wäre der Nachmittagstanz. Ich blätterte durch die einschlägigen Anzeigen. Im Alten Keller sollte ab vier die Gruppe Stardust spielen ... Und dann: Topi Sorsakoski, der lässige Tangosänger, von mir höchst verehrt, trat im Maestro auf. Als er das letzte Mal in der Nähe von Helsinki war, da war das in Myyrmäki, und so weit rausfahren wollte ich nicht. Und jetzt sang Topi – in Gedanken duzte ich ihn – mitten in der Stadt. Ich schlug Anja vor, daß wir zuerst in den Keller zum Gratis-Tanz gehen sollten. Später am Abend wollte ich dann Topi Sorsakoski sehen und hören. Anja fand, das wäre eine gute Idee, auch sie mochte Sorsakoskis Stimme.

Im Keller wurde ich etwas ungeduldig. Die Gruppe Stardust spielte zwar recht ordentlich und erfreulich, aber ich konnte den Abend nicht erwarten. Ich fühlte mich wieder frei. In Anjas Gesellschaft kam keine Gespanntheit auf. Endlich war die Zeit angebrochen, wo sich die Liebe von ihrer besseren Seite zeigte. Es machte Anja Spaß, daß ich ihr schon im voraus Sorsakoskis Platten vorstellte, und ich bekannte ihr, daß es mir nicht gefallen hatte, als er zur hardbeatmäßigen Musik gewechselt war.

Als es sieben wurde, machten wir uns zu Fuß auf den Weg durch die Stadt, um in guter Kondition weiterzutanzen. Im Keller hatten wir nur Tee getrunken. Jetzt bestellte ich Schaumwein – wegen des festlichen Anlasses.

Wir waren relativ früh ins Maestro gekommen, um einen Tisch in der Nähe der Band zu ergattern. Ich wollte Topi Sorsakoski hören, solange er keinen Tango sang. Die Band war schon in vollem Gange, und wir tanzten die Tangos *Joka ainoa ilta/Jeden einzigen Abend* und *Rannalla/Am Ufer*. Ich war so enthusiastisch, daß ich mit Anja einen Beugeschritt machte. Sie fiel aus allen Wolken.

– Wann hast du das denn gelernt?

– Eben! sagte ich. Ich wollte was Neues ausprobieren.

– Wann fängst du an, Tango auf argentinisch zu tanzen? lachte sie.

– Niemals, aber ich probier noch ein anderes Kunststück.

Die Musiker beschleunigten und verzögerten, und das paßte mir bestens in den Kram. Ich stellte es so an, daß wir beim langsamen Teil am Rand des Parketts angelangt waren, wo ich Anja dann gekonnt herumschwang.

– Wieso hast du früher nicht gezeigt, daß du diese Schritte kannst? staunte sie.

– Weiß ich nicht. Ich wußte noch nicht einmal, ob ich so was kann oder nicht, sagte ich, meiner Sache sicher.

Es wurde zehn und Zeit für den Solisten. Topi Sorsakoski erschien mit lässigem Ausdruck auf der Bühne, sagte guten Abend und begann mit dem Tango *Hurmio/Ekstase.*

Ich mußte einfach aufs Parkett, auch wenn ich erst mal gern Sorsakoskis Vorstellung zugesehen hätte. Da ich aber nun mal in Ekstase war, war es unumgänglich, zur *Ekstase* auch zu tanzen. Topi Sorsakoski war in Bestform. Er sang mit Hingabe, immer wieder mit geschlossenen Augen. Wir beide, Anja und ich, verfolgten seine Vorstellung und versuchten gleichzeitig, eng zu tanzen. Das zweite Stück war *Sininen huvimaja/Blauer Pavillon*, was er als Rockbeguine spielte. Ich ließ mich vom Arrangement nicht stören. Den Tango kenn ich so gut, daß mich der abartige Rhythmus nicht rausbringt. Bei dem Stück konnten wir uns besser auf Sorsakoski und seinen Vortrag konzentrieren. Wunderbar, wie er auch die Stelle bringt, wo es ganz hoch rauf geht

Wenn du mein Lied hörst unterwegs in der kalten Welt . . .

Wie froh war ich, daß wir gekommen waren, um diesen Artisten mit dem unkonventionellen Äußeren zu hören.

Wir bestellten mehr Schaumwein und Vichy und tanzten alle Tangos. Meine Backen glühten. Ein Abend des Kunstgenusses.

Wir gaben uns gerade *Leirinuotio/Lagerfeuer* hin, als ich eine leichte Berührung an der Schulter spürte. Sinikka hatte gewagt, in die Stadt zu gehen, vielleicht war ihr Mann mal wieder unterwegs. Freundlich grüßte ich sie, und als wir aneinander vorbeitanzten, flüsterte sie:

– Kommt zur Bar und laßt uns ein bißchen quatschen.

Anja guckte etwas erstaunt auf das kurvenreiche blaue Kleid.

– Wer ist das denn?

– Das, erklärte ich, ist eine gewisse Sinikka, die die Gewohnheit hat, hinter dem Rücken ihres Mannes zum Tanzen zu gehen. Er ist wahnsinnig eifersüchtig, scheint aber außerhalb zu sein.

Als die Tangos zu Ende waren, gingen wir an die Theke, wo Sinikka schon vor uns angekommen war.

– Ist das deine Frau? fragte sie.

– Nein, meine Verlobte, antwortete ich und hatte ein gutes Gefühl sowohl wegen Frau wie wegen Verlobte.

– Na, dann nichts für ungut, daß ich euch störe. Ich kenne, Ihren Mann von den Tanzlokalen hier in der Gegend. Sinikka Waara mit W.

Ich stellte Anja vor. Sinikka strahlte vor Lebens- und Tanzlust. Sie versteckte ihren stattlichen Busen keineswegs, diesmal trug sie einen tiefen Ausschnitt, das Kleid wie immer blau. Die Männer drehten sich ziemlich interessiert nach ihr um, und während ich mich einen Augenblick abwandte, um für alle drei Schaumwein zu bestellen, schwang sie bereits einer auf dem Parkett. Ich zog die Bestellung zurück. Anja sah mich prüfend an.

– Ist diese Sinikka wirklich nur eine Tanzpartnerin?

– Sicher ist sie nur eine Tanzpartnerin. Ich werd mich doch nicht in eine eifersüchtige Ehe einmischen, schwor ich.

– Aber seltsam ist es doch, daß alle deine Tanzpartnerinnen ausgesprochen gut aussehen, stellte Anja mit etwas Trotz in der Stimme fest.

– Ich kenn viel mehr ganz normal aussehende Frauen.

– Solche wie mich? Anja sah mich weiter prüfend an.

– Du, rief ich, bist die schönste Frau der Welt! Das kannst du mir glauben!

– Klar. Ich hab mich im Spiegel gesehen, fuhr sie mit Nachdruck fort.

– Du bist die Schönste auf der Welt, ich schwörs dir. Ein

Zufall, daß wir sonst niemanden von meinen Bekannten getroffen haben, ich versuchte gleichgültig zu sein.

– Zumindest drängen sie sich uns nicht auf, konstatierte Anja kühl.

Sinikka kam vom Parkett zurück. Schnell bestellte ich drei Gläser Schaumwein. Sinikka blickte uns fröhlich lächelnd an.

– Ist das euer Verlobungsglas? lachte sie schallend.

– Machen wir es dazu, antwortete ich eifrig, oder, Anja?

– Machen wir es dazu, lächelte Anja still.

– Ach Gott, heute abend bin ich mal wieder eine freie Frau, und das muß gefeiert werden. Mein Mann, der Herr Leonard Waara, kommt erst morgen nachmittag nach Haus, erklärte Sinikka.

Und wieder wurde sie aufs Parkett geführt.

– Keine Lust, mit so einer kurvenreichen Dame zu tanzen? stichelte Anja.

– Ich will mit keiner tanzen außer dir, und das meinte ich ehrlich.

– Ich finde, du hast ziemlich viele von diesen gutaussehenden Damen, grübelte Anja, wobei sie das gutaussehend etwas in die Länge zog.

Ich führte Anja zurück an unseren Tisch und bestellte mehr Schaumwein, obwohl ich anfing, dessen lästige Wirkung zu spüren. Anja trank gern mehr. Wir tanzten, und Anja schien Topi Sorsakoskis Interpretation der Tangos *Ennen kuolemaa/Avant de Mourir* und *Romanesca* zu gefallen. Mir gefiel sie auch. Ich hatte in der Stadt des Gerücht gehört, daß Topis Stimme nicht mehr ist, was sie mal war. Dieser Abend widerlegte solches Gerede.

Es war eins, und Anja wollte nach Haus. Wir gingen die Fredrikstraße entlang. Ich war gutgelaunt und fragte, ob nach ihrer Ansicht der Abend gelungen wäre. Sie nickte. Als wir zu Haus waren, kochte sie den Gutenachttee, dann machte sie das Bett und zog sich schnell aus.

– Ich hätte dich gern ausgezogen, sagte ich zärtlich.

– Komm schon her!

Ich zog mich eilig aus und legte mich neben sie. Sie wollte mich sofort über sich haben, und gern erfüllte ich diesen Wunsch, während der Penis schwoll. Anja küßte mich voller Leidenschaft und hielt meinen Kopf mit hartem Griff fest. Sie schaute mir direkt in die Augen. Dann stieß sie meinen Kopf zur Seite und umschlang meinen Hals. Ich fand, sie war noch erregter als sonst, sagte aber nichts, sondern beteiligte mich mit Eifer am Liebesspiel.

Anja nahm meine Testikel in die Hand und drückte sie. Brunstgeruch lag in der Luft.

– Drück nicht zu fest, sagte ich sanft, du weißt, es ist noch nicht soweit.

– Ich möchte ganz sicher fester zudrücken, sagte sie.

– Nicht drücken, hab Geduld, beruhigte ich sie.

– Na gut, dann nehm ich den hier, sagte sie, wobei sie mein Glied in die Hand nahm. Ich will ihn!

– Du kriegst ihn ja ganz bestimmt in ganz wenigen Wochen, versicherte ich.

– Ich will ihn aber jetzt! Du hast alle Schönheiten der Welt gehabt, und die haben ganz sicher auch gekriegt, was sie von dir wollten. Nur bei mir stellst du dich an!

– Aber liebste Anja, ich war mit keiner anderen Frau so nah zusammen wie mit dir, hab ich auch nie gewollt, schwor ich erneut.

– Wenn die schönen Frauen dich kriegen, schrie Anja, dann muß auch ich dich kriegen!

– Aber nicht doch, Schätzchen, Liebes, beschwichtigte ich sie.

– Hör auf! Jetzt hab ichs satt, sagte sie drohend und stand auf.

Sie ging in die Küche. Und auf einmal merkte ich, daß was nicht in Ordnung war. Ich stand auf und folgte ihr in die Küche. Anja hatte das Fleischmesser in der Hand und stürzte sich auf mich. Ich wich zurück, stolperte im gleichen Augenblick über die Türschwelle, und Anja stolperte über mich. Mein Kopf schlug auf dem Boden auf, ich verlor das Bewußtsein.

Wie lange ich auf dem Boden gelegen habe, weiß ich nicht. Es war früher Morgen, als ich zu mir kam und ein Gewicht über mir spürte. Anja lag auf mir, regungslos. Sie war tot.

Ich möchte nicht im einzelnen darstellen, was danach geschah, sondern berichte in aller Kürze.

Nachdem ich mich von Anjas Körper befreit und erhoben hatte, fühlte ich ihren Puls und horchte ihr Herz ab. Nicht das geringste Lebenszeichen. Entsetzen und bittere Verzweiflung erfüllten mich. Der einzige Mensch, den ich je geliebt hatte, lag tot vor mir. Es fiel mir nicht ein, einen Krankenwagen zu rufen, ich wollte bei ihr sein, sie küssen und liebkosen. Die Frau, die mir die größte Freude, die größte Lust meines Lebens gegeben hatte, sie hatte bereits kalte Lippen. Trotzdem küßte ich sie. Unter Tränen flehte ich sie an, doch aufzuwachen; ich hob sie hoch und trug sie aufs Bett, ich streichelte ihre Haare und redete dabei auf sie ein. Und mit unterdrücktem Schluchzen schwor ich, daß es in meinem Leben keine andere Frau mehr geben sollte.

Starr von Schmerz war meine Brust: War meine Enthaltsamkeit das wert gewesen? Warum hatte ich mich ihr nicht hingegeben, als Anja darum bat und flehte? Hatte ich verstanden, wie groß ihre Liebespein war? Und daß sie von mir einen Beweis meiner Liebe brauchte? Hätte ich meinen Grundsatz nur wenige Wochen vor meinem Geburtstag aufgegeben, so hätte ich ihr damit zeigen können, daß niemand und nichts mir so wertvoll war wie sie.

Der Tag verging. Ich rief keinen Krankenwagen. Niemand sollte mir Anja wegnehmen! Wenigstens im gleichen Zimmer mit ihr wollte ich sein dürfen. Ich heulte, fühlte Haß. Streichelte und küßte die allmählich bläulich werdende Anja. Es wollte mir nicht in den Kopf, daß ich sie verloren hatte.

Groß ist die Liebe! Groß ist die Liebe! schrie ich durchs

Zimmer. Niemand hat je kapiert, daß die Liebe größer ist, als irgendein Film oder irgendein Buch sie zeigen können. Warum mußte ich verlieren, was das Wertvollste auf der ganzen Welt war? Alles, alles hätte geschehen dürfen, nur das nicht. Ein anderer hätte Anja nehmen können, durfte ich sie nur aus der Ferne bewundern! Ich hätte ihr über die Straße zugerufen, daß ich sie mehr liebe als je eine andere. Ihr Sklave hätte ich sein wollen!

Auf alles hätte ich verzichtet, wenn ich Anja nur gelegentlich hätte sehen dürfen, nicht oft, aber eben gelegentlich. Und ihr sagen, daß ich sie liebe.

Ich möcht auch nicht darüber reden, wie Anja abgeholt wurde. Und nicht über die polizeilichen Vernehmungen. Mich beschäftigte die Frage, wie ich mich selbst am schwersten bestrafen könnte. Selbstmord? Eine zu leichte Entscheidung. Selbstmord hätte mich für meine Liebe nicht zur Verantwortung gezogen. Und hätte mich mit Anja nicht vereint.

Während der Untersuchungshaft dachte ich angestrengt darüber nach, wie ich die Polizei dazu bringen könnte, mich für den Mörder zu halten. Man vernahm mich, aber meine Darstellung taugte nichts. Ich wurde nicht wegen Mord angeklagt. Ich änderte meine Geschichte, sagte, ich hätte einen Totschlag begangen, beschrieb unseren Streit, nach dem ich so außer mir gewesen wäre, daß ich nicht mehr gewußt hätte, was ich tue. Daß ich danach sorgfältig alle Spuren beseitigt hätte, den Boden wie in Trance aufgewischt. Das zeigte sich als cleverer Schachzug. Die Polizei konnte nicht nachweisen, daß ich in Notwehr gehandelt hatte. Hartnäckig hielt ich an meiner Totschlagbehauptung fest. Versuchte die Roheit und Kaltblütigkeit meiner Tat zu übertreiben. Half alles nichts, ich kriegte vier Jahre Gefängnis.

Nach meiner Einlieferung in die Strafanstalt von Sörnäinen weigerte ich mich, mit den übrigen Gefangenen zusammenzusein. Vom Gefängnisdirektor wurde mir das Recht auf eine Einzelzelle zugestanden; außer dem Wärter mußte ich niemandem sonst begegnen. Auch daß ich die sogenannte Freizeit allein verbringen durfte, erlaubte der Direktor.

Die Gefängnisbibliothek konnte ich dazu bringen, mir Paul Tillichs ›Auf der Grenze‹ zu besorgen, und ich studierte die Auffassung des berühmten Theologen von der Sünde. In den christlichen Kirchen sind Sünden »Abweichungen vom Moralgesetz«. Das konnte ich so auslegen, daß ich selbstsüchtig von der Moral abgewichen war, die darin bestand, daß die Natur Anja und mich füreinander bestimmt hatte. Ich hatte mich schuldig gemacht, indem ich Entfremdung herbeigeführt hatte. Sünde und Entfremdung gehören zusammen, auch wenn sie nicht das gleiche bedeuten. Bei der Entfremdung geht es – so seltsam das klingt – um »persönliche Freiheit und universales Schicksal«. Zum Sündenbegriff gehört »das persönlich-aktive Sich-Wegwenden von dem, wozu man gehört«.

Das war so theoretisch, daß ich es bei aller Anstrengung nicht auf mich anwenden konnte. Auf die Art hatte ich also nicht gesündigt.

Zur Sünde gehört die Gnade. Gnade ist Befreiung von der Sünde und also eine große Erleichterung für den Menschen. Ich wollte keine Gnade, nicht von den Menschen und nicht von Gott. Gnade brachte mir Anja nicht zurück.

Mehrere Male las ich Tillichs Buch durch, ohne alles zu verstehen. Doch das war nicht das Problem. Das Problem war, daß ich keine Antwort bekam, keinerlei Erklärung für meine Selbstsucht, die zum Verlust der geliebten Frau geführt hatte.

Erst nach einem Jahr besorgte ich mir meinen Kassettenrekorder und die Tangobänder. Bei dem, was ich hörte, war ich sehr wählerisch. Alles, was von meiner Schuld handelte, taugte. Vor allem Unto Mononens trostlosere Tangos.

Jos jätät minut/Wenn du mich verläßt; Anja hatte mich durch ihren Tod verlassen:

> *Ich fürchte, wenn du mich verläßt, Geliebteste,*
> *wird es Nacht mir im Herzen, wenn nicht mehr dein Auge*
> *mir scheint . . .*

Sammunut nuotio/Erloschenes Feuer, die Flamme unserer Liebe wird in alle Ewigkeit einseitig sein; meine Liebe, meine Schuld:

Feuer läßt Asche zurück nur, doch Liebe Verlangen.
Nicht kann sie im Herzen verbrennen, bleibt stets drin gefangen.

In helleren Stunden hörte ich *Syvä kuin meri/Tief wie die See*:

Wenn Liebe ein Fühlen ist wie ohne Ufer ein Meer,
dann ist sie tief auch wie dies und so schwer . . .

Es wird keine zweite Frau geben. Meine Liebe ist tief wie die See.

Da ich meine Zeit ganz allein verbrachte, hatte ich genügend Ruhe, um mich darauf zu konzentrieren, wie ich meine Bestrafung fortsetzen könnte. Gefängnis war meiner Meinung nach zu einfach, aber eine schwerere Strafe fiel mir nicht ein. Ich dachte drüber nach, was für eine Straftat ich sofort nach meiner Entlassung begehen könnte, etwas von der Art, das anderen nicht schadet, wofür es jedoch eine hinreichend lange Verurteilung geben würde. Schwierig.

Verrückt werden konnte ich auch nicht, dann hätte man mich in die Strafanstalt für Geisteskranke gesteckt . . . Moment . . . Strafanstalt für Geisteskranke, das wär doch sicher schlimmer als Gefängnis. Da würde ich mehr leiden, umgeben von echt Irren.

Ich machte mich ans Werk. Der Wunsch nach größerem Leid sollte Wirklichkeit werden.

Tango Anjalle/für Anja:

Nur dich, Anja, lieb ich,
nach dir verlangt nur das Herz.
Du allein liegst mir im Sinn . . .

Eine kleine Finn-Tango-Chronik bis 1999

1913 2.11., 14 Uhr: Toivo Niskanen stellt im Apollo-Theater auf der Etelä-Esplanadi-Straße den neuen Modetanz »Tango« vor.

1910 Bis in die Zwanziger: Tango-Showtanz-Veranstaltungen im Restaurant Börs in Helsinki.

1915 Iivari Kainulainen schreibt eine Parodie auf die neue Modeerscheinung, das Lied *Tanko Laulu (Stango-Lied).*

1920 Finnische Tanzgruppen und -orchester spielen in den Zwanzigern ausländische Tangos.

1929 François de Godzinsky nimmt mit der Schauspielerin Martta Tiger den ersten in Finnland komponierten Tango auf: *Carita Tango.*

1930 Zu Beginn der dreißiger Jahre erscheinen erstmals von Finnen komponierte Tangos u.a. von Arvo Koskimaa.

1936 Aufnahme des ersten großen Tangos von Koskimaa: *Tappavat suudelmat/Tödliche Küsse,* der in den Sechzigern in entschärfter Textfassung berühmt wurde unter dem Titel *Vaaralliset huulet/Gefährliche Lippen.*

1940 Zu Beginn der Vierziger verschmilzt Toivo Kärki Elemente der russischen Romanze und des deutschen Marsches zum neuen finnischen Tango.

1943 Kärki komponiert den Evergreen *Liljankukka/Lilie.*

1945 Pentti Viherluoto komponiert *Punaiset lehdet/Rote Blätter.*

1950 Olavi Virta, dessen Karriere bereits Ende der Dreißiger begonnen hatte, befindet sich auf dem Höhepunkt seines Ruhms. – Toivo Kärki komponiert in den Fünfzigern zahlreiche Evergreens, u.a. *Täysikuu/Vollmond.* – Unto Mononen beginnt, Tangos zu komponieren.

1953 ca.: Unto Mononen schreibt *Satumaa/Märchenland* zum Tango um.

1962 13.10.: Reijo Taipale spielt Unto Mononens *Satumaa/Märchenland* ein, damit Beginn der größten Blütezeit des Finn-Tango, die etwa drei Jahre anhält.

1962 Beginn der Aufnahmen der Unto-Mononen-Klassiker. – Ab Mitte der Sechziger auch Tangos mit gesellschaftskritischem und politischem Inhalt.

1968 28.6.: Unto Mononen stirbt.

1970 Zu Beginn der Siebziger entsteht aus dem von Unto Mononen nachgelassenen Material eine Reihe neuer Tangos, u.a. *Sammunut nuotio/Erloschenes Lagerfeuer.* – Niedergang des Finn-Tangos in den Siebzigern: Die Rhythmusgruppe, also Baß und Schlagzeug, spielen den Beat der Popmusik, die Melodie behält den Tangorhythmus bei; es beginnt die Phase der »getarnten« Tangos, die heute ebenfalls wesentlicher Bestandteil der populären Musik Finnlands sind.

1983 Gründung des ›Tangomarktes‹ von Seinäjoki.

1985 Wahl des ersten Tangokönigs.

1987 Wahl der ersten Tangokönigin; die »Tango-Dynastien« festigen die Stellung des ›Tangomarktes‹ als dem mittlerweile populärsten Ereignis im Bereich der U-Musik in Finnland; der Königswettbewerb wird zur größten Bühne des Landes sowohl für Sänger wie auch für Komponisten und Arrangeure.

1992 30.4.: Toivo Kärki stirbt.

1993 Der Regisseur Markku Pölönen dreht den Tangofilm ›Onnen maa/Land des Glücks‹, der in den Sechzigern, der größten Blütezeit des Tangos, spielt. – Während der Neunziger erobert der Tango seine Stellung als angesehenes musikalisches Genre und wird Bestandteil der finnischen kulturellen Identität.

1999 Premiere des Unto-Mononen-Dokumentarfilms von Claes Olsson und M.A. Numminen.

Tango-Dynastien 1985–1999

1985	Tangokönig	Kauko Simonen
	1. Tangoprinz	Jaska Mäkynen
	2. Tangoprinz	Mertsi Meri
1986	Tangokönig	Teuvo Oinas
	1. Tangoprinz	Rainer Friman
	2. Tangoprinz	Erkki Eräs
1987	Tangokönig	Hani Lahti
	1. Tangoprinz	Ari Klem
	2. Tangoprinz	Jaska Mäkynen
	Tangokönigin	Arja Sipola
	1. Tangoprinzessin	Pirkko Pelander
	2. Tangoprinzessin	Aura Stenroth
1988	Tangokönig	Kari Piironen
	1. Tangoprinz	Risto Nevala
	2. Tangoprinz	Ari Klem
	Tangokönigin	Kirsi Rissanen
	1. Tangoprinzessin	Maja-Riitta Aro
	2. Tangoprinzessin	Sirkka Peippo
1989	Tangokönig	Risto Nevala
	1. Tangoprinz	Leo Louhivaara
	2. Tangoprinz	Jari Vähäkoski
	Tangokönigin	Arja Koriseva
	1. Tangoprinzessin	Tarja Lunnas
	2. Tangoprinzessin	Maja-Riitta Aro
1990	Tangokönig	Jouni Raitio
	1. Tangoprinz	Ari Rantanen
	2. Tangoprinz	Jari Vähäkoski
	Tangokönigin	Jaana Lammi
	1. Tangoprinzessin	Kaija Pohjola
	2. Tangoprinzessin	Kirsti Kirstua

1991	Tangokönig	Jaska Mäkynen
	1. Tangoprinz	Tapio Selin
	2. Tangoprinz	Jouni Miettinen
	Tangokönigin	Kaija Pohjola
	1. Tangoprinzessin	Eija Uitto
	2. Tangoprinzessin	Nina Valkama
1992	Tangokönig	Mika Pohjonen
	1. Tangoprinz	Hannu Lehtonen
	2. Tangoprinz	Hannu Kause
	Tangokönigin	Eija Kantola
	1. Tangoprinzessin	Tuire Mellanen
	2. Tangoprinzessin	Minna Hirvijärvi
1993	Tangokönig	Sebastian Ahlgren
	1. Tangoprinz	Jouni Keronen
	2. Tangoprinz	Markku Ketola
	Tangokönigin	Merja Raski
	1. Tangoprinzessin	Heidi Kyrö
	2. Tangoprinzessin	Elina Nurmoranta
1994	Tangokönig	Sauli Lehtonen
	1. Tangoprinz	Henri Hurme
	2. Tangoprinz	Jari Sillanpää
	Tangokönigin	Tiina Räsänen
	1. Tangoprinzessin	Marjut Rothovius
	2. Tangoprinzessin	Maarit Peltoniemi
1995	Tangokönig	Jari Sillanpää
	1. Tangoprinz	Matti Korkiala
	2. Tangoprinz	Juha Hildén
	Tangokönigin	Marita Taavitsainen
	1. Tangoprinzessin	Sari Matala
	2. Tangoprinzessin	Marketta Vallivaara
1996	Tangokönig	Torni Markkola
	1. Tangoprinz	Henri Hurme
	2. Tangoprinz	Juha Hildén
	Tangokönigin	Saija Varjus
	1. Tangoprinzessin	Niina Päivänurmi
	2. Tangoprinzessin	Tutta Carpelan

1997	Tangokönig	Matti Korkiala
	1. Tangoprinz	Petri Ritari
	2. Tangoprinz	Dimitri Sjöberg
	Tangokönigin	Niina Päivänurmi
	1. Tangoprinzessin	Susanna Heikki
	2. Tangoprinzessin	Sanna Pietiäinen
1998	Tangokönig	Jouni Keronen
	1. Tangoprinz	Dimitri Sjöberg
	2. Tangoprinz	Jari Marjala
	Tangokönigin	Kirsi Ranto
	1. Tangoprinzessin	Taina Kokkonen
	2. Tangoprinzessin	Piritta Venho
1999	Tangokönig	Petri Hervanto
	1. Tangoprinz	Petri Ritari
	2. Tangoprinz	Jari Partanen
	Tangokönigin	Taina Kokkonen
	1. Tangoprinzessin	Katja Ängelslevä
	2. Tangoprinzessin	Mira Sunnari

Verzeichnis der im Roman genannten Musiktitel

Tangos erscheinen in Kapitälchen. Es folgt die deutsche Übersetzung und gegebenenfalls der Originaltitel. Die Autoren stehen in Klammern (Komponist – Texter).

1. Adios Muchachos (Julio Sanders – Kullervo)
2. Aila (Antero Vartia – M. Maja)
3. All My Loving (J. Lennon – P. McCartney)
4. Amor, Amor (F. Lopez Cepero – Kerttu Mustonen)
5. Anna-Liisa (Toivo Kärki – Kerttu Mustonen)
6. Anna anteeksi/*Verzeih* (Unto Mononen – Unto Mononen)
7. Annabella (L. Nicolas / N. Latanza – M. Maja)
8. Anneli, Anneli, Anneli (Antonio Brave – Reino Helismaa)
9. Anoppi tanssii tangoa/*Schwiegermuttertango* (F. Voitto – Usko Hurmerinta)
10. Aspects of Love (Andrew Lloyd Webber)
11. Asunción (L. Nicolas – Pekka Saarto)
12. Avant de Mourir (Georges Boulanger – Curth Flatow; finn. Kullervo; schwed. Ture Rangström; finnl.schwed. Joel Rundt)
13. Begin the Beguine (Cole Porter)
14. Besame mucho (Consuelo Veláquez – Kari Tuomisaari)
15. Buena Sera (C. di Ceglio – Saukki)
16. Det lilla hjärtat/*Das kleine Herz* – schwed. (Walter Rae – Lars Huldén)
17. Dicitencello Vuie (R. Falvo)
18. Domani (Toivo Kärki – Umberto Marcato)
19. Donna bella (Georg Malmsten – R. R. Ryynänen)
20. Därför/*Deshalb* – schwed. (Eugen Malmsten – Eugen Malmsten)
21. Ei kauniimpaa/*Nichts Schöneres* (Jukka Kuoppamäki – Jukka Kuoppamäki)
22. Ei tällä kertaa/*Diesmal nicht* (Toivo Kärki – Reino Helismaa)
23. Eine Saite zersprang (Georges Boulanger – Curth Flatow)
24. El Choclo (A. Villoldo / L. Allen / R. Hill)

25. Elsa, kohtalon lapsi/*Elsa, Schicksalskind* (P. Naseva – T. Kutvonen)
26. Elämälle kiitos/*(Dank dem Leben) Gracias a la vida* (Violetta Parra – Pentti Saaritsa)
27. Elämäni nainen/*Frau meines Lebens* (Rauno Lehtinen – Rauno Lehtinen)
28. Elämää juoksuhaudoissa/*Leben im Schützengraben* (russ. Volksweise / Usko Hurmerinta)
29. Emma (Volksweise)
30. En enää vaieta mä voi/*Ich kann nicht länger schweigen* (Börje Sundgren – Solja Tuuli)
31. En kiellä mitään/*(Ich bereue nichts) For the Love of Him* (B. Martin / A. Mortimer – Chrisse Johansson)
32. En ole mitään/*(Ich bin nichts) Uno dei dandi* (C. Donida – Chrisse Johansson)
33. En sulle kaikkea voinut mä antaa/*Nicht alles konnt ich dir geben* (Unto Mononen – Sauvo Puhtila)
34. En tuntenut sua silloin/*Ich hab dich damals nicht erkannt* (Reino Markkula – Solja Tuuli)
35. Ennen kuolemaa/*(Vor dem Tod/Eine Saite zersprang) Avant de Mourir* (Georges Boulanger – Kullervo)
36. Erottamattomat/*Unzertrennliche* (Unto Mononen – Unto Mononen)
37. Esteri, tyttö sadepisarain/*Esther, Regentröpfchenmaid* (Erik Lindström – Martti Innanen)
38. **F**airyland (Unto Mononen)
39. Fiilaten ja höyläten/*(Mit Feile und Hobel) Reeling and Rocking* (Chuck Berry – Jarkko Laine)
40. Före döden/*(Vor dem Tod/Eine Saite zersprang) Avant de Mourir* – schwed. (Georges Boulanger – Joel Rundt)
41. **G**olden Earrings (Victor Young)
42. Gracias a la vida (Violetta Parra – Violetta Parra)
43. Guapita (A. Malando – Solja Tuuli)
44. **H**aavetango/*Traumtango* (Raimo Kero – Kari Tapio)
45. Hangö-valsen/*-Walzer* – schwed. (Georg Malmsten – Georg Malmsten)
46. Harhakuva/*Trugbild* (Pedro de Punta – Kullervo)
47. Harmaat silmät/*Graue Augen* (Toivo Kärki – L. Suolakivi)

48. Hernandon salaisuus/*(Hernando's Versteck) Hernando's Hideaway* (Richard Adler / Jerry Ross – Kullervo)

49. Hiljainen kylätie/*Stiller Dorfweg* (Pedro de Punta – Reino Helismaa; schwed. Lars Huldén [Tyst ligger byvägen])

50. Houkutus/*(Verlockung) ursprgl. schwed. Titel: Pusztans eldar/Feuer der Puszta* (Harry Bergström – Helena Korpela)

51. Hunajainen tango/*Honigsüßer Tango* (Viljo Ylönen – Veikko Lavi)

52. Hurmio/*(Ekstase) Extasy* (José Belmonte – Rauni Kouta)

53. Hyi sinua/*Pfui schäm dich/*, Mikko (Ilpo Kallio – A. Tervasmäki)

54. Höstlöven falla/*Herbstlaub fällt* – schwed. (Arvo Koskimaa – Thure Wahlroos)

55. Höstlöven glöda/*Herbstlaub glüht* – schwed. (Pentti Viherluoto – Thure Wahlroos)

56. **I**dän ja lännen tiet/*(Wege im Osten, Wege im Westen) Vägar i öst och i väst* (Lionel Bart – Saukki)

57. Ikkunaprinsessa/*Schaufensterprinzessin* (Ray Stanley – Saukki)

58. Ilon kyyneleet/*Freudentränen* (Reino Markkula – Juha Vainio)

59. Ilta satamassa/*Abend im Hafen* (Volksweise / Toivo Kärki – Kullervo)

60. Iltarusko/*Abendrot* (Kullervo Linna – Usko Kemppi)

61. Iltatuulen viesti/*Botschaft des Abendwinds* (Martti Jäppilä – Martti Jäppilä)

62. I'm a Fool to Want You (J. Wolf / J. Herron / F. Sinatra)

63. In einer kleinen Konditorei (Fred Raymond)

64. Irja-tango (Arvo Koskimaa – Saukki)

65. Itämaista rakkautta/*(Östliche Liebe) L'Amour Oriental* (Bohuslav Leopold – M. Maja)

66. Jag vill tacka livet/*(Ich will dem Leben danken) Gracias a la vida* – schwed. (Violetta Parra – Brita Ahman)

67. Jalousie – dän. (Jacob Gade)

68. Jambalaya (Volksweise – Saukki)

69. Janita (Jani Uhlenius)

70. Joka ainoa ilta/*Jeder einzige Abend* (J. Laurila – V. Kiviranta)

71 Joka ilta/*Jeden Abend* (Jukka Koivisto – Jorma Toiviainen)

72. Jos itken, jos nauran/*(Wenn ich weine, wenn ich lache) Se piangi se ridi* (Roberto Satti / Giovanni Marcetti – Saukki)

73. Jos jätät minut/*Wenn du mich verläßt* (Unto Mononen – Unto Mononen / Solja Tuuli)
74. Jos lähdet/(*Wenn du gehst) Non a piu luce il mondo* (Marino Marini – Orvokki Itä)
75. Jos minut vielä kohtaat/*Wenn du mir noch mal begegnest* (Erkki Rajamäki – Pirkko Arola)
76. Jos nähdä voisin/*Könnt ich nur sehn* (Unto Mononen – Juha Vainio)
77. Joutsenlaulu/*Schwanengesang* (Jussi Hakulinen – Jussi Hakulinen)
78. Jätkän humppa/*Kerl-Humppa* (Paavo Melander – Tupa-Uuno)
79. Jäähyväistango/*Lebewohl-Tango* (Jukka Koivisto – Turkka Mali)
80. Kadonnut unelma/*Verlorener Traum* (Rauni Autio – Rauni Autio / Solja Tuuli)
81. Kaipuuni tango/*Tango meiner Sehnsucht* (Unto Mononen – Unto Mononen)
82. Kangastus/*Fata Morgana* (Unto Mononen – Solja Tuuli / Unto Mononen)
83. Kangastusta/*Eine Fata Morgana* (K. Raikko – M. Maja)
84. Kasakka/*Kosaken*/-tango (Toivo Kärki – Reino Helismaa)
85. Kastany (Z. Korepta)
86. Katuviertä pitkin/*An der Straßenböschung entlang* (Toivo Kärki – Reino Helismaa)
87. Kauas pilvet karkaavat/(*Weit fliehn die Wolken) Drifting Clouds* (Jani Uhlenius – Jarkko Laine)
88. Kaukainen ystäväni/*Mein-e ferne-r Freund-in* (Pentti Viherluoto – Harry Etelä)
89. Kerro jos luoksesi tulla mä saan/*Sag, wenn ich zu dir kommen darf* (Reino Markkula – Juha Vainio)
90 Kertokaa se hänelle/(*Sagt es ihm-ihr) Dicintello Vuie* (R. Falvo – Timjami)
91. Kesäinen muisto/ *Sommererinnerung* (Arvo Koskimaa – Jouko Kukkonen)
92. Kesätuuli/*Sommerwind* (=Rantatie/*Uferweg*) (Antero Vartia – Antero Vartia)
93. Kielon jäähyväiset/(*Maiglöckchens Abschied)* urspgl. schwed. *Konvaljens avsked* (Otto Lindwall – Kerttu Mustonen)

94. Kiiltokuva/*Glanzbild* (Rauno Lehtinen – Rauno Lehtinen)

95. Kohtalon kello lyö/*Die Schicksalsstunde schlägt* (Unto Mononen – Unto Mononen)

96. Kohtalon leikki/*Spiel des Schicksals* (Toivo Kärki – Reino Helismaa)

97. Kohtalon/*Schicksals-*/tango (Unto Mononen – Unto Mononen / Saukki)

98. Konvaljens avsked/ *vgl. Nr.93* (Otto Lindwall – Otto Lindwall)

99. Kotiseutuni/*Meine Heimat* (Lauri Jauhiainen – Lauri Jauhiainen)

100. Kotkan ruusu (Helvi Mäkinen – Leo Anttila; schwed. Lars Huldén [Kotkas ros]; engl. Robin Maylett [The Rose of Kotka])

101. Kriminatltango (Piero Trombetta – Reino Helismaa)

102. Kukkani lumen alla/*Meine Blume unterm Schnee* (Unto Mononen – Sauvo Puhtila)

103. Kultainen nuoruus/*Goldene Jugend* (Kullervo Linna – Kullervo)

104. Kultaiset korvarenkaat/*Golden Earrings* (Victor Young – Anja Eskonmaa)

105. Kun ilta ehtii/*Wenn der Abend kommt* (Robert von Essen – Olavi Virta)

106. Kun rakkaani saapuu/*Wenn mein-e Geliebte-r kommt* (Unto Mononen – Unto Mononen)

107. Kun sun mä näin/*Wenn ich dich seh* (Eugen Malmsten – Kerttu Mustonen)

108. Kureneko no tango/*Volevo un gatto negro* (Framario / A. Soricillo)

109. Kuutamotango/*Mondscheintango* (Kari Aava – Rauni Kouta)

110. Kylmät huulet/*(Kalte Lippen) Tango Roulette* (René Roulette – Reino Helismaa)

111. **L**a Cumparsita (Matos Rodrígues – Kullervo; schwed. Sven Hugo Persson)

112. Laivat/*Schiffe* (Nikolajew / Tanitsch – Irma Arvola)

113. Lapin/*Lappland-*/tango (Unto Mononen – Maj-Lis Könönen)

114. Laulavat sadepisarat/*Singende Regentropfen* (Nacio Herb Brown – Sami Parkkinen)

115. Leila-valssi/*Walzer* (Georg Malmsten – R. R. Ryynänen)

116. Leirinnuotiolla/*Am Lagerfeuer* (Volksweise – Saukki)

117. LIEKKI/*(Flamme/Liebesglut) Passion* (Louis Forbes – Pekka Saarto)
118. LILJANKUKKA/*Lilie* (Toivo Kärki – Kerttu Mustonen; ital. Umberto Marcato [Resterá]; engl. Jim Pembroke [Lily Blossom])
119. LOLA (Richard Adler – Jerry Ross / Solja Tuuli)
120. Louie (Mika Toivanen – Lari Sailo)
121. Los ultimos cincos minutos (Salvador Baggieri)
122. LUMIHIUTALEITA/*Schneeflocken* (M. Maja – M. Maja)
123. LUMPEENKUKKA/*Seerose* (Arvo Koskimaa – Lauri Jauhiainen)
124. LUOKSES JÄÄN/*(Ich bleib bei dir) Volver* (Carlos Gardel – Aappo I. Piippo)
125. **M**AAILMANTANGO/*Welttango* (Seppo Tammilehto)
126. Mambo italiano (Bob Merrill – Olaus)
127. MARJA (Unto Mononen – Unto Mononen)
128. MIKSI?/*Warum?* (Antero Vartia – M. Maja)
139. MINKÄ VUOKSI?/*Wozu?* (Veikko Takala – Eino Sinisalo)
130. ETT MINNE/*Eine Erinnerung* – schwed. (V. Korpela – schwed. Text. unbek.)
131. MINÄ SOITAN SULLE ILLALLA/*Ich ruf dich am Abend an* (Kari Aava – Tatu Pekkarinen / Reino Helismaa)
132. MONIKA, MONIKA, MONIKA (Olavi Karu – Olavi Karu)
133. MUISTELEN SINUA,/*Ich denk an dich,*/ MARKETTA (Arvo Koskimaa – Jouko Kukkonen / Solja Tuuli)
134. MUISTELO/*Erinnerung* (Georg Malmsten – unbek.)
135. MUISTO/*Gedenken* (Vilho Korpela – Vilho Korpela)
136. MUISTOJENI TANGO/*Tango meiner Erinnerungen* (Reino Markkula – Saukki)
137. MUN AIKA MENNÄ ON/*Zeit für mich zu gehn* (Mika Toivanen – Jorma Toiviainen)
138. MUNNEN VAR RÖD/*Der Mund war rot* – schwed. (René Roulette – S. S. Wilson)
139. MUSTA RUUSU/*Schwarze Rose* (Pentti Viherluoto – Harry Etelä)
140. MUSTA TANGO/*Schwarzer Tango* (Jorma Panula – M. A. Numminen)
141. MUSTALAISTYTTÖ/*Zigeunermädchen* (Pedro de Punta – Rauni Kouta)
142. MUSTALAISVIULU/*(Zigeunergeige) Romany Violin* (Al & Merle Tibsen /John P. Powell – Annuli)

143. Mustan kissan tango/*(Tango der schwarzen Katze) Volevo un gatto negro* (Framario / A. Soriciflo – Saukki)

144. Mustasukkaisuutta/*(Eifersucht) Jalousie* (Jacob Gade – Kulervo)

145. Muuttolintujen lähtö/*Abschied* [wörtl. *Abflug*] *der Zugvögel* (Onni Laihanen – M. Maja)

146. Mä muistan sua/*Ich denk an dich* (E. Karjalainen – E. Karjalainen)

147. **N**ainen/*Frau* (Pauli Pedro – Orvokki Itä)

148. Naiseni kanssa eduskuntatalon puistossa/*Mit meiner Braut im Park vom Parlament* (Unto Mononen – M. A. Numminen; schwed. Claes Andersson [Med min kvinna i riksdagshusets park]; engl. Martha Gaber & Arthur Spencer [I Sat with My Woman outside the High House of Ministry]; dt. Hansjoachim Zimmering [Ich mit meiner Braut im Parlamentspark]; esper. M. A. Numminen [Kun mia virino en la parko de nia parlamento])

149. Naisten Tango/*Frauentango* (Toivo Kärki – L. Suolakivi)

150. Nuorisuustango/*Jugendtango* (Kaj Chydenius – Anu Kaipainen; schwed. Lars Huldén [Ungdomstango])

151. Nyt kun aikaa on/*Jetzt, wo Zeit dafür ist* (Raimo Roiha – Juha Vainio)

152. När jag dig såg/*Als ich dich sah* – schwed. (Eugen Malmsten – Eugen Malmsten)

153. **O** sole mio (Eduardo di Capua – Wäinö Sola)

154. Oi, muistatko vielä, Kaija?/*Ach, denkst noch dran, Kaija?* (Unto Mononen – Unto Mononen)

155. Olé guapa (A. Malando – Saukki)

156. Olet Maailmain/*Du bist meine Welt* (Katja Lampela – Katja Lampela)

157. Olit nousussa auringon/*Du warst im Sonnenaufgang* (Erkki Friman – Turkka Mali)

158. On aina aikaa/*Es ist immer Zeit* (Olli Miettinen – Juha Vainio)

159. On elon retki näin/*So ist der Gang des Lebens* (Toivo Kärki – Kerttu Mustonen)

160. On kaunehinkin onni haihtuvaa/*Auch das schönste Glück vergeht* (Robert von Essen – Jouko Kukkonen)

161. Onnen maa/*Land des Glücks* (Unto Mononen – Juha Vainio)

162. PARODIATANGO (Reino Helismaa – Reino Helismaa)
163. Perhonen/*Schmetterling* (H. Saarniaho – Tuula Valkama)
164. Petolliselle ystävälle/*Dem-der treulosen Freund-in* (Unto Mononen – Unto Mononen)
165. PETTÄJÄN TIE/*Weg des Verräters* (Erkki Laurokari – Erkki Laurokari)
166. PIENI MIES/*Kleiner Mann* (Jukka Kuoppamäki – Jukka Kuoppamäki)
167. PIENI SYDÄN/*Kleines Herz* – vgl. Nr. 16 – (Walter Rae – Tatu Pekkarinen)
168. PLAZA DE TORROS (A. Malando)
169. Poika varjoiselta kujalta/*(Der Junge von der Schattengasse) Guaglione* (G. Fanciulli – Saukki)
170. POSKI POSKEA VASTEN/*Wange an Wange* (Toivo Kärki – Reino Helismaa)
171. POVAS MULLE MUSTALAINEN/*Wahrsagt mir der-die Zigeuner-in* (Reino Välimäki – Saukki)
172. PUNAISET LEHDET/*Rote Blätter* (Pentti Viherluoto – Harry Etelä)
173. PUNATUKKAISELLE TYTÖLLENI/*Meinem rothaarigen Mädchen* (Olavi Virta – Lauri Jauhiainen)
174. Puuseppä/*Zimmermann* (Jaakko Pulli – Tatu Pekkarinen)
175. PÄIVÄNPAISTE/*Sonnenglut* (Toivo Kärki – Olavi Karu)
176. RAKASTA, KÄRSI JA UNHOITA/*Liebe, leide und vergiß* (Toivo Kärki – V. Enckell)
177. RAKKAANI/(*Mein-e Geliebte-r*) ursprgl. schwed. *Min älskling* (Evert Taube – Orvokki Itä; neue Fassung Pentti Saaritsa)
178. RAKKAUDEN ARVOITUS/*Rätsel der Liebe* (Orvokki Itä [=Toivo Kärki] – Orvokki Itä [=Reino Helismaa])
179. RAKKAUDEN RIKKAUS/*Reichtum der Liebe* (Toivo Kärki – Reino Helismaa)
180. RAKKAUDEN VANKI/*Gefangene-r der Liebe* (Walter Rae – Veikko Virmajoki)
181. RAKKAUTTA SE EI OLLUTKAAN/ *Liebe war es nie* (Fred Markush – Pekka Saarto)
182. RANNALLA/*Am Ufer* (Vesa Tuomi – Tuula Heikkilä)
183. RANTATIE /*Uferweg* (Antero Vartia – Antero Vartia)

184. Reeling and Rocking – vgl. Nr. 39 – (Chuck Berry – Chuck Berry)
185. Rock around the Clock (J. DeKnight – M. C. Freedman)
186. Romanesca (Jacob Gade – Pekka Saarto)
187. Romanialainen kitara/*(Rumänische Gitarre) Chitarra Romana* (E. di von Laszaro / C. Bruno – Pekka Saarto)
188. Romany violin (Al & Merle Tibsen / John P. Powell – Al Tibsen)
189. Ruhtinan Viulu/*Fürstliche Geige* (Walter Rae – Tatu Pekkarinen)
190. Ruusuja hopeamaljassa/*Rosen in der Silberschale* (H. Osmo – Ari Saarni)
191. Ruusunoksa ja kyyhkynen/*Rosenzweig und Taube* (Veikko Juntunen – Veikko Juntunen)
192. Saapuuko hän?/*Ob er-sie kommt?* (Timo Kosonen – Timo Kosonen)
193. Sabina (Olavi Karu – Lauri Vuorre)
194. Sagolandet/*Märchenland* – schwed./vgl. Nr. 199 – (Unto Mononen – Lars Hulden)
195. Sammunut nuotio/*Erloschenes Lagerfeuer* (Unto Mononen – Sauvo Puhtila)
196. Sarah (Rocco Granata – Rocco Granata)
197. Sateen/*Regen-*/tango (Unto Mononen – Unto Mononen / Solja Tuuli)
198. Satu ruskeista silmistä/*Märchen von den brauen Augen* (Lauri Jauhiainen – Kurki [Klaus Salmi])
199. Satumaa/*Märchenland* (Unto Mononen – Unto Mononen; schwed. Lars Huldén [Sagolandet]; engl. Helinä Kotkanen [The Happy Land])
200. Serenade (Franz Schubert – Ludwig Rellstab)
201. Siellä missä nyt oot/*Da, wo du jetzt bist* (Mika Toivanen – Jorma Toiviainen)
202. Siks oon mä suruinen/*Drum bin ich traurig* (Toivo Kärki – Kerttu Mustonen; ital. Umberto Marcato [Domani]; schwed. Joel Rundt [Nu går jag sorgsen här])
203. Siksi/*Deshalb* – vgl. Nr. 20 – (Eugen Malmsten – Eugen Malmsten)

204. SININEN HUVIMAJA/*Blauer Pavillon* (José Armandola – Rauni Kouta)

205. SININEN TANGO/*Blue Tango* (Leroy Andersson – Kullervo; schwed. Gösta Rybrant [Blå tango])

206. SINITAIVAS /*Blauer Himmel* (Josef Rixner – Lauri Jauhiainen; schwed. unbek. [Blå himmel])

207. SINUN KANSSASI, TÄHTISILMÄ/*Bei dir, (mein) Augenstern* (Esko Mustonen – Esko Mustonen)

208. Sinun omasi/*Ganz dein* (Rami Sarmasto – Tamara Lund)

209. SIRPALE ONNEA/*Eine Scherbe vom Glück* (Pedro de Punta – Tuula Valkama)

210. SOKEA RAKKAUS/*Blinde Liebe* (Jukka Koivisto – Jorma Toiviainen)

211. SOKERIPALA/*Zuckerstückchen* (Volksweise – Reino Helismaa)

212. Soley, Soley (Fernando Arbex – Chrisse Johansson)

213. Stardust (Hoagy Carmichael – Mitchell Parish)

214. Suutarin tyttären pihalla/*Auf dem Hof vom Schustermädel* (Kari Aava – Reino Helismaa)

215. SUUTELEN KÄTTÄNNE, MADAME/*Ich küsse Ihre Hand, Madame* (Rolf Erwin – Saukki)

216. SUVESTA SYKSYYN/*Vom Sommer zum Herbst* (Unto Mononen – Rauni Kouta)

217. SYDÄMENI TOIVOMUS/*(Mein Herzenswunsch) Avant de Mourir* (Georges Boulanger / Jimmy Kennedy – Saukki)

218. SYVÄ KUIN MERI/*Tief wie die See* (Unto Mononen – Unto Mononen)

219. SYYSILLAN MUISTELO/*Erinnerung an einen Herbstabend* (Olavi Karu – Olavi Karu)

220. SYYSILLAN MUISTOJA/*Erinnerungen an einen Herbstabend* (Olavi Virta – Reijo Kaarre)

221. SYYSLEHDET LENTÄÄ/*Herbslaub fliegt* (Arvo Koskimaa – Ari Saarni)

222. SYYSPIHLAJAN ALLA/*Unter der Herbstesche* (Arvo Koskimaa – Veikko Virmajoki; schwed. Lars Huldén [Under höströnnen])

223. SÅ LEDER LIVET VÅR FÄRD/*So ist der Gang des Lebens* – schwed./ vgl. Nr. 158 – (Toivo Kärki – Joel Rundt)

224. SÄ ET KYYNELTÄ NÄÄ/*Keine Träne wirst du sehn* (Olavi Virta – Olavi Virta)

225. Sä kuulut päivään jokaiseen/*Du bist ein Teil von jedem Tag* (Reino Markkula – Juha Vainio)
226. Sä oot mun tangoystäväin/*Mein-e Tangofreund-in bist du* (George de Godzinsky – Saukki)
227. Sä saavuit jälleen/*Du kamst zurück* (Robert von Essen – Ari Saarni / Jouko Kukkonen)
228. Särkyneita Toiveita/*Zerbrochene Hoffnungen* (Uuno Mattila – Uuno Mattila)
229. Taivas salamoi/*Der Himmel blitzte* (Kimi Markkola – Kimi Markkola)
230. Tallinnan laulu/*Lied von Tallinn (Reval)* (C. Kaparow – Pauli Salonen)
231. Tamara tanssii/*Tamara tanzt* (Valto Tynnilä – Veikko Virmajoki)
232. Tammerkoski/*Die Stromschnellen des Tammerflusses* (Lauri Lieppo – Lauri Lieppo)
233. Tango amerikkalaisittain/*Tango auf amerikanisch* (Toivo Kärki – Reino Helismaa)
234. Tango Anjalle/*für Anja* (Arvo Koskimaa – A. Koskimaa / S. Tuuli)
235. Tango Carita (François de Godzinsky – unbek.)
236. Tango d'amor (L. Leandros – K. Munro)
237. Tango d'amore (Rocco Granata; finn. Saukki)
238. Tango Desirée (Charles Niessen / Eddie Cassen – Saukki)
230. Tango Finlandia (Kaj Chydenius – Lars Huldén; finn. Pentti Saaritsa)
240. Tango Humiko (Rauni Autio – Saukki)
241. Tango Illusion (Erwin Hentschel – Kullervo)
242. Tango keittiössä/*in der Küche* (Arvo Koskimaa – Saukki)
243. Tango merellä/*auf dem Meer* (Kari Aava – Rauni Kouta)
244. Tango metsässä/*im Wald* (Toivo Kärki – Reino Helismaa)
245. Tango pelargonia (Kari Kuuva – Kari Kuuva)
246. Tango petturille/*für den-die Treulose-n* (Unto Mononen – Unto Mononen)
247. Tango Poesie/*Poésie* (Josef Rixner – Saukki)
248. Tango Roulette (René Roulette – Don Raye)
249. Tango Sinikalle/*für Sinikka* (Toivo Kärki – Saukki)
250. Tangonator (Iiro Rantala)

251. TANKO LAULU/*Stango-Lied* (Iivari Kainulainen – Iivari Kainulainen)

252. TANSSIN SUN KANSSASI AAMUUN/*Tanze mit mir in den Morgen* (Karl Götz – Rauni Kouta)

253. TANSSITKO KANSSANI?/*Tanzt du mit mir?* (Jukka Koivisto – Jorma Toiviainen)

254. TANZE MIT MIR IN DEN MORGEN (Karl Götz – Kurt Hertha)

255. TAPPAVAT SUUDELMAT/*Tödliche Küsse* (Arvo Koskimaa – Dagmar Parmas)

256. THE KISS OF FIRE – vgl. Nr. 24, 267 – (A. Villoldo / L. Allen / R. Hill)

257. Things Happen That Way (Toivo Kärki)

258. Tico Tico (Z. Abrev)

259. TIE NAISEN SYDÄMEEN/*Der Weg zum Herzen einer Frau* (Kaj Chydenius – Ilkka Kylävaara)

260. TROPIIKIN YÖSSÄ/*(In der Tropennacht) La Cumparsita* (Matos Rodrígues – unbek.)

261. TUHANSIEN TÄHTIEN TANGO/*der tausend Sterne* (Unto Mononen – U. Mononen)

262. TUHAT TARINAA/*Tausend Geschichten* (Kari Aava – Pauli Salonen)

263. TUHON TIETÄ KULJEN/*(Ich geh den Weg des Verderbens) I Am a Fool to Want You* (J. Wolf / J. Herron / F. Sinatra – Saukki)

264. TULE HILJAA/*Komm leise* (Toivo Kärki – Kerttu Mustonen; frz. Olivier des Carques [Ne t'en va pas])

265. TULENLIEKKI/*Feurige Flamme* (Antonio Brave – Orvokki Itä)

266. TULIPUNARUUSUT/*Feuerrote Rosen* (Usko Kemppi – Usko Kemppi)

267. TULISUUDELMA/*(Feuerkuß) El Choclo* (A. Villoldo / L. Allen / R. Hill – Kullervo)

268. TUMMA ORKIDEA/*Dunkle Orchidee* (Yrjö Väsäri – Anu Tuulos)

269. Turun Surusilmä/*Trauerauge von Turku* (Pentti Viherluoto – Veikko Lavi)

270. Tuuleen/*In den Wind* (Mika Toivanen – Jukka Välimaa)

271. TUULEEN KIRJOITETTU/*In den Wind geschrieben* (Reino Markkula – Solja Tuuli)

272. TUULIKANNEL/*Äolsharfe* (Olavi Virta – Olavi Virta)

273. Tähdet meren yllä/*Sterne überm Meer* (Unto Mononen – U. Mononen / Solja Tuuli)

274. Tähdet silmissäsi/*Sterne in deinen Augen* (Unto Mononen – U. Mononen /Juha Vainio)

275. Tähdet, tähdet/*Sterne, Sterne* (Rauli Somerjoki – Rauli Somerjoki)

276. Täysikuu/*Vollmond* (Pedro de Punta – Orvokki Itä)

277. **U**nelma/*Traum-*/tango (Arvo Koskimaa – Erkki Ranta)

278. Unhoita menneet/*Vergiß, was vergangen* (B. L. Andreschewski – Lahja Taalari)

279. Unikuva/*Traumbild* (Kullervo Linna – Pentti Raunio)

280. **V**aaralliset huulet/*Gefährliche Lippen* (Arvo Koskimaa – Solja Tuuli)

281. Vain Taivas voi koskettaa/*Nur der Himmel kann berühren* (Jukka Koivisto – Jukka Koivisto)

282. Valehtelevat silmät/*Verlogene Augen* (Unto Mononen – Unto Mononen)

283. Valkea sisar/*Schwester in Weiß* (Martti Jäppilä – M. Maja)

284. Valkovuokot/*Weiße Anemonen* (Kaarlo Valkama – Kaarlo Valkama)

285. Valot/*Lichter* (Rauli Somerjoki – Rauli Somerjoki)

286. Vanha rakkaus ei ruostu/*Alte Liebe rostet nicht* (Lauri Jauhiainen – Lauri Jauhiainen)

287. Vanhan vaahteran laulu/*Lied des alten Ahorns* vgl. Nr. 155 (Eino Partanen – Eino Partanen)

288. Volevo un gatto negro (Framario / A. Soricillo)

289. Vähemmän kiirettä, enemmän aikaa/ *Weniger Hast, mehr Zeit* (Reino Markkula – Kari Tuomisaari)

290. **Y**ö saaristossa/*(Nacht in den Schären) Kastany* (Z. Korepta – Saukki)

291. Yön hiljaisuudessa/*In der Stille der Nacht* (Unto Mononen – Unto Mononen)

292. Yön hiljaisuus/*Stille der Nacht* (Mika Toivanen – Jukka Välimaa)

293. Yön ktarat/*Gitarren in der Nacht* – s. Nr. 296

294. Yön kuningatar/*Königin der Nacht* (Mika Toivanen – Jorma Toiviainen)

295. **Ö**inen tuuli valvoo/*Der Nachtwind wacht* (Matti Ruohonen – V. R. Lehto)

296. Öiset kitarat/ *Nächtliche Gitarren* (Josef Rixner – Kerttu Mustonen)

Thomas Fuchs. *Arminius – Kampf gegen Rom*
Roman über das Leben des ersten deutschen Freiheitskämpfers.

Fred Grimm. *»Wir wollen eine andere Welt!«*
Jugend in Deutschland 1900–2010.

Ulrich Holbein. *Ein Chinese in Rom*
Jean Paul und Goethe: Ein untendenziöses Doppelporträt.

Oliver Jeges. *Generation Maybe*
Die Signatur einer Epoche.

Boris Johnson. *72 Jungfrauen*
Deutsch von Juliane Zaubitzer.

David Lodge. *Ein ganzer Mann*
Der Lebensroman des Großschriftstellers,
Lebenskünstlers und Erfinders der »Zeitmaschine«, H. G. Wells.

Khalo Matabene, Sasha Abramsky. *Madiba*
Das Vermächtnis des Nelson Mandela.

Carlos Moore. *Fela Kuti! This Bitch of a Life*
Die autorisierte Biografie mit 62 Abbildungen.

Dambisa Moyo. *Dead Aid*
Warum Entwicklungshilfe nicht funktioniert
und was Afrika besser machen kann.

Yoko Ono. *Acorn*
Mit 100 Zeichnungen von Ono illustriert.

Robert Penn. *Vom Glück auf zwei Rädern*
Ein Buch für alle, die Fahrrad fahren.

Kate Pickett & Richard Wilkinson. *Gleichheit ist Glück*
Warum gerechte Gesellschaften für alle besser sind.

Gerhard Seyfried & Ziska Riemann. *Kraft durch Freunde*
Der Comic zu NSA-Skandal und Handygate.